# Eritrea zwischen Einparteienstaat und Demokratie: Die Bedeutung der Opposition im Demokratisierungsprozess

INAUGURALDISSERTATION
zur Erlangung des Grades eines Doktors der Philosophie
im Fachbereich Gesellschaftswissenschaften
der Johann Wolfgang Goethe–Universität
zu Frankfurt am Main.

vorgelegt von
Aklilu Ghirmai
aus Eritrea

2005

1. Gutachter: Prof. Dr. Lothar Brock
2. Gutachter: Prof. Dr. Stefan Brüne

Datum der Promotion: 7. Juli 2005

Erschienen im Tectum Verlag

# *Eritrea zwischen Einparteienstaat und Demokratie*

Die Bedeutung der Opposition im Demokratisierungsprozess

von

Aklilu Ghirmai

Tectum Verlag
Marburg 2005

D.30

**Ghirmai, Aklilu:**
Eritrea zwischen Einparteienstaat und Demokratie.
Die Bedeutung der Opposition im Demokratisierungsprozess.
/ von Aklilu Ghirmai
- Marburg : Tectum Verlag, 2005
Zugl.: Frankfurt/Main, Univ. Diss. 2005
ISBN 978-3-8288-8922-4



Tectum Verlag
Marburg 2005

Gewidmet meinem Bruder Zecarias Ghirmai,

der sein Leben für Eritreas Unabhängigkeit geopfert hat.

## Inhaltsverzeichnis

**Dankwort**

Wenn eine Doktorarbeit zur Veröffentlichung eingereicht wird, so lässt man den damit verbundenen Lebensabschnitt noch einmal an sich vorüberziehen und stellt fest, dass sich ein solches Vorhaben nur mit Hilfe von vielen nahestehenden Menschen durchführen ließ. Für die erwiesene Unterstützung möchte ich allen ein ganz herzliches „Danke“ sagen.

An erster Stelle möchte ich meinen tiefen Dank meinem Doktorvater Professor Dr. Lothar Brock für seine Betreuung und weiterführenden Hinweise aussprechen. Mein herzlicher Dank gilt auch Professor Dr. Stefan Brüne für die Übernahme des zweiten Gutachters. Ich danke auch Herrn Dr. Ulrich Arnswald für seine wichtigen Hinweise zu ersten Entwürfen und zur sprachlichen Korrektur der Arbeit.

Besonders bedanken möchte ich mich bei meinen Eltern Ghirmai Hibtes und Hanna Kibrom, die mir von Kind an die Bedeutung der Bildung nahgebracht haben. Danken möchte ich auch meinen Brüdern Kahsai Ghirmai, Yacob Ghirmai und Mussie Ghirmai, die mich während der Ausfertigung der Dissertation nicht nur moralisch unterstützt haben.

Schließlich gilt mein besonderer Dank meiner Frau Kibret Woldeyesus, meine Tochter Shan, meinen Sohn Zecarias und meine Tochter Blin, die während der Entstehung dieser Arbeit viele Entbehrungen hingenommen haben. Sie waren mir Sinn und Antrieb.

# 1 Einleitung

## 1.1 Problemstellung und Zielsetzung der Arbeit

Die Mehrzahl der Staaten Afrikas erlangte kurz vor oder nach 1960 die politische Unabhängigkeit. 1960 wurde als das „afrikanische Jahr" bezeichnet, nachdem allein in diesem Jahr 17 Länder ihre Unabhängigkeit proklamiert hatten. Der damalige britische Premierminister Macmillan prägte die Formel der *„winds of changes"*, um den weißen Minderheiten in südlichen Afrika, die sich gegen den Wandel widersetzten, zu verdeutlichen, dass auch ihre Zeit gekommen sei. Das Ende der Kolonialherrschaft war gekommen, und eine neue Phase nachkolonialer Entwicklung in Afrika begann. Es war eine Zeit des Aufbruchs und hoher Erwartungen.

30 Jahre später stand Afrika wieder vor einer Wendemarke in seiner Entwicklung. Der Begriff einer *„zweiten Unabhängigkeit"* war zu ihrer Kennzeichnung verwendet worden. Erneut wurde von den *„winds of changes"* gesprochen[1]. Diesmal ging es aber um Demokratie, um die Abkehr von autokratischen Einparteien- zugunsten von pluralistischen Mehrparteiensystemen sowie um sozio-ökonomische Strukturreformen.

Die Prozesse des gesellschaftlichen Wandels in den Staaten Afrikas variieren erheblich. Zurzeit ist in einigen Ländern die Situation einerseits durch Demokratisierung, Aufbau einer Zivilgesellschaft und na-

[1] Vgl. Tetzlaff, Rainer: *„Der Trend zur pluralistischen Demokratie – eine Perspektive für dauerhafte Herrschaft in Entwicklungsländern?"*, in: ders. (Hrsg.): Perspektiven der Demokratisierung in Entwicklungsländern, Hamburg 1993, S. 1-31.

tionale Versöhnung gekennzeichnet. Andererseits finden jedoch Prozesse statt, die mit Stichworten wie Staatszerfall, Ethno-Nationalismus, Bürgerkrieg, Grenzkonflikt und wirtschaftlichem Niedergang charakterisiert werden.

Als Eritrea 1991 unabhängig wurde, wurde das Land von vielen nationalen und internationalen Beobachtern als Hoffnungsträger für Entwicklung und Demokratisierung eingeschätzt. Die Führungselite der EPLF, die die provisorische Regierung nach dem Zusammenbruch des Derg-Regimes bildete, wurde als eine „neue Generation" der afrikanischen Führer angesehen, die für Innovation, Unabhängigkeit, Demokratie und Entwicklung steht. In Bezug auf Demokratisierung und Entwicklung versprach die eritreische Regierung die Einführung eines demokratischen Mehrparteiensystems, die Achtung der Menschenrechte und definierte als Entwicklungsstrategie die Politik der „Self-Reliance".

Darüber hinaus weckte die politische Geschichte Eritreas die Hoffnung auf eine funktionierende Mehrparteiendemokratie, denn während der britischen Militärverwaltung (1941-1952) und der Föderationsperiode (1952-1962) entstanden viele politische Parteien und zivilgesellschaftliche Gruppen, die für das Funktionieren eines demokratischen Mehrparteiensystems in dieser Phase verantwortlich waren. Nach der Unabhängigkeit hoffte man, an diese Demokratie-Tradition anknüpfen zu können.

Aber die Hoffnungen der 1990er Jahre sind mittlerweile enttäuscht worden und es kam zur Blockierung des Demokratisierungsprozesses. Die 1997 verabschiedete Verfassung wurde nicht implementiert, das ausgearbeitete Parteiengesetz verschwand in den Schubladen der Regierung, die Regierungspartei EPLF/PFDJ ist die einzig zugelassene Partei, die freie Presse wurde verboten, die interne Opposition innerhalb der EPLF/PFDJ wurde im Keim erstickt und ihre Anführer verhaftet, die Wirtschaft wird von der Partei und ihren Organen kontrolliert und die Wahlen, die für das Jahr 2001 vorgesehen waren, wurden nicht durchgeführt.

Gegenstand der Arbeit ist die Analyse des politischen Wandels Eritreas in seiner historischen wie auch aktuellen Entwicklung, insbesondere die Bedeutung der politischen Opposition und der Zivilgesellschaft für eine Demokratisierung des Landes. Den normativen Bezugsrahmen der Arbeit bietet die partizipative Demokratie und die Transformationsforschung, und hier insbesondere das akteursorientierte Forschungskonzept der strategischen und konfliktfähigen Gruppen (SKOG) von Schubert/Tetzlaff/Vennewald (1994). Im Fallbeispiel Eritrea fallen Demokratisierungsprozesse, State-Building und Nation-Building zeitlich zusammen, so dass Nationenbildung und Staatenbildung (sprich politische Stabilität) mit Demokratisierungsprozessen interagieren[2]. Daher soll ein weiterer Theorieansatz herangezogen werden, der sich mit State-Building und Nation-Building auseinandersetzt. Nur so kann m. E. die politische Stabilität der ethnisch-religiös pluralen eritreischen Gesellschaft und des multinationalen Staates Eritrea eingeschätzt werden. Denn in der ethnisch-kulturellen und religiös heterogenen eritreischen Gesellschaft und der Hegemonie der ethnischen Gruppe der Tigrinya besteht ein Konfliktpotenzial.

## 1.2 Forschungsstand, Literatur und Quellen

Bisher ist kaum systematisch über den Demokratisierungsprozess in Eritrea nach der Unabhängigkeit geforscht wurden. Es gab in den letz-

---

2 Vgl.: Villalón, Leonardo A.: "The African State at the End of the Twentieth Century: Parameters of the Critical Juncture", in: Villalón, Leonardo A/Huxtable, Philip A. (Hrsg.): *The African State at Critical Juncture. Between Disintegration and Reconfiguration*, Boulder 1998, S. 3-25, S. 5.

ten 20 Jahren zwar zahlreiche Veröffentlichungen zu Eritrea, ihr Gegenstand ist aber in erster Linie die Aufarbeitung der Kolonialgeschichte (u.a. Negash 1987, Mesghenna 1988), der Föderationsperiode und des Befreiungskampfes (Bereket Habte-Selassie 1989, Yohannes 1991 und 1997, Ruth Iyob 1995). Von nicht-eritreischen Autoren existieren mehrere Werke, die sich hauptsächlich mit der „Eritrea-Frage" und mit dem Unabhängigkeitskrieg beschäftigten (u.a. Sherman 1980, Matthies 1981, Pool 1982, Firebrace und Holland 1985, Markakis 1987, Cliffe und Davidson 1988, Pateman 1990, Ellingson 1992). Die bisherige Aufarbeitung des eritreischen Befreiungskampfes wurde von den meisten Autoren aus Sicht der EPLF, der derzeitigen Regierungspartei, geschrieben. Besonders in den Veröffentlichungen von Bereket Habte-Selassie (1989), Yohannes (1991), Pool (1982), Firebrace/ Holland (1985), Cliffe/Davidson (1988), Pateman (1990), Ellingson (1992) wird die EPLF „verherrlicht" und seit ihrer Gründung 1971 als die alleinige treibende revolutionäre Kraft in der Geschichte der Befreiungsbewegung dargestellt. Hingegen wird aber die ELF als eine islamisch-traditionelle Organisation dargestellt, die soziale und demokratische Reformen innerhalb der Befreiungsbewegung verhindert hat. Diese Sichtweise der Autoren spiegelt genau die Charakterisierung der ELF durch die EPLF. Dieser Darstellung der Autoren und der EPLF ist aber entgegenzusetzen, dass auch die ELF, insbesondere seit ihrem 1. nationalen Kongress 1971, sich zu einer demokratischen Bewegung umgewandelt und einen großen Beitrag in Bezug auf die Mobilisierung der eritreischen Bevölkerung gegen die Fremdherrschaft sowie sozialen und politischen Wandel geleistet hat. Eine differenzierte Aufarbeitung des eritreischen Unabhängigkeitskampfes ist von der Wissenschaft noch nicht geleistet worden.

Eine interessante Studie zur eritreischen Nachkriegsentwicklung in den 1990er Jahren im Bereich interner Friedenskonsolidierung unter Berücksichtigung sozio-ökonomischer und entwicklungsstrategischer

Konzepte der eritreischen Regierung liefert Nicole Hirt (2001). Die übrige Literatur über die eritreische Nachkriegsentwicklung beschränkt sich weitgehend auf bestimmte Aspekte. Es gibt Studien und Einzelbeiträge über die sozio-ökonomischen Reformen der eritreischen Regierung (Fengler 2001), Bildungspolitik (Temesgen 2004), Grenzkonflikt (Entner 2001), ethnische Gruppen (Omar 2002), Tourismuspolitik (Hartmann 1998), Situation der Frauen und der ehemaligen Kämpferinnen der EPLF (Zimprich 1996, Schamanek 1998, Christmann 1996) und Rückkehrer aus dem Sudan (Kibreab 1996). Mit den Perspektiven des eritreischen sozio-ökonomischen Entwicklungsprozesses beschäftigen sich die Autoren Doornbos und Tesfai (1999), wobei sie mit dem Konzept der eritreischen Regierung übereinstimmen. Bisher existiert jedoch keine Arbeit, die den Demokratisierungsprozess Eritreas untersucht. Die Arbeit soll diese Lücke schließen und einen Beitrag zur Demokratisierungsdebatte des Landes leisten.

Für die historische Analyse des politischen Wandels Eritreas bis 1991 greift der vorliegende Text vor allem auf wissenschaftliche Literatur in englischer und eritreischer Sprache (u. a. Tigrinya) zurück. Die Untersuchung und Einschätzung der gegenwärtigen Situation des Demokratisierungsprozesses in Eritrea erfolgte auf der Basis von offiziellen Quellen und Publikationen der eritreischen Regierung, der Regierungspartei (PFDJ), Gesellschaftsgruppen und der Oppositionsgruppen. Dabei wurden insbesondere die eritreische Verfassung, die staatlichen Veröffentlichungen zu entwicklungspolitischen- und sozio-ökonomischen Maßnahmen, das Parteiprogramm der PFDJ von 1994, die Parteiprogramme der Oppositionsgruppen, die Tageszeitung „Hadas Eritra“ (in Tigrinya) sowie die Zeitung „Eritrea Profile“ berücksichtigt. Neben der Auswertung der verschiedenen Publikationen und Quellen wurden Interviews mit eritreischen Akteuren in Eritrea und im Ausland durchgeführt. Allerdings wurde den Gesprächspartnern, die besonders zum Thema Demokratisierung und Alleinherrschaft der PFDJ ihre Meinung äußerten, zugesagt, dass sie nicht namentlich genannt werden.

Der zeitliche Rahmen der Analyse erstreckt sich von den Anfängen des Landes 1890 bis Dezember 2003. Die politischen Entwicklungen werden bis zu diesem Zeitpunkt berücksichtigt.

## 1.3 Die Minimaldefinition der Demokratie

Der Begriff der Demokratie und was sie ausmacht, wurde und wird in der Literatur sehr kontrovers gehandhabt. In der Demokratieforschung gilt es zunächst einmal, festzustellen, ab wann von einer Demokratie überhaupt die Rede sein kann und welche Kriterien sie erfüllen muss. In der Transformationsforschung hat sich eine weitgehende Übereinstimmung über sogenannte Minimalkriterien herausgebildet. Ein politisches System muss diese erfüllen, um als Demokratie bezeichnet zu werden. Diese Minimalkriterien gehen auf den Demokratiebegriff Robert A. Dahls zurück.

Demokratie ist – nach Robert A. Dahl – ein orts- und zeitunabhängig kaum zu erreichender Idealzustand, so dass er für eine Annährung an dieses Ideal den Begriff der „Polyarchy" prägte.[3] Dahls Polyarchie-Modell folgend beinhaltet Demokratie sieben Institutionen: 1. Gewählte Mandatsträger; 2. Freie und faire Wahlen; 3. Allgemeines Wahlrecht; 4. Das Recht zur Kandidatur; 5. Meinungsfreiheit; 6. Informationsfreiheit; 7. Vereinigungsfreiheit.[4] Diese Institutionen sind notwendig, um die Kriterien und Prinzipien des demokratischen Pro-

---

3 Vgl.: Dahl, Robert A.: *Polyarchy. Participation and Opposition,* New Haven 1971.

4 Dahl, Robert A.: *Democracy and ist Critic,* New Haven/London 1989, S. 221; Dahl 1971, S. 3.

zesses zu erfüllen.[5] Da Dahl keinem bestehenden System eine idealtypische Erfüllung dieser Kriterien zugesteht, bezeichnet er relativ demokratische Staaten, die diese Kriterien mehr oder weniger erfüllen, als Polyarchien.[6]

Die positiv besetzte Definition der „Demokratie" erlebte in der Diskussion der letzten Jahre einen Wandel von der „repräsentativen" hin zu „partizipativen" Demokratievorstellungen, die die Ausbreitung der „Demokratie" in alle sozialen Sphären hinein ansprechen.[7]

Tetzlaff ergänzt die Minimaldefinition um zwei weitere Kriterien. Demnach gehören zur Demokratie eine Rechtsbindung der Politik mit einem Minimum an Gewaltenteilung, Machtkontrolle und unabhängiger Justiz sowie eine prinzipielle Anerkennung der Menschenwürde, der individuellen Freiheitsrechte, des Minderheitsschutzes und eines sozio-ökonomischen Überlebensrechts.[8] Über die Minimalkriterien Dahls hinaus erweitern Rueschemeyer at al. die Demokratiedefinition auch als eine hohe Partizipation aller Bevölkerungsgruppen und eine wachsende soziale und wirtschaftliche Gleichheit.[9] Die minimale Demokratiedefinition sei das Fundament, auf dem durch Transformationsprozesse zunächst eine partizipative und später eine „soziale" De-

---

5 Zu den demokratischen Prinzipien vgl. Dahl 1989, S. 108-115, S. 221 und Dahl, Robert A.: *On Democracy*, New Haven/London 1998, S. 37-40.

6 Dahl, Robert A.: *Polyarchy. Participation and Opposition,* New Haven 1971, S. 8.

7 Vgl.: Ichilov, Orit (Hrsg.): *Political Socialization, Citizenship Education, and Democracy,* New York / London 1990, S. 2.

8 Tetzlaff, Rainer: Demokratisierungshilfe statt Wahlinszenierung! Gesellschaftliche und institutionelle Voraussetzungen für Demokratisierung in den Ländern des Südens, in Betz, Joachim/Brüne, Stefan: *Jahrbuch Dritte Welt 1998,* München, S. 24-46, S. 42 ff.

9 Rueschemeyer, Dietrich/Huber, Evelyne/Stephens, John D.: The Paradoxes of Contemporary Democracy, in: *Comparative Politics,* Bd.29, Nr. 3(1997), S. 323-342, S. 323 ff.

mokratie entstehen solle.[10] Auch Nohlen versteht Demokratie nicht nur als Institutionssystem, wo politischer Wettbewerb zwischen Parteien stattfindet, sondern auch als Partizipation beziehungsweise Partizipationschance.[11]

Partizipation wird hier hervorgehoben und Demokratie wird auf gesellschaftliche Prozesse bezogen, in denen politische Partizipation, geregelter politischer Wettbewerb und die Beachtung von Rechtsstaatlichkeit (z.B. Einhaltung rechtsstaatlicher Verfahren, Gewährung grundlegender Menschenrechte) als Elemente einer Demokratie betrachtet werden.[12] Diese Aspekte werden auch in der vorliegenden Arbeit berücksichtigt.

Demokratisierung bezeichnet dementsprechend einen Prozess des Wandels, in dem nicht nur formale Elemente, wie beispielsweise Wahlen, eine Rolle spielen, sondern ebenso die Förderung der zivilen Demokratie als Voraussetzung für Partizipation.

## 1.4 Vorgehensweise und Struktur der Arbeit

Im 2. Kapitel „Theoretische Vorbemerkungen" wird der theoretische Ansatz der Arbeit erläutert. Im ersten Abschnitt dieses Kapitels werden die von der akteursorientierten Transformationsforschung entwickelten Konzepte dargestellt. Vor dem Hintergrund der hier zu erörternden Problemstellung rückt dabei insbesondere die Bedeutung der Zivilgesellschaft, der Eliten sowie der Gegeneliten als Akteure im Demokratisierungsprozess in den Vordergrund. Im zweiten Abschnitt dieses Kapitels wird dann die Frage des State-Building und Nation-

---

10 Ebd.

11 Nohlen 1998, S. 308.

12 Vgl.: Diamond, Larry: Eine Welle ohne Ende? Die weltweite Ausbreitung der Demokratie, in: *Der Überblick*, (1992)3, S. 5-10, S. 5.

Building diskutiert. Die Einbeziehung dieser Aspekte ist notwendig, denn im eritreischen Kontext fallen der Demokratisierungsprozess sowie der Prozess der Staaten- und Nationenbildung zeitlich zusammen. Angesichts der Erfahrungen in vielen Ländern Afrikas, dass insbesondere junge Demokratien in politisch instabilen sozialen Systemen kaum überleben können[13], kann die These formuliert werden, dass politische Stabilität eine Voraussetzung für eine erfolgsversprechende Demokratisierung darstellt.[14] Um die geringe Reformbereitschaft des PFDJ-Regimes in Bezug auf eine demokratische Transformation Eritreas zu analysieren wird auch das Konzept des Neo-Patrimonialismus als ein weiterer Theorieansatz herangezogen.

Das 3. Kapitel „Der politische Wandel Eritreas bis 1991" bezieht sich auf den historischen Kontext in Eritrea, dessen Darstellung notwendig erscheint, da die heutigen Probleme und Herausforderungen, vor denen der neue Staat steht, in der Vergangenheit begründet liegen. Ohne ein Verständnis dieser prägenden Zeit wäre die später folgende Analyse des Demokratisierungsprozesses Eritreas unzureichend. In dem ersten Unterkapitel (3.1) wird die vorkoloniale Zeit dargestellt. Einen zweiten wichtigen Faktor für Modernisierung und Demokratisierung stellt die Kolonisation (3.2) dar, die wiederum Gesellschaft und Kultur beeinflusst. Es soll insbesondere auf das veränderte Verhältnis von gesellschaftlicher Heterogenität, nationaler Identität, Modernisierung, Demokratisierung und Formierung der Opposition gegen die Fremdherrschaft während des Kolonialismus (1890-1962) eingegangen werden. Der Kolonialismus begünstigte die Herausbildung eines eritrei-

13 Für diese Problematik vgl. eine Darstellung von Smith, Brian C.: *Understanding Third World Politics,* Basingstoke 1996, S. 322-353.

14 Vgl.: Villalón, Leonardo A.: "The African State at the End of the Twentieth Century: Parameters of the Critical Juncture", in: Villalón, Leonardo A/Huxtable, Philip A. (Hrsg.): *The African State at Critical Juncture. Between Disintegration and Reconfiguration*, Boulder 1998, S. 3-25, S. 5.

schen Nationalismus, die Entwicklung von Zivilgesellschaft und Parteien, eine sozio-ökonomische Modernisierung sowie die Demokratisierung. Schließlich ist der politische Wandel der Befreiungsbewegungen (1961-1991) darzustellen und deren Bedeutung für Demokratisierung in Eritrea zu erklären (3.3).

Im vierten Kapitel soll der „Demokratisierungsprozess Eritreas seit 1991" beschrieben werden. Dabei geht es um die Demokratievorstellung der EPLF/PFDJ (4.1), die Umsetzung der Demokratievorstellung (4.2) sowie Analyse und Kritik (4.3). Dabei geht es um den Neo-Patrimonialismus, die Politik der „Self-Reliance" sowie um die soziokulturelle Heterogenität und das Ziel „Unity in Diversity" in Eritrea.

Im fünften Kapitel wird „Die Bedeutung der nicht-militanten zivilgesellschaftlichen Gruppen für den Demokratisierungsprozess aus Sicht des SKOG-Konzepts" dargestellt. Dabei wird die Rolle der regierungsnahen strategischen Gruppen als potenziell konfliktfähige Gruppen dargestellt (5.1). Im Mittelpunkt der Untersuchung stehen dabei: Die Mitglieder der PFDJ als Teil der Zivilgesellschaft und die ehemaligen Massenorganisationen der EPLF/PFDJ in Eritrea und in der Diaspora. Die Rolle der regierungsfernen konfliktfähigen Gruppen wird in Unterkapitel 5.2 behandelt. Dabei werden die potenziell konfliktfähigen Gruppen in Eritrea und in der Diaspora untersucht. Die Demokratiedebatte in der eritreischen Zivilgesellschaft in Eritrea und in der Diaspora wird in Abschnitt 5.3 dargestellt.

Kapitel 6 beschäftigt sich mit der Bedeutung der politischen Opposition als konfliktfähige Gruppe für den Demokratisierungsprozess. Dabei wird versucht, mit Hilfe des SKOG-Konzepts die demokratische Transformation zu erklären. Im Mittelpunkt stehen dabei die Analyse der oppositionellen Demokratie-Bewegung innerhalb der Regierungspartei PFDJ (6.1) und die traditionelle Exil-Opposition (6.2). Die islamische Jihad-Bewegung, die neue politische Bewegung sowie die

Eritrean Democratic Alliance werden in den Abschnitten 6.3, 6.4 und 6.5 beschrieben. Das Demokratieverständnis, die politischen Ziele und Struktur der eritreischen politischen Oppositionsgruppen werden in dem Abschnitt 6.6 dargestellt.

In der Schlussbemerkung (Kapitel 7) werden eine Zusammenfassung und eine Perspektive für den Demokratisierungsprozess des Landes formuliert und die Bedeutung des Beispiels Eritrea für die Transformationsforschung diskutiert.

## 2 Theoretische Vorbemerkungen

In Afrika spiegelten sich die einschneidenden weltpolitischen Veränderungen, die mit dem Ende des Ost-West-Konfliktes einhergingen, in einer steigenden Zahl von freien Wahlen und der Einführung von Mehrparteiensystemen wider. Um 1990 kam es in 16 afrikanischen Staaten zu öffentlichen Protesten, die sich gegen die schlechte ökonomische Situation, gegen politische Repression und für Reformen aussprachen.[15]

Der Veränderungsdruck nahm sowohl innerhalb als auch außerhalb afrikanischer Gesellschaften zu. Viele Regimes sahen sich angesichts einer rückläufigen oder ausbleibenden politischen und finanziellen Unterstützung von außen bei sich gleichzeitig verschärfenden wirtschaftlichen Problemen nicht mehr in der Lage, ihre innerpolitische Machtbasis zu erhalten. Staatsversagen verband sich in dieser Situation mit Demokratiehoffnungen.[16]

Bereits 1986 trafen afrikanische Wissenschaftler, (ehemalige) Politiker, Schriftsteller und Gewerkschafter zusammen, um die Krise des Kontinents zu diskutieren und verfassten die *„Erklärung zu Afrika"*, in der Einheit, Demokratie und Entwicklung die tragenden Säulen der Zukunft bilden und die Regierungen aufgefordert werden, sich an demokratische Grundsätze zu halten.[17]

---

15 Vgl.: Bratton, Michael/Walle, Nicolas van de: "Popular Protest and Political Reform in Africa", in: *Comparative Politics*, July 1992, Vol. 24, S. 419-442.

16 Vgl.: Tetzlaff, Rainer: „Afrika zwischen Staatsversagen und Demokratiehoffnung", in: *Aus Politik und Zeitgeschichte*, B 44-45(1995), S. 3-13, S. 12.

17 Vgl. Erklärung zu Afrika, „Für Demokratie, für Entwicklung, für Einheit", abgedrückt in: *Der Überblick,* 3(1986), S. 70-71.

Die Demokratiedebatte wurde und wird unter den Intellektuellen Afrikas seit langem kontrovers geführt. Dabei geht es um die Ausformung von Mehrparteien- oder Einparteiensystemen.[18] Vertreter der „Nach-Uhuru-Generation“[19] beschlossen in Arusha (Tansania) im Februar 1990 die Demokratie-Charta des Volkes, die im Juli desselben Jahres von der Gipfelkonferenz der OAU (Organisation for African Unity) als Entwicklungsstrategie übernommen wurde.[20]

Doch wird die Euphorie über den zweiten *„wind of change“* durch die anderen Realitäten Afrikas überschattet. Täglich sind Menschen Opfer von Bürgerkriegen oder Diktaturen, Millionen befinden sich auf der Flucht. Es sei hier nur auf die Ereignisse in Rwanda, Burundi, Somalia, Liberia, Sierra Leone, Sudan, Zaire und den Grenzkonflikt zwischen Äthiopien und Eritrea (1998-2000) verwiesen. Vielerorts blieb der *„wind of change“* sehr schwach. Repressive Regimes haben hier noch immer die Macht und wo es Veränderungen gab, sind sie der Bevölkerung oft nicht zugute gekommen.

Die Entwicklung der afrikanischen Staaten seit ihrer Unabhängigkeit ist also auch nach dem Beginn des zweiten wind of change ausgesprochen widersprüchlich. Tetzlaff teilt die gegenwärtigen Staaten Afrikas

---

18 Vgl. die Positionen stellvertretend bei
Adam, Erfried: “Democracy in Africa – A New Beginning?”, in: Friedrich-Ebert-Stiftung (Hrsg.): *International, Conference,* Bonn 1992.
Shivij, Issa G. : “Contradictory Class Perspectives in the Debate on Democray”, in: ders. (Hrsg.): *State and Constitutionalism. An African Debate on Democracy,* Harare 1991, S. 251-260.

19 Uhuru=Freiheit, „Nach-Uhuru-Generation“ oder „Zweite-Uhuru-Generation“ meint bei Michler, die Generation, die nicht um die Unabhängigkeit gekämpft haben, sondern unter eigenen Herrschern jetzt zunehmend nach demokratischen Bürgerrechten verlangen. (Michler, Walter: *Weißbuch Afrika,* 2.Auflage, Bonn 1991, S. 817).

20 Vgl. ebd. und Auszug aus der „Afrikanischen Charta für demokratische Partizipation in Entwicklung und Transformation“, in: Michler, Walter: *Weißbuch Afrika,* 2. Auflage, Bonn 1991, S. 517-518.

anhand der Kriterien Herrschaftslegitimation und politische Stabilität in drei Gruppen ein.[21]

- Politisch relativ stabile Staaten, in denen politische Partizipation mittels freier und fairer Wahlen gewährleistet ist und positive Veränderungen in Richtung Rechtsstaatlichkeit eingetreten sind („Unabhängigkeit der Justiz"): Zu dieser Gruppe zählen Mauritius, Botswana, Südafrika, Benin, Malawi, Mali, Ghana, Senegal, Tansania, Namibia.
- Staaten, die von Bürgerkrieg, Staatszerfall, schleichender Anarchie oder militanten ethnisch-politischen Konflikten gekennzeichnet sind und in denen rechtsstaatliche Entwicklungen durch Diktaturen blockiert werden. Diese Gruppe wird weiter differenziert nach
    - Staaten im Zustand des Bürgerkrieges und des fortgeschrittenen Staatszerfalls: Liberia, Sierra Leone, Somalia, Angola und Kongo/Zaire;
    - labile Staaten, in denen kriegerische Ereignisse und militante Konflikte eine demokratische Entwicklung blockiert und teilweise verhindert haben: Ruanda, Burundi, Guinea, Uganda, Äthiopien, Eritrea, Sudan, Zentralafrikanische Republik und Tschad.
- Die 24 anderen afrikanischen Staaten bilden eine heterogene Gruppe von politisch labilen und ökonomisch gefährdeten Staaten, in denen zwar Demokratisierungsprozesse stattfinden, aber weder Wahlkampf noch Verfassung als demokratisch zu bezeichnen sind.

---

[21] Vgl.: Tetzlaff, Rainer: Die Staaten Afrikas zwischen demokratischer Konsolidierung und Staatszerfall, in: *Aus Politik und Zeitgeschichte,* Nr. 13-14(2002), 2./5. April 2002, S. 2. http://www.das-parlament.de/2002/13_14/beilage/001.html.

Hier fand anstelle eines Systemwechsels nur ein „Elitenrecycling“ statt.[22]

Die US-amerikanische Non-Profit-Organisation Freedom House, die den Grad der Gewährleistung von bürgerlichen und politischen Freiheitsrechten misst, ordnet (für das Jahr 2003) 11 afrikanische Staaten als *„free“*, 22 als *„partly free“* und 22 Staaten als *„not free“* ein.[23] Unter den 22 „nicht freien“ Staaten ist auch Eritrea zu finden.

Zu Beginn der Demokratisierungsbewegung in Afrika gab es nur fünf Staaten, deren Verfassung die Möglichkeit für ein Mehrparteiensystem zuließ, nämlich Botswana, Gambia, Mauritius, Senegal und Zimbabwe. In diesen Staaten entstand der Veränderungsdruck in der urbanen Mittelklasse, die zunehmend ihre Verärgerung über Missmanagement, Repression und Korruption gegenüber den Einparteienherrschern zum Ausdruck brachte.[24]

Auch stehen die Staaten mit der Konstituierung einer Demokratie erst am Anfang eines langwierigen und schwierigen Prozesses auf dem Weg zu einem stabilen politischen System. Trotz einiger spektakulärer Demokratisierungen wird die Konsolidierung dieser Systeme pessimistisch, im besten Fall skeptisch betrachtet.[25] Die größte Herausforderung für junge Demokratien in Afrika ist dabei die katastrophale Wirtschaftslage. In der vergleichenden Demokratieforschung wird heute

22 Vgl.: ebd.

23 Freedom House: *Freedom in the World 2003: The Annual Survey of Political Rights and Civil Liberties*, July 2003. http://www.freedomhouse.org/research/freeworld/2003/tables.htm.

24 Vgl.: Cammack, Paul/Pool, David/Tordoff, William: *Third World Politics. A Comparative Introduction,* Basingstoke 1993.

25 Vgl.: Schmidt, Siegmar: „Demokratisierung in Afrika: Fragestellungen, Ansätze und Analysen“, in: Merkel, Wolfgang (Hrsg.): *Systemwechsel 1. Theorie, Ansätze und Konzeptionen,* Opladen 1994, S. 229-270, S. 250.

von *„blockierten Demokratien“*[26], von *„virtual democracies“*[27], und von *„reverse waves“*[28] gesprochen, die es den alten Führungseliten ermöglichen, ihre Macht auch in formal-demokratischen Systemen aufrecht zuerhalten. So resümieren Schubert und Tetzlaff die blockierten Demokratisierungsprozessen in Afrika wie folgt:

*„Kurze Liberalisierungsphasen, die einen genuinen demokratischen Transitionsprozess zu versprechen schienen, konnten die politischen Verhältnisse der autoritären Ära nur in engen Grenzen verändern. Zumeist gelang es der Regimekoalition, ihre Macht sogar zu stabilisieren, weil die wenigen konfliktbereiten Gruppen nicht dazu in der Lage waren, ihre Konfliktfähigkeit lange genug zu stabilisieren, bzw. hinreichend zu institutionalisieren. [...] Die ethnische und soziale Heterogenität dieser Opposition, ihre stark divergierenden Interessenlagen, eine fehlende Anbindung an die ländliche Bevölkerungsmehrheit und die Massen des städtischen informellen Sektors, nicht zuletzt aber die Bereitschaft ihrer Führungseliten, sich vom autoritären Staat kooptieren zu lassen und selbst zu Teilhabern der Pfründenwirtschaft zu werden, setzten einer „von unten“ ausgehenden Vertiefung der eingeleiteten Demokratisierung jedoch sehr schnell Grenzen.“*[29]

So fällt es insgesamt schwer, auch angesichts der sozialen und ökonomischen Probleme, der rückläufigen Anteile Afrikas am Welthandel, der Zunahme der Umweltzerstörung, der Dürren und ihren Folgen, von einem Entwicklungsaufbruch zu sprechen. Die generell kri-

---

26 Schubert, Gunter / Tetzlaff, Rainer (Hrsg.): *Blockierte Demokratien in der Dritten Welt,* Opladen 1998.

27 Joseph, Richard: Africa. 1990-1997: From Abertura to Closure, in: *Journal of Democracy,* Bd. 9(1998)2, S. 3-17.

28 Diamond, Larry: *Is the Third Wave of Democracy Over?* Baltimore 1997.

29 Schubert, Gunter/Tetzlaff, Rainer: Blockierte Demokratien im Vergleich – Zusammenfassung der Ergebnisse und theoretische Schlussfolgerungen, in: Schubert,

senhafte Entwicklung und die weltwirtschaftliche Marginalisierung mündeten seit den 1980er Jahren in eine „unfreiwillige Abkoppelung" und verschärften die wirtschaftliche, soziale sowie ökologische Problemlage. Die Aufgabe der Demokratieforschung sehen Schubert und Tetzlaff gerade angesichts der eher „negativen" Entwicklungen auch in Zukunft darin,

*„[...] nach Gemeinsamkeiten und differentia specifica von Ländern zu fragen, die sich nolens volens auf den Weg in die Demokratie gemacht haben, dabei aber zunächst scheiterten. Dies erscheint auch deshalb von Bedeutung, weil nur durch Klarheit über die realen Chancen aussichtsreicher Demokratisierungsförderung in einer von anhaltenden Wirtschaftskrisen und zunehmenden Einkommensdisparitäten geprägten Staatenwelt angemessene Demokratisierungshilfen und „humanitäre Interventionen" konzipiert werden können"*[30].

Da der Wechsel von autoritären Regimen hin zur Demokratisierung von unterschiedlichen Ansätzen, Theorien und Erklärungsmodellen begleitet wird, sollen in den folgenden Ausführungen die zentralen Konzepte zum Verständnis des Demokratisierungsprozesses Eritreas näher beleuchtet werden. Dabei wird nicht der Anspruch erhoben, die wissenschaftliche Diskussion der entsprechenden Konzepte insgesamt wiederzugeben. Das Interesse liegt vielmehr bei der Vorstellung der Konzepte, die für die Untersuchung der Entwicklung des Demokratisierungsprozesses Eritreas nützlich scheinen.

---

Gunter / Tetzlaff, Rainer (Hrsg.): *Blockierte Demokratien in der Dritten Welt*, Opladen 1998, S. 423-435, S. 426.

30 Schubert/Tetzlaff 1998, S. 16.

## 2.1 Die Transformationsforschung

Die Transformationsforschung beschäftigt sich mit dem Wandlungsprozess von einem Gesellschaftssystem.[31] In der wissenschaftlichen Literatur werden zur Beschreibung unterschiedliche Begriffe wie *Transition, Transformation, Liberalisierung, Demokratisierung* oder *Systemwechsel* verwendet. In der vorliegenden Arbeit wird die Terminologie *Transformation* im Sinne von Merkels *Systemwechsel* gebraucht.[32]

*"'Systemtransformation' wird [...] als Oberbegriff für alle Aspekte der intentionalen Veränderung eines Systems und seiner Komplementärsysteme verwendet, also nicht auf den Typ des definitiven, durch Strukturveränderungen charakterisierten Systemwechsels beschränkt, sondern als Kontinuum begriffen, das in seiner gesamten analytischen Breite von Systemwandel über Systemwechsel bis zu Systemzusammenbruch reicht."*[33]

*Systemwechsel* bezeichnet einen neuen Systemzustand. Es werden wesentliche Strukturelemente des ursprünglichen Systems verändert, wodurch eine neue Systemidentität entstehen kann.

Im Zentrum des Interesses der Transformationsforschung steht der Prozess der Demokratisierung. Anfänglich ging es um die Erfor-

---

31 Vgl.: Bos, Ellen: Die Rolle von Eliten und kollektiven Akteuren in Transitionsprozessen, in: Merkel, Wolfgang (Hrsg.): *Systemwechsel 1. Theorien, Ansätze und Konzepte der Transitionsforschung*, 2. Auflage, Opladen 1996, S. 81-111, S. 84.

32 Vgl.: Merkel, Wolfgang: Einleitung, in: Merkel, Wolfgang (Hrsg.): *Systemwechsel 1. Theorien, Ansätze und Konzepte der Transitionsforschung*, 2. Auflage, Opladen 1996, S. 9-23, S. 12.

33 Sandschneider, Eberhard: Systemtheoretische Perspektiven politikwissenschaftlicher Transformationsforschung, in: Merkel, Wolfgang (Hrsg.): *Systemwechsel 1. Theorien, Ansätze und Konzepte der Transitionsforschung*, 2. Auflage, Opladen 1996, S. 23-47, S. 23.

schung der auslösenden Faktoren für Transition. Sie beschreibt den unmittelbaren Zeitpunkt des Wechsels von einem Regierungssystem zum anderen. In den vergangenen Jahrzehnten dominierte die Modernisierungstheorie die Demokratisierungsforschung: Sie betrachtete ein gewisses Niveau an sozio-ökonomischer *Entwicklung* als notwendige Voraussetzung für die Herausbildung demokratischer Institutionen. Darüber, ob ökonomische Entwicklung Grundlage für die erfolgreiche Demokratisierung eines Landes ist oder nicht, gibt es in der Literatur bis heute keinen Konsens.[34]

Die institutionell und strukturalistisch geprägte liberale Demokratievorstellung[35] ist nicht zu trennen von dem ökonomischen Konzept der Modernisierung und der kapitalistischen Entwicklung. Demnach begünstigt ökonomisches Wachstum den Demokratisierungsprozess und umgekehrt. Wirtschaftliche Entwicklung bringt einen höheren Urbanisierungsgrad, *„literacy"* und Bildung mit sich. Es beinhaltet eine Wende in der Beschäftigungsstruktur, bei der die Landarbeiter an Bedeutung verlieren und eine urbane mittlere Arbeiterklasse entsteht. Mit einem höheren Bildungsgrad sind sie eher in der Lage, Interessengruppen zu gründen und Politiken zu beeinflussen.[36] In der Debatte um die Wechselbeziehung zwischen ökonomischem Wachstum und Demokratisierung muss wieder unterschieden werden nach dem theoretischen Hintergrund der Autoren. Die Modernisierungstheoretiker sehen hier eine indirekte Beziehung zwischen ökonomischem Wachstum und der Konsolidierung der Demokratie. Denn selbst wenn die Politik der neuen demokratischen Regierung wirtschaftliches Wachstum erzielt, bleibt doch das Problem von Armut und Einkommensver-

34 Vgl.: ebd.

35 Vgl.: Diamond, Larry: Eine Welle ohne Ende? Die weltweite Ausbreitung der Demokratie, in: *Der Überblick*, (1992)3, S. 5-10, S. 10.

36 Vgl.: Huntington, Samuel P.: After twenty Years: The Future of the Third Wave, in: *Journal of Democracy*, Vol. 8, No. 4, October 1997, S. 3-12, S. 5.

teilung bestehen. So muss die Regierung hier aktiv werden und staatliche Programme zur Reduktion von Armut initiieren. Wenn sich die Demokratie konsolidiert und „Chancengleichheit“ einstellt, sind die Errichtung einer fähigen und verantwortungsbewussten Staatsbürokratie und ebenso die Stärkung der Zivilgesellschaft notwendig.[37]

Anfang der 1990er Jahre erhielt die Demokratie- und Entwicklungsdebatte sowie das Verhältnis zwischen Demokratie und Entwicklung eine neue Richtung. Es wurde versucht, die Wirkung von Demokratie auf Entwicklung zu überprüfen, indem die Modernisierungsthese *development first – democracy later* praktisch umgedreht wurde. Die widersprüchlichen Ergebnisse der quantitativen Untersuchungen waren vom zugrunde liegenden Demokratie- und Entwicklungsbegriff, von der Auswahl der Länder und dem Zeitraum der Untersuchung abhängig.[38]

Es würde zu weit führen, die wirtschaftlichen Aspekte weiter zu verfolgen, vielmehr soll festgehalten werden, dass m. E. keine unmittelbare Kausalität zwischen wirtschaftlichem Wachstum und Demokratisierung gegeben ist, obwohl sicherlich von mehr „Demokratiezufriedenheit“ gesprochen werden kann, wenn sich die allgemeine wirtschaftliche Situation der Bevölkerung verbessert – danach bedeutet die Korrelation zwischen wirtschaftlichem Wachstum und Demokratisierung nicht gleich deren Kausalität.

Seit Anfang der 1990er Jahre hat sich das Forschungsinteresse in Bezug auf Demokratisierungsforschung verlagert. Die Frage nach Konsolidierung von Demokratisierungsprozessen steht im Mittelpunkt des

---

37 Vgl.: Haggard, Stephan/Kaufman, Robert R.: The Challenges of Consolidation, in: *Journal of Democracy*, Vol. 5, No. 4, October 1994, S. 5-16, S. 11 ff.

38 Zum Forschungsstand über den Zusammenhang von Demokratie und Entwicklung vgl. Wolfgang Muno: *Demokratie und Entwicklung,* Universität Mainz, Politikwissenschaft, Dokumente und Materialien Nr. 29, 2001.

Forschungsinteresses. Die Konsolidierung – also die „Verankerung“ – der „Demokratie“ scheint weitaus problematischer als deren „Einführung“ zu sein.[39] Die Debatte in Bezug auf die Konsolidierung erhält eine theoretische Orientierung, die sich mit der Festigung der Demokratie auseinandersetzt. Mit der Erweiterung des Aspekts vom Zeitpunkt der Einführung hin zum Prozess treten nun jedoch Fragen der Systematisierung der Phasen auf. Um den Prozesscharakter besser erfassen zu können und differenzierte Analysen zu ermöglichen, teilt man das Konzept der demokratischen Transformation empirisch wie analytisch in drei idealtypische Phasen ein.[40]

### *2.1.1 Die Phase der Liberalisierung*

Phase 1 beinhaltet die Liberalisierung des politischen Systems. Darunter fallen Maßnahmen zur Modifizierung der politischen Spielregeln durch die Regimeführung. Sie stellen in der Regel Reaktionen auf politische, ökonomische oder soziale Krisenerscheinungen dar und zielen darauf ab, Krisen- und Reformdruck zu kanalisieren, um politische Reformen zu vermeiden bzw. das Risiko eines Machtverlustes zu verringern. Typische Schritte beinhalten die Aufhebung des Ausnahmezustandes, die Freilassung politischer Gefangener und Lockerung der Pressefreiheit.

Die Autoren der akteursorientierten Transformationsansätze vertreten die These, dass die politische Öffnung Folge einer Spaltung des autoritären Regimes in Hardliner und Softliner ist[41]. Die Spaltung wird als notwendig für einen Regimewandel erachtet, da ein in sich geschlos-

39 Vgl.: Diamond 1992, S. 9.

40 Vgl.: Bratton, Michael/Walle, Nicolas van de: *Democratic Experiments in Africa: Regime Transitions in Comparative Perspepektive*, Cambridge 1997.

41 O'Donnell/Schmitter 1991. S. 16; Schubert et al. 1994, S. 100, Przeworski 1992, S. 108.

senes und stabiles Regime über das militärische Potential und die Entschlossenheit verfügt, gegebenenfalls aufkommenden gesellschaftlichen Widerstand gegen die Herrschenden niederzuschlagen. Ökonomische oder außenpolitische (z.B. eine militärische Niederlage) Krisen oder aber auch Erfolge können der Grund für die Eliten sein, über die Frage nach der Notwendigkeit bzw. der Möglichkeit der Ausweitung der Legitimationsgrundlage in Dissens zu geraten.[42] Gelingt es den Reformern (Softlinern), die Anti-Reformer (Hardliner)[43] zu überzeugen und durch erweiterte politische Freiheiten eine vermeintlich breitere Legitimationsgrundlage für die Machtausübung des Regimes zu schaffen, besteht weiterhin die Möglichkeit, erlassene Maßnahmen zu revidieren und frühere oder neue Repressionen wieder einzuführen.

Die Liberalisierung ist immer eine Folge der Entscheidung der autoritären Regimekoalition und nicht die logische Konsequenz ökonomischer Entwicklungen oder der Existenz einer starken Opposition. O'Donnell/Schmitter führen an, dass eine Öffnung auch ohne eine oder eine nur schwach organisierte gesellschaftliche Opposition stattfinden kann. Ebenso wenig veranlasst eine ökonomische Krise eine in sich geschlossene[44] Herrschaftskoalition notwendigerweise zu Liberalisierungsmaßnahmen. Der weitere Verlauf der am Anfang einer möglichen Transformation stehenden Liberalisierungsphase hängt allerdings entscheidend von den oppositionellen Akteuren in der Gesellschaft ab.[45]

Abhängig vom Grad der Mobilisierung und den einzelnen teilweise neu entstandenen Gruppen der Zivilgesellschaft kommt es zu Spannungen, in deren Verlauf den Strategien der Hardliner und Softliner

42 O'Donnell/Schmitter 1991, S. 20.

43 Vgl.: Bos 1994, S. 81 ff. Hierzu vgl. auch Kapitel 2.1.5.

44 O'Donnell/Schmitter 1991, S. 20.

45 Vgl.: ebd., S. 48.

entscheidende Bedeutung zukommt. Die Softliner müssen die Hardliner überzeugen können, dass sie weiterhin Kontrolle über den Liberalisierungsprozess haben und somit die Hardliner dazu bringen, weiterhin die Opposition zu tolerieren.

Przeworski wie auch O'Donnell/Schmitter sehen das Mobilisierungspotenzial der Zivilgesellschaft als Indikator für die Dynamik der Transformation. Sobald mehr Rechte zugestanden werden, werden sich autonome zivilgesellschaftliche Gruppen formieren. Ein verstärkter Druck und Forderungen nach weiteren Reformen durch diese Gruppen zwingt die Herrschenden schneller zu einer Entscheidung, wie reagiert werden soll – entweder mit Reformen oder Repression.

Zu anfangs nützen vor allem Intellektuelle und Künstler die neu gewonnenen Freiheiten, die mit ihrer Kritik bei der Öffentlichkeit Gehör und Zustimmung finden. Neben individuell vorgetragener Kritik werden im kollektiven akademischen Umfeld die vorgetragenen Kritikpunkte aufgegriffen und diskutiert. Daneben wird auch von bisher eher privilegierten Gesellschaftsgruppen und -bereichen die Unterstützung oder Duldung des Regimes in Frage gestellt. Folge und wichtige Erkenntnis ist, *„[...] the regime does not enjoy the consensus that it has claimed. Now the emperor is seen not only naked but also unaccompanied by his usual retinue“.*[46] Andere zivilgesellschaftliche Gruppen fassen Mut und werden bald als Motor der Transformation fungieren. Dazu gehört die Mittelschicht (Rechtsanwälte, Ärzte, Journalisten, Sozialarbeiter etc.), die meist in Berufsverbänden organisiert ist. Auch diese Gruppen durchbrechen staatliche Zwänge und verleihen dem Protest intellektuelle Glaubwürdigkeit als *„those who know“*. Zu diesem Sektor gehören auch Gruppierungen, die moralische Autorität besitzen wie Menschenrechtsgruppen und Kirchengruppen.

[46] O'Donnell/Schmitter 1991, S. 50.

Die bedeutendste Herausforderung an das Regime kommt nach O'Donnell/Schmitter von Seiten der Arbeiterklasse. Benachteiligte Arbeiter, meist vertreten durch Gewerkschaften, sehen die Zeit gekommen, ihre Rechte einzufordern (soziale Absicherung im Falle von Arbeitslosigkeit, Krankheit, Streikrechte etc.).

Schließlich spielen auch Grassroot-Bewegungen eine Rolle, da sie bereits auf lokaler Ebene durch abgestimmte Selbsthilfeaktionen soziale und partizipatorische Eigenschaften sowie eigenverantwortliches Handeln entwickelt haben.

Gehen alle diese verschiedenen Gruppen zusammen, indem sie sich in ihrer Forderung nach Demokratie gegenseitig bestärken, so sprechen O'Donnell und Schmitter von dem Moment des Massenaufstandes *(popular upsurge)*.[47]

Zu Entstehung und Ausmaß sowie den Folgen des öffentlichen Protests stellen die Autoren folgende Thesen auf: Je schneller und unerwarteter es zur Liberalisierung kommt, desto größer ist die Wahrscheinlichkeit eines Massenaufstandes mit einem nachhaltigen Effekt auf das Ergebnis des Transformationsprozesses, da die Differenzen innerhalb der verschiedenen Gruppen und Interessen durch das gemeinsame Ziel überdeckt werden. Für den entgegensetzten Fall bedeutet dies, dass bei einer langfristig von oben geplanten und kontrollierten Transformation ein Ausbruch des gesellschaftlichen Protests unwahrscheinlich ist mit der Folge, dass eine eher eingeschränkte Form der Demokratie am Ende des Transformationsprozesses steht.

Die Bedeutung der Massen – so die weitere These – ist in jedem Fall von kurzer Dauer, da mit der Entstehung von Parteien diese den vorübergehend von den zivilgesellschaftlichen Gruppen übernommenen

---

[47] Ebd., S. 54.

politischen Part fortführen. Die Parteien können allerdings von Mitgliedern der Zivilgesellschaft gegründet bzw. unterstützt werden.[48]

Przeworski legt sich im Gegensatz zu O'Donnell/Schmitter nicht fest, ob die Spaltung der Regimeeliten der Mobilisierung der Zivilgesellschaft vorausgeht.

„*Liberalization is a result of an interaction between splits within the authoritarian regime and autonomous organizations of civil society. Popular mobilization signals to the potential liberalizers the possibility of an alliance [...] visible splits within the power bloc indicate to the civil society that political space may have been opened for autonomous organizations*".[49]

Handelt es sich bei den Softlinern um Liberalisierer, welche als erste Präferenz eine begrenzte Öffnung zum Ziel haben, um eine breitere soziale Basis für das Regime und sich selbst innerhalb des Herrschaftsapparates zu gewinnen, erkennen sie die Gefahr, dass die begrenzte Liberalisierung scheitern könnte. Sobald eine aufkommende Zivilgesellschaft über die erlassenen Rechte hinausgehende Reformen fordert, anstatt sich in das Herrschaftssystem einbinden zu lassen, bliebe den Liberalisierten nur die Wahl, einer Repression zuzustimmen. Aufgrund ihrer Präferenzordnung werden sie daher eher ihre gegenwärtige Position sichern und eine Beibehaltung des Status Quo einer begrenzten Öffnung vorziehen.[50] Weshalb trotzdem eine Transition unter bestimmten Umständen möglich wird, erklärt Przworski anhand verschiedener möglicher Szenarien.[51]

---

[48] O'Donnell/Schmitter 1991, S. 55.
[49] Przeworski 1992, S. 110.
[50] Ebd. 1992, S. 111 f.
[51] Ebd. 1992, S. 111 ff.

Welche Strategie auch immer von den Akteuren gewählt wird, letztendlich wird das Ergebnis auch aufgrund von Fehlwahrnehmungen immer mit einem Schritt vor in Richtung Demokratisierung oder zurück in die autoritäre Herrschaftsform, nicht jedoch mit der Liberalisierung selbst enden.

### *2.1.2 Die Phase der Demokratisierung*

Die 2. Phase umfasst die Periode der Demokratisierung, in der alle wichtigen Institutionen aufgebaut werden. Die Demokratisierungsphase wird in der Regel über die Verabschiedung der Verfassung und über die Neugründung oder Umstrukturierung demokratischer Institutionen abgeschlossen. Die Phase der Demokratisierung nimmt ihr Ende in der Durchführung freier und fairer Wahlen, die im günstigsten Fall zu einem Regierungswechsel führen.[52]

Das Problem liegt für die demokratischen Kräfte in dieser Phase darin, dass sie einerseits als Einheit gegen die autoritären Kräfte auftreten müssen und andererseits im Rahmen der ersten Wahlen in den Wettstreit mit ihren verbündeten Gruppen treten.[53]

Die Bedeutung der ausgehandelten Ablösung des autoritären Regimes ist dort besonders hoch, wo die militärischen Kräfte eine wichtige Rolle im autoritären Herrschaftsgefüge einnehmen. In Staaten, wo das Militär bereits zivilen Kräften unterstellt ist, beziehungsweise sich in einer geschwächten Position infolge militärischer Niederlagen befinden, erfolgen Verhandlungen über die Ablösung des alten und die In-

52 Bleibt die Demokratisierung in dieser Phase stecken oder es kommt zu unfairen Wahlen, kann von blockierten Demokratisierungen gesprochen werden. Vgl. Schubert/Tetzlaff 1998.

53 Vgl.: Przworski 1992, S. 116 f.

stitutionalisierung des neuen Regimes meist gleichzeitig.[54] Eine wesentliche Rolle bei diesen Prozessen spielen Pakte.

*„[...] an explicit, but not always publicy explicated or justified agreement among a select set of actors which seeks to define (or, better, to redefine) rules governing the exercise of power on the basis of mutual guarantees for the „vital interests" of those entering into it".*[55]

Nicht jede Transformation von einem autoritären zu einem demokratischen Regime erfordert das Zustandekommen von Bündnissen. Jedoch steigt durch paktierte Übergänge die Chance, dass ein langfristig stabiles demokratisches System das Ergebnis der Transformation sein wird. Eher unwahrscheinlich sind paktierte Übergänge, solange das Regime in einer von oben eingeleiteten Transformation weiterhin über ausreichende Druckmittel verfügt, um den Prozess entscheidend zu beeinflussen.[56]

Gekennzeichnet ist das Zustandekommen der Pakte durch das Paradox, wonach die Einführung von Demokratie in undemokratischer Weise erfolgt. Die Verhandlungen finden zwischen einer beschränkten Anzahl von Eliten oder kollektiven Akteuren ohne eine Beteiligung der breiten Bevölkerung statt. Diese Akteure bestimmen und kontrollieren weitgehend die Verhandlungsagenda ohne explizite Verantwortung gegenüber der Öffentlichkeit und einer demokratischen Verfassung, welche eben erst als Ergebnis am Ende des Prozesses steht. Das Ergebnis von solchen Pakten besteht meist aus Kompromissen, welche gegenseitige Garantien für die vitalen Interessen der Akteure umschließen.[57]

---

54 Vgl.: ebd. S. 117.

55 O'Donnell/Schmitter 1991, S. 37.

56 Vgl.: O'Donnell/Schmitter 1991, S. 39.

57 Vgl.: ebd., S. 38.

Nach Przworski sind zu Beginn der Demokratisierung, in der es um die Frage der Ablösung des alten Regimes geht, die Hardliner und Reformer[58] der autoritären Eliten sowie um gemäßigte und sich mittlerweile aus der Zivilgesellschaft herausgebildete radikale Befürworter von Demokratie beteiligt. Zu einer friedlichen Ablösung des alten Regimes kommt es durch eine Einigung bzw. durch einen Pakt zwischen den Reformern des Regimes und den Gemäßigten der Opposition. Voraussetzung hierfür ist jedoch, dass die Reformer die Hardliner neutralisieren bzw. zur Zustimmung zur Demokratie bewegen. Gleichermaßen müssen die Gemäßigten auf der Oppositionsseite in der Lage sein, die Radikalen zu kontrollieren. Schließlich werden politische Institutionen geschaffen, welche den alten Kräften des Regimes und den Vertretern der Opposition eine bedeutende politische Rolle im neuen System garantieren.[59] Handelt es sich bei den Hardlinern um militärische Kräfte, werden diese hohe Garantien fordern, damit ihr Status auch in einem demokratischen System nicht gefährdet wird (z.B. Amnestie für begangene Menschenrechtsverstöße, Beibehaltung bestimmter Kommandostrukturen etc.).[60]

Auf der Gegenseite sind die Gemäßigten interessiert, dass die Radikalen durch Zugeständnisse der Reformer oder notfalls durch die Waffen der Herrschaftsmacht in Zaum gehalten werden. Gleichzeitig sind die Radikalen auch das Pfand in der Hand der Gemäßigten, um die Reformer eben zu Zugeständnissen zu veranlassen.[61]

Reformer und Gemäßigte haben letztendlich die Wahl zwischen einem gemeinsamen Bündnis oder einem Bündnis mit den auf ihrer Seite

58 Es handelt sich um Softliner bzw. Liberalisierer der vorhergehenden Phase, die sich mittlerweile als Reformer betrachten.

59 Przeworski 1992, S. 117.

60 O'Donnell/Schmitter 1991, S. 40.

61 Przeworski 1992, S. 119.

stehenden extremen Kräften. Je nach strategischer Entscheidung sind folgende vier Szenarien nach dem Konzept von Przeworski denkbar:

1. Erhaltung des alten autoritären Regimes;
2. Erhaltung des alten autoritären Regimes mit Zugeständnissen an die Opposition;
3. Ein demokratisches Regime mit Zugeständnissen an die alten Kräfte;
4. Eine Demokratie ohne Zugeständnisse an die autoritären Kräfte.[62]

Als Ergebnis der spieltheoretischen Modellierung ergibt sich, dass nur dann eine Ablösung durch Verhandlungen möglich ist, wenn die Gemäßigten eine eingeschränkte Demokratie mit Garantien für die alten Eliten einer Demokratie ohne Zugeständnisse, welche dem Interesse der radikalen Kräfte entspricht, vorziehen. Die zweite Möglichkeit besteht, wenn die Reformer die Kontrolle über die Waffen besitzen. Die Reformer werden dann einer eingeschränkten Demokratisierung zustimmen, wenn Teile der alten Kräfte oder sie selbst im Besitz der Waffen bleiben, um sich notfalls gegen die Radikalen oder ein Bündnis der gemäßigten und radikalen Opposition behaupten zu können.[63]

Bei der Konstituierung der Demokratie geht es um die bereits erwähnte Frage nach der Gestaltung der politischen Institutionen und somit um die „rules of the game“, innerhalb welcher die Akteure zukünftig agieren werden. Dies geschieht auf dem Verhandlungsweg zwischen Reformern und den Oppositionseliten, die sich mittlerweile in unterschiedliche Gruppen aufgeteilt haben können. Rationale Akteure werden die Institutionen bevorzugen, innerhalb welcher sie ihre Interessen

[62] Ebd. 1992, S. 120.
[63] Ebd., S. 121 f.

am besten vertreten können. Sie werden ihre Erwartungen über ihre zukünftige Bedeutung (z.B. die Erwartung, als Sieger aus den Wahlen hervorzugehen) in ihr Kalkül mit einbeziehen. Die These der akteursorientierten Transformationsforschung lautet also, dass die Entscheidung für die Wahl politischer Institutionen nicht nach deren Effizienz, sondern abhängig von den Präferenzen der Akteure sowie der wahrgenommenen Kräfteverhältnisse und Machtchancen gefällt wird.[64]

Nach Przeworski werden drei denkbare Situationen genannt, welche die Entscheidung beeinflussen:

Die besten Chancen für eine Entscheidung zugunsten eines gerechten, inklusiven und partizipationsfördernden demokratischen Systems bestehen, wenn die politischen Kräfteverhältnisse zwischen den Akteuren unbekannt sind und jede der Parteien Vorsorge treffen wird, ihre Interessen auch im Fall von geringer gesellschaftlicher Unterstützung und politischer Unterlegenheit nicht ganz verloren zu sehen. Ergebnis ist eine Einigung auf Institutionen, bei denen die Kontrolle der Regierung, Minderheitenrechte etc. garantiert werden.[65]

Im zweiten Fall sind die Kräfteverhältnisse bekannt. Es existiert allerdings eine ungleiche Verteilung, so dass sich der überlegene Akteur mit seinen Interessen bei der Gestaltung der Institutionen durchsetzen wird. So wird z.B. eine Gruppe mit einem starken und charismatischen Führer ein Präsidialsystem einem parlamentarischen System vorziehen und durchsetzen. Im Extremfall werden durch institutionelle Vorkehrungen die Möglichkeiten einer Partizipation bestimmter gesellschaftlicher Gruppen eingeschränkt. Allerdings werden solche Institutionen nur solange stabil sein, wie dieser ursprüngliche Zustand existiert.[66]

---

64 Merkel 1996, S. 84.

65 Przeworski 1991, S. 82 ff.

66 Ebd.

Als dritte Möglichkeit sind die Kräfteverhältnisse bekannt und ausgeglichen. Haben die Akteure unterschiedliche Präferenzen bezüglich der institutionellen Gestaltung des neuen politischen Systems, kann dies zu ernsthaften Krisen und Konflikten führen. Um im extremsten Fall einen Bürgerkrieg zu vermeiden, kann am Ende eines Kompromisses das Ergebnis eines komplexen, alle Interessen berücksichtigenden Systems stehen, welches sich meist als ineffizient erweist. Möglich ist auch eine Einigung auf ein bereits existierendes Modell (entweder eine nationale Verfassung aus früheren Zeiten oder ein bewährtes ausländisches Modell).[67]

### *2.1.3 Die Phase der demokratischen Konsolidierung*

Die 3. Phase beinhaltet die Verankerung neuer politischer Institutionen. Es gilt, die demokratischen Strukturen zu legitimieren und zu stabilisieren.[68] Es werden verbindliche Normen durch die Verfassungsorgane gesetzt, um die Erwartung der politischen Akteure zu gewährleisten und somit den Widerstand gegen die Demokratie einzuschränken.[69]

Die Phase der Verfestigung beginnt nach der Verabschiedung der Verfassung. Um diese Phase zu untersuchen, wurden in der Literatur verschiedene Konzepte entwickelt. Das Konzept von Merkel et al. glie-

---

67 Ebd.

68 Vgl.: Merkel, Wolfgang/Sandschneider, Eberhard/Segert, Dieter: Einleitung: Die Institutionalisierung der Demokratie, in: Merkel, Wofgang et al. (Hrsg..): *Systemwechsel 2. Die Institutionalisierung der Demokratie*, Opladen 1996, S. 9-37, S. 13.

69 Zum Thema der demokratischen Konsolidierung vgl. auch u.a. Schedler/Diamond/Plattner 1999, Diamond 1999, O'Donnell 1996, Linz/Stepan 1999, Schedler 1998.

dert den Prozess der demokratischen Verankerung erneut in vier Phasen auf.[70]

### *2.1.4 Das Konzept der strategischen und konfliktfähigen Gruppen (SKOG-Konzept)*

Zu der Fragestellung, ob der Demokratisierungsprozess von bestimmten Gruppen in der Gesellschaft, die über eine strategische Bedeutung und damit über ein mehr oder weniger großes Maß an Konfliktfähigkeit verfügen, eingeleitet und beschleunigt wird, haben Tetzlaff, Schubert und Vennewald ein Konzept der *strategischen und konfliktfähigen Gruppen* (SKOG-Konzept) als einen modifizierten Akteursansatz vorgeschlagen, der die Initiierung und Realisierung von Demokratisierungsprozessen erklären soll.[71] Es handelt sich bei diesem Ansatz um eine Erweiterung des Konzepts der strategischen Gruppen, der von Evers und Schiel mit dem Focus auf Südostasien schon 1988 entwickelt wurde.[72] Evers und Schiel definieren strategische Gruppen als *„aus [...] Personen (bestehend), die durch ein gemeinsames Interesse an der Erhaltung oder Erweiterung ihrer gemeinsamen Aneignungschancen verbunden sind“.*[73] Die beiden Autoren unterscheiden vier Aneignungsweisen, die jeweils verschiedenen strategischen Gruppen zugeordnet werden:

Persönliche Aneignung durch Löhne und Gehälter (Angestellte, Staatsbeamte oder Kleinunternehmen).

---

70 Vgl.: Merkel et. al. 1996, S. 32 ff.

71 Schubert , Gunter / Tetzlaff, Rainer / Vennewald, Werner (Hrsg.): *Demokratisierung und politischer Wandel. Theorie und Anwendung des Konzepts der strategischen und konfliktfähigen Gruppen (SKOG),* Hamburg und Münster 1994.

72 Evers, Hans-Dieter / Schiel, Tilman: *Strategische Gruppen. Vergleichende Studien zu Staat, Bürokratie und Klassenbildung in der Dritten Welt*, Berlin 1988.

73 Ebd., S. 10.

Korporative Aneignung durch Profite und Dividenden (Industrieunternehmen und Geschäftsleuten).

Kollektive Aneignung durch Zugriff auf staatliche Einnahmen wie Steuern und Abgaben (Militärs und mittlere und höhere Staatsbeamte).

Einnahmen aus Grundbesitz, d.h. aus Pacht und Renten (mittlere und Großgrundbesitzer).

Mit Hilfe ihrer staatlichen Ressourcen und Privilegien sowie ihrer Klientel in der Bevölkerung, versuchen die strategischen Gruppen den sozialen und politischen Status quo gegen mehr oder weniger radikale Veränderungsbegehren zu verteidigen. In diesem Konzept werden die heterogenen Bevölkerungsgruppen nicht berücksichtigt[74], die sich nicht aktiv am Verteilungskampf um die gesellschaftlichen Ressourcen beteiligen oder beteiligen können. Zu ihnen zählen z.B. Bauern, Lohnarbeiter und Kleinhändler, die sich aber nach Tetzlaff, Schubert und Vennewald zu strategischen Gruppen entwickeln können, wenn sie eine kollektive Identität entwickeln und damit die Basis für gemeinsames strategisches Handeln legen.[75] In diesem Zusammenhang wird der Begriff der „konfliktfähigen Gruppen" im Rahmen des SKOG-Konzepts eingeführt.[76] Dem SKOG-Konzept liegt die Prämisse zugrunde, dass *„demokratischer Wandel nur selten durch Einsicht in das Vernünftige, sondern als das letztlich nicht genau planbare Ereignis von sozialen Konflikten zu erwarten ist"*[77].

[74] Evers/Schiel, S. 13.

[75] Schubert/Tetzlaff/Vennewald 1994, S. 62.

[76] Schubert/Tetzlaff/Vennewald 1994, S. 62.

[77] Tetzlaff, Rainer: „Einführung : Demokratisierung als realer weltweiter Prozess des sozialen Wandels und als Herausforderung für die Sozialwissenschaften in Bezug auf ein theoriegeleitetes Verständnis ihrer Ursachen, Verlaufsformen und politischen Akteure (Begriffe, Prämissen und Instrumente eines Analysekonzepts für

Im Gegensatz zu den strategischen Gruppen, die dem Regime nahestehen oder ihm direkt angehören und von den Aneignungschancen profitieren, sind die oppositionellen konfliktfähigen Gruppen, die sich gegen die bestehenden Macht- und Verteilungsverhältnisse richten und Partikular- oder Gruppeninteressen durchsetzen wollen, wichtige Förderer des politischen Wandels.[78] Auf der anderen Seite ist es entscheidend, ob es konfliktfähigen Gruppen an der gesellschaftlichen Basis gelingt, sich zu einer wirksamen Opposition zu formieren und eine breite Anhängerschaft zu politisieren.

Tetzlaff et al. definieren strategische und konfliktfähige Gruppen als *"[...] Personen [...], die aufgrund einer tendenziell gleichen gesellschaftlichen Lage ihrer Mitglieder ein kollektives Bewußtsein entwickeln und gleichzeitig über spezifische Machtressourcen oder Konfliktpotenziale verfügen, die sie zum Zweck ihrer Interessenrealisierung zielgerichtet (strategisch) einsetzen."*[79] Der demokratische Transformationsprozess setzt im Sinne des SKOG-Konzepts erst dann ein, wenn oppositionelle konfliktfähige Gruppen einen *„institutionell verankerten Einfluß bzw. Zugriff auf die politische Macht haben."*[80] Der Endpunkt der Transformationsphase ist nicht schon mit der Durchführung freier Wahlen und dem Inkrafttreten einer demokratischen Verfassung erreicht, sondern erst

*„[...] wenn es keiner am politischen Konkurrenzkampf beteiligten strategischen und konfliktfähigen Gruppen mehr gelingt, qua ihrer jeweiligen Machtressourcen und Konfliktpotenziale eine Hegemoniestellung zu erlangen oder – anders ausgedrückt – wenn gemessen an der relativen Bedeutung der Konfliktpotenziale oppositioneller Grup-*

Demokratisierungsprozesse in Entwicklungs- und Schwellenländer", in: Schubert et al. , ebd., S. 1-56, S. 16.

78 Ebd., S. 68 f.

79 Ebd., S. 74.

*pen eine Rückkehr zu autoritären Verhältnissen nicht mehr möglich erscheint.“*[81]

Fehlt dagegen die institutionalisierte oppositionelle Gegenmacht, so ist es unwahrscheinlich, dass eine tiefenwirksame Demokratisierung[82] zustande kommt. Die Transition[83] bewirkt oft nur eine „*Scheindemokratisierung“*, in der grundlegenden Machtverhältnisse und Herrschaftspraktiken unverändert bleiben.[84]

Die Konfliktfähigkeit von oppositionellen Gruppen[85] ist abhängig von einem hohen Institutionalisierungsgrad der politischen Opposition (Parteien, Gewerkschaften, Verbände etc.), ihrer politischen Glaubwürdigkeit in der Bevölkerung und dem Mobilisierungspotenzial in

---

80 Ebd., S. 98.

81 Ebd., S. 98.

82 Die SKOG-Autoren definieren Demokratisierung als *„[...] ein dialektisch sich vollziehender, im Ergebnis offener Veränderungsprozess, der als das Resultat von zwei wechselseitig aufeinander bezogenen Handlungssystemen anzusehen ist: jenes der um den Erhalt des status quo bemühten Gruppen im Zentrum der Herrschaft (Konservative, Liberale, radikale Reformer) und jenes ihrer Herausforderer, die von einer mehr oder weniger radikalen Veränderung der bestehenden Ein-kommens-, Verteilungs- und Machtverhältnisse die Realisierung ihrer Interessen und Ideale erwarten dürfen“.* (Tetzlaff, Rainer: „Einführung: Demokratisierung als realer weltweiter Prozess des sozialen Wandels und als Herausforderung für die Sozialwissenschaften in Bezug auf ein theoriegeleitetes Verständnis ihrer Ursachen, Verlaufsformen und politischen Akteure (Begriffe, Prämissen und Instrumente eines Analysekonzepts für Demokratisierungsprozesse in Entwicklungs- und Schwellenländer“, in: Schubert et al. , ebd., S. 1-56, S. 41).

83 Nach dem SKOG-Konzept wird die Transition als die Phase bezeichnet, in der *“oppositionelle konfliktfähige Gruppen, erstmals oder wieder, einen institutionell verankerten, freilich noch ungesicherten, Einfluß bzw. Zugriff auf die politische Macht erhalten.“* (Schubert/Tetzlaff/Vennewald 1994, S. 98).

84 Ebd., S. 101.

85 Nach dem SKOG-Konzept sind folgende strategische bzw. konfliktfähige Gruppen relevant: Militär, Unternehmen, Staatsbeamte, Landbesitzer, Arbeiter und Angestellte im Privatsektor, Professionals, religiöse Gruppen und marginalisierte Gruppen.

der Bevölkerung.[86] Wenn ein *„strukturelles Machtpatt"* zwischen strategischen und konfliktfähigen Gruppen besteht, sind die Konsolidierungschancen des demokratischen Systems am größten. Mit Hilfe einer Ressourcen- und Strategieanalyse soll erklärt werden, warum es zu einer demokratischen Transformation kommt.

Das SKOG-Konzept wurde empirisch auf fünf asiatische Staaten angewandt. Rainer Tetzlaff versuchte, in seinem Beitrag zu Äthiopien die afrikanischen Staaten in das Konzept zu integrieren. Tetzlaff stellt zu Recht fest, dass die autoritären Herrschaftssysteme in Afrika deshalb zerbrochen sind, weil *„mobilisierte Segmente der Bevölkerung als Folge von Krisen erfahrener, mutiger und reifer – mit einem Wort "konfliktfähiger" geworden sind, während die politischen Herrscher [...] angesichts wachsender wirtschaftlicher (und) sozialer [...] Probleme nicht in gleichem Maße an Fach- und Steuerkompetenz zugenommen haben"*.[87]

### *2.1.5 Die Bedeutung der strategischen und konfliktfähigen Gruppen als Akteure für den Demokratisierungsprozess*

In einem Transformationsprozess sind Individuen und gesellschaftliche Gruppen mit unterschiedlichen Beweggründen und Interessen beteiligt, die auf den spezifischen Verlauf des Prozesses einwirken. Diese Perspektive des demokratischen Transformationsprozesses wird

[86] Ebd., S. 69.

[87] Tetzlaff, Rainer: Demokratisierung unter Bedingungen von Armut und Unterentwicklung: Probleme und Perspektiven der demokratischen Transition in Afrika. Das Beispiel Äthiopien – das erzwungene Experimemt einer verfrühten Demokratie, in: Schubert , Gunter / Tetzlaff, Rainer / Vennewald, Werner (Hrsg.): *Demokratisierung und politischer Wandel. Theorie und Anwendung des Konzepts der strategischen und konfliktfähigen Gruppen (SKOG),* Hamburg und Münster 1994, S. 351-408, S. 359.

durch den akteursorientierten Transformationsansatz behandelt, der im Folgenden dargestellt wird.[88]

Der akteursorientierte Transformationsansatz hat seinen Ausgangspunkt in der Reaktion auf die Schwächen der Modernisierungstheorie. Bereits 1970 betonte Rustow in *„seinem Beitrag „Transitions to Democracy: Towards a Dynamic Model" die Bedeutung der Rolle von Akteuren, ihres Handelns und strategischen Kalküls sowie die Bedeutung des eigentlichen Übergangsprozesses von einem politischen System zum anderen."*[89] Mit einem Forschungsprojekt zu den Prozessen der Demokratisierung in Südeuropa und Lateinamerika wurde Rustows Ansatz auf eine empirisch breitere Grundlage gestellt und fortgeführt. Aus den vergleichenden Länderstudien leiteten O'Donnell und Schmitter Annahmen zum Verlauf von Demokratisierungsprozessen ab. Die Untersuchung geht von dem normativen Anspruch aus, wonach der Aufbau und die Verankerung von Demokratie als solche ein erstrebenswertes Endziel sind.[90] Durch die aus den empirischen Länderstudien gewonnenen Erkenntnisse sollen praktische Anhaltspunkte für beteiligte Akteure zur erfolgreichen Gestaltung von demokratischer Transformation gegeben werden.[91]

Die Ansätze der akteursorientierten Transformationsforschung unterscheiden sich in ihrer Annahme von Akteuren als eigenständig *„handelnde Subjekte von den Prämissen der Modernisierungstheorie, die*

---

[88] Auch im eritreischen Kontext spielen Konflikte zwischen den Akteuren (z.B. Regierungseliten und Gegeneliten) eine bedeutende Rolle.

[89] Bos, Ellen: Die Rolle von Eliten und kollektiven Akteuren in Transitionsprozessen, in: Merkel, Wolfgang (Hrsg.): *Systemwechsel 1: Theorien, Ansätze und Konzepte der Transitionsforschung,* Opladen 1994, S. 81-109, S. 82.

[90] O'Donnell, Guillermo/Schmitter, Philippe C. (Hrsg.) 1991: *Tentative Conclusions about Uncertain Democracies,* 3. Aufl. Baltimore/London 1991, S. 3.

[91] Bos, Ellen: Die Rolle von Eliten und kollektiven Akteuren in Transitionsprozessen, in: Merkel, Wolfgang (Hrsg.): *Systemwechsel 1: Theorien, Ansätze und Konzepte der Transitionsforschung,* Opladen 1994, S. 81-109, S. 82 ff.

*Akteure eher als durch Strukturen instrumentalisierte Objekte betrachtet."*[92] Der Verlauf des Wechsels von einem autoritären Regime zu einem demokratischen System wird durch das strategische Handeln von internen Akteuren bestimmt. Einflüsse von außen können dabei weitgehend vernachlässigt werden, da die Demokratisierung in einem Staat ihren Ursprung meist in internen Akteurskonstellationen findet.[93] Motive und Entscheidungen der Akteure lassen sich in der Übergangsphase kaum aus den ins Wanken geratenen Strukturen erklären, so die These; die Interessen und Beweggründe der Beziehungen der Akteure zueinander werden vielmehr durch Unsicherheit bestimmt. Schnelle Entscheidungen und taktische Kalküle der relevanten Akteure bestimmen häufig das Ergebnis des Transformationsprozesses.[94]

Die relevanten interagierenden Akteure werden in der Literatur als herrschende Regimeeliten und oppositionelle Eliten beschrieben.[95] Die herrschenden Eliten werden wiederum in zwei Gruppen gegliedert – zum einen die '*Hardliner*' und zum anderen die '*Softliner*'. Erstere sind relativ reformunwillig und der autoritären Herrschaftsform verpflichtet, wohingegen die letzteren als „Reformer" ein demokratisches System befürworten und unterstützen.

---

92 Ebd.

93 O'Donnell/Schmitter 1991, S. 18.

94 O'Donnell/Schmitter 1991, S. 4 f. Ebenfalls mit der Art und Weise der Transformation aus mikrotheoretischer Perspektive beschäftigen sich Autoren wie Przeworski (1991; 1992) oder Colomer (1991), die sich innerhalb der akteursorientierten Transformationsforschung jedoch durch ihre deduktive, vorwiegend auf das rationale Handeln von Eliten konzentrierte Vorgehensweise unterscheiden. Es wird angenommen, dass nur Präferenzen und Interessen sowie rationale Kosten-Nutzenanalysen das Handeln der einzelnen Akteure in den verschiedenen Phasen der Transformation leiten. Bei diesem Ansatz wird aufgrund von Präferenzen, Handlungsoptionen und Entscheidungen mit Hilfe der Spieltheorie auf die möglichen Ergebnisse der Interaktion der Akteure im Transformationsverlauf geschlossen. Die aufgestellten Hypothesen müssen anschließend an empirischen Fällen getestet werden.

Diesen Eliten wird vor allem zu Beginn einer Transformation Bedeutung beigemessen.[96] Weshalb diese Eliten zu der „Erkenntnis" gelangen, ihr Regime zu liberalisieren und schließlich zu demokratisieren, wird in der Debatte als entscheidende Frage betrachtet. Zwei Faktoren werden hier von Diamond besonders hervorgehoben: Zum einen der Verlust des autoritären Regimes an Legitimität aufgrund ökonomischer Krisen, Polarisierung der Gesellschaft, politischer Aufstände, zum anderen die Verringerung der den Regimeeliten zur „Verfügung stehenden" Ressourcen.[97]

Ausgangspunkt ist die Hypothese, dass Transformationsprozesse hauptsächlich durch das Verhalten der beteiligten Akteure geprägt werden.[98] Die akteursorientierte Transformationsforschung nimmt an, dass demokratische Systeme nicht die zwangsläufige und kausale Folge von bestimmten ökonomischen und sozialen Bedingungen sind, sondern das Ergebnis gezielten Handelns politischer Akteure.[99]

---

95 Vgl.: Bos 1994, S. 81 ff.

96 Vgl.: Bos, Ellen: Die Rolle von Eliten und kollektiven Akteuren in Transitionsprozessen, in: Merkel, Wolfgang (Hrsg.): *Systemwechsel 1. Theorien, Ansätze und Konzepte der Transitionsforschung,* 2. Auflage, Opladen 1996 S. 81-111, S. 88 ff.

97 Vgl.: Diamond 1992, S. 6.

98 Vgl.: Bos, Ellen: „Die Rolle von Eliten und kollektiven Akteuren in Transitionsprozessen", in: Merkel, Wolfgang (Hrsg.): *Systemwechsel 1. Theorien, Ansätze und Konzeptionen,* Opladen 1994, S. 81-109, S. 81.

99 Vgl.: Bos 1994, S. 81 ff. Weitere Transformationstypen werden differenziert nach elitengesteuerten und von Massenbewegungen gelenkten Systemwechseln. (Vgl. Bos 1994, S. 90.). Gemäß Huntington kann der Transformationsprozess verschiedene Verlaufsmuster nehmen: *Transformation* bedeutet, dass das autoritäre Regime selbst den Wandel vornimmt. *Transplacement* impliziert ein autoritäres Regime, das tendenziell zu Reformen bereit ist und mit einer schwachen Opposition verhandeln muss. *Replacement* finden statt, wenn eine starke Opposition das Regime stürzt. (Vgl.: Huntington 1991, S. 124 ff.). Zum Vergleichszweck werden Demokratisierungsprozesse von Rainer Tetzlaff in fünf Transformationsphasen unterteilt: Inkubationsphase, Phase der Liberalisierung, Phase der Verhandlungen über eine neue Verfassung, Phase der Neuverteilung von politischer Macht als Ergebnis der ersten freien und fairen Wahlen und die Phase der Institutionalisierung demokrati-

Als weiteren Bestimmungsfaktor der Transformation hebt die Forschung zunehmend die Bedeutung der Zivilgesellschaft hervor und erweitert somit den Akteursansatz.

Die Mehrzahl des demokratischen Systemwandels nach 1989, also der sogenannten „Dritten Welle“[100], wurden *ausgehandelt* und kamen somit nicht plötzlich zustande. In diesen ausgehandelten Transformationsprozessen gab die Zivilgesellschaft, so Diamond, die Initiative zur Mobilisierung unabhängiger Gesellschaftsgruppen und Basisorganisationen.[101] Diese Mobilisierung der zivilen Gesellschaftsgruppen übte intern Druck auf die autoritären Regierungen aus, demokratische Wechsel herbeizuführen.[102]

Im Folgenden geht es darum aufzuzeigen, wie die Zivilgesellschaft den Demokratisierungsprozess unterstützen kann, und den Druck, den sie erzeugt, zu verstehen. Deshalb ist es notwendig, die Merkmale der Zivilgesellschaft zu charakterisieren und insbesondere die darzustel-

---

scher Errungenschaften. (Tetzlaff, Rainer: Demokratisierung – eine Universalie von Entwicklung, in: Peter J. Opitz (Hrsg.): *Grundprobleme der Entwicklungsregionen. Der Süden an der Schwelle zum 21. Jahrhundert,* München 1997, S. 30-54, S. 44 f.).

[100] Vgl.: Huntington, Samuel P.: *The Third Wave. Democratization in the Late Twentieth Century,* Norman 1991, S. 16 ff. Huntington setzt den Beginn der ersten Demokratisierungswelle 1828, als das allgemeine demokratische Wahlrecht in den USA ausgeweitet wurde, bis 1926 mit der Machtübernahme Mussolinis in Italien die erste Rückschlagwelle begann. Eine zweite, kürzere Welle folgt von 1943 bis etwa 1962, dem Höhepunkt der Entkolonialisierung, der mit der Etablierung vieler Militärdiktaturen und Einparteiensysteme eine zweite Rückschlagwelle folgt. Seit 1974 dauert die dritte Welle an.

[101] Der Autor Larry Diamond charakterisiert die zivilgesellschaftlichen Gruppen in folgenden formalen und informellen Organisationen: Wirtschaftliche Organisationen, kulturelle Organisationen, informierende und bildende Organisationen, auf gemeinsamen Interessen basierende Organisationen, entwickelnde Organisationen, problemorientierte Organisationen und öffentlich-politische Organisationen. (Vgl.: Diamond 1994, S. 6).

[102] Vgl.: Diamond 1994, S. 4.

len, die am wahrscheinlichsten die Demokratisierung unterstützen. Dabei bemisst sich *"[die] demokratietheoretische Wirkung [...] aus [der] Sicht der Zivilität*[103] *weniger nach dem strategischen Handeln als nach dem Vorhandensein und der gesamtgesellschaftlichen Vorbildfunktion von demokratischen Verhaltens- und Einstellungsmustern."*[104]

Die Zivilgesellschaft wird als die treibende Kraft des Demokratisierungsprozesses gesehen, denn Akteure autoritärer Regierungen leiten nicht demokratische Prozesse ein, weil sie zu demokratischen Normen „bekehrt" wurden, sondern aus nüchternen, strategischen und berechnenden Kalkülen.[105] Ein weiterer Grund für Reformen könnte eine Neuausrichtung der gesellschaftlichen Interessen sein.

Der Unterschied zwischen der Zivilgesellschaft und der Gesellschaft als Ganzes liegt darin, dass die Zivilgesellschaft im öffentlichen Rahmen aktiv ist, um ihre Interessen zu artikulieren, um Informationen auszutauschen, um gemeinsame Ziele zu erreichen und um staatliche Stellen in die Verantwortung zu nehmen. Sie ist autonom von staatlichen Einrichtungen und zieht den Staat in die Rechenschaft.[106] Zivilgesellschaftliche Aktivitäten sind demnach auch an der Demokratisierung des Gemeinwesens orientiert.[107]

---

[103] Zivilgesellschaftliche „Tugenden" sind nach Lauth et al. insbesondere: Toleranz, Kompromißbereitschaft und –fähigkeit, Gewaltfreiheit, Aufrichtigkeit und Zuverlässigkeit. (Vgl.: Lauth et al. 1997b, S. 3)

[104] Lauth et al. 1997b, S. 3. Somit kommt dem *rational choice*-Prinzip bei der Zivilgesellschaft nicht der Stellenwert zu, wie im Falle der Eliten. Sondern hier geht es vorrangig um eine Art Vorbildfunktion und um die Schaffung von "Übungsfeldern" für die Demokratisierung der Gesellschaft.

[105] Vgl.: Diamond 1992, S. 6.

[106] Vgl.: Lauth et al., S. 4.

[107] Vgl.: Ebd; vgl.: Klein 1994, S. 7.

Die zivilgesellschaftlichen Akteure bedürfen des Schutzes des Rechts, um ihre Eigenständigkeit und ihre Handlungsfreiheit zu gewährleisten. Sie haben nicht nur die Aufgabe, die Macht des Staates einzuschränken, sondern sie legitimiert auch die staatliche Autorität, wenn sich diese auf die Verfassung stützt. Wenn der Staat jedoch gegen die Verfassung handelt und die Rechte der Individuen und Gruppen nicht achtet, so kann dennoch eine Zivilgesellschaft auch in einer unsicheren Form bestehen. Bedeutend ist nur, dass die Zivilgesellschaft in solch einem Falle auf eine gemeinsame Basis von Regeln und Normen zurückgreifen kann. Die Unterscheidung zwischen den zivilgesellschaftlichen Gruppen anderen Sozialgruppen liegt darin, dass sich die Zivilgesellschaften vielmehr mit öffentlichen als mit privaten Fragen beschäftigen. Obgleich sie mit dem Staat interagieren, streben sie nicht die politische Macht oder die Regierung an.[108]

Lauth et al. und Diamond gehen davon aus, dass die Zivilgesellschaft prinzipiell pro-demokratisch ist.[109]

Eine weitere Eigenschaft der Zivilgesellschaft ist die Befürwortung des Pluralismus und die „Vielfalt" in der Gesellschaft. Sie ist nicht nur unabhängig und unterscheidet sich vom Staat und der Gesellschaft als solche, sondern sie unterscheidet sich ebenso von dem Parteiensystem, also einer vierten Arena sozialen Handelns. Die Zivilgesellschaft kann zwar Pakte mit Parteien bilden, kommt es jedoch zur Kooptierung, so verliert sie ihre vermittelnde Rolle und ihre Fähigkeit, die (angenommene) demokratiefördernde Funktion einzunehmen.[110] Die zivilgesellschaftlichen Gruppen bilden das Fundament, um die Macht des Staates einzugrenzen, um den Staat durch die Gesellschaft zu kontrollieren. Diese Aufgabe hat zwei Perspektiven: In demokratischen Syste-

108 Vgl.: Diamond 1994, S. 6.
109 Vgl.: Lauth et al., 1997a, S. 22 f.
110 Vgl.: Diamond 1994, S. 7.

men vermittelt und grenzt sie Macht ein und in autoritären Systemen unterstützt sie den Demokratisierungsprozess. Die Annahme, dass die Zivilgesellschaft prinzipiell pro-demokratisch sei, kommt hier wieder zum Ausdruck. Dieser Annahme soll auch in dieser Arbeit gefolgt werden.

Um demokratische Verhaltensweisen zu lernen und danach zu handeln, kann die Zivilgesellschaft förderlich sein. Die Partizipation in den zivilgesellschaftlichen Gruppen bietet eine wichtige praktische Basis des politischen Wettkampfes, um die aus der eigenen Erfahrung heraus entstandenen demokratischen Werte und Normen zu stabilisieren. Im Gegensatz zu politischen Parteien unterscheidet sich die Zivilgesellschaft insofern, als sie andere Wege der Interessenvertretung und der Artikulation bietet – diese Aufgabe wird in Bezug auf marginalisierte Gruppen besonders wichtig. Die Chance der Teilhabe und der Einflussnahme auf die Entscheidungsprozesse auf den verschiedensten Regierungsebenen ist vor allem für die regionale und lokale Ebene von besonderer Bedeutung, da hier eine historische Marginalisierung der Bevölkerung vorliegt und diese Ebene am intensivsten von staatlichen Politiken betroffen ist[111] – dies gilt verstärkt für die Länder des Südens. Folglich muss der Demokratisierungsprozess auf allen Ebenen parallel mit der Unterstützung der Zivilgesellschaft als einer wichtigen dafür Bedingung erfolgen, dass die Demokratisierung vertieft und der Übergang vom Klientelismus zur „Staatsbürgerschaft“ (*citizenship*) vollzogen wird.[112] Wenn die Zivilgesellschaft pluralistisch und demokratisch eingestellt ist, ist sie eher in der Lage, das Spannungsverhältnis zum Staat auszubalancieren, damit sich die De-

[111] Vgl.: Diamond 1994, S. 8 f.

[112] Dieses Argument gebraucht Diamond in Zusammenhang mit Lateinamerika. (Vgl.: Diamond 1994, S. 9)

mokratie festigen kann, denn dieses Politikkonzept beruht auf einem breiten gesellschaftlichen Konsens.[113]

Obwohl in vielen afrikanischen Staaten die Zivilgesellschaft noch rudimentär ausgeprägt ist, spielt sie bereits eine Rolle im Demokratisierungsprozess.

Im Kontext dieser Arbeit wird das SKOG-Konzept auf die eritreische Zivilgesellschaft und auf die politische Opposition angewandt. Der zivilgesellschaftliche Herausbildungs- und Differenzierungsprozess in Eritrea begann mit der Kolonisierung im Jahre 1890 und erreichte seinen Höhepunkt während der britischen Militärverwaltung (1941-1952) und der Föderationsperiode (1952-1962), in der bis zu 15 politische Parteien, Organisationen und zivilgesellschaftliche Gruppen entstanden (vgl. Kapitel 3.2). Nach der Annexion Eritreas wurde jegliche zivile Opposition durch Äthiopien unterdrückt. Als Folge der Unterdrückung haben sich die politisch aktiven zivilgesellschaftlichen Gruppen und politischen Parteien nahezu alle der Befreiungsbewegung angeschlossen. Während die Massenorganisationen (Bauern, Studenten, Jugend, Frauen, Arbeiter) der ELF seit 1981 nur noch in der Diaspora politisch aktiv sind, sind die ehemaligen Massenorganisationen der EPLF in Eritrea und in der Diaspora an der Seite der eritreischen Regierung politisch aktiv. Die Befreiungsbewegungen (ELF und EPLF) waren nicht nur reine militärische Organisationen, sie umfassten auch Teile der Zivilgesellschaft mit ihren gruppentypischen Differenzierungen, die während des Unabhängigkeitskampfes eine bedeutende Rolle spielten. Daraus lässt sich die These ableiten, dass die eritreische Zivilgesellschaft und die politische Opposition auch eine bedeutende Rolle im gegenwärtigen und zukünftigen Demokratisierungsprozess Eritreas spielen. Deshalb sollen die Gruppen der Zivilgesellschaft (Kapitel 5) in Eritrea und in der Diaspora sowie die politische

113 Vgl.: Diamond 1994, S. 16.

Opposition (Kapitel 6) als konfliktfähige Gruppen näher betrachtet werden.

## 2.2 Weitere relevante Theorien: State-Building, Nation-Building und Neo-Patrimonialismus

Um den Demokratisierungsprozess Eritreas einschätzen zu können, ist es auch erforderlich, diesen im Kontext des State- und Nation-Building-Prozesses zu sehen, denn die heutige Problematik der politischen Instabilität in vielen afrikanischen Staaten hängt zum Teil mit dem Verlauf des Prozesses der Staaten- und Nationenbildung zusammen. Unbestritten ist die Stabilität und Festigung des Staates im Bewusstsein der Gesamtbevölkerung, verstanden als Überwindung ethnischer Konflikte, für die Demokratisierung von großer Bedeutung. Daher soll im Folgenden der theoretische Ansatz des State- und Nation-Building kurz dargestellt werden.

Der Begriff „Nation-Building" hat in den vergangenen vier Jahrzehnten in der Entwicklungsländerforschung eine nicht unwesentliche Rolle gespielt und insbesondere die Modernisierungstheorien entscheidend mitgeprägt. Klassiker wie Carl J. Friedrich verstanden unter Nation-Building *"a matter of building group cohesion and group loyalty for purposes of international representation and domestic planning"*[114]. Mehr oder weniger explizit ging man dabei in der Regel davon aus, dass die Nationenbildung in den Entwicklungsländern eine Staatenbildung voraussetze, dass *„state-building the primary instrument for building the nation"*[115] sei. Nation-Building in den Entwick-

[114] Carl J. Friedrich 1966, S. 32.

[115] Sherdon Gellar 1973, S. 384. Das ist nicht nur auf die Entwicklungsländer beschränkt, das gilt auch für Frankreich, Großbritannien und USA.

lungsländern wurde folglich im Rahmen der zum Ende der Kolonialzeit vorgegebenen staatlichen Grenzen untersucht.

Gleichzeitig findet sich in der Literatur aber auch gelegentlich der Hinweis, dass in den (den Modernisierungstheoretikern als Modell dienenden) „entwickelten" Ländern die Staatenbildung häufig durch bereits bestehende Loyalitäten in jenen Gruppe erleichtert wurde, die später den Staat formieren sollten.[116] Das bedeutet, dass zumindest in einigen Fällen dort eine Quasi-Nationenbildung der Entstehung staatlicher Strukturen zeitlich vorgeordnet war. Deshalb argumentierten nicht wenige der Autoren bezüglich der zeitlichen Abfolge von Staaten- und Nationenbildung auf zwei Ebenen: Zum einen wurde für manche der heutigen Industrieländer die Existenz von Gruppenloyalitäten als Voraussetzung für die Konsolidierung der dortigen Staaten betrachtet (Nation-Building als Voraussetzung für State-Building), zum anderen aber hielten sie die Nationenbildung in vielen Entwicklungsländern für die Folge eines mehr oder weniger etablierten politischen Systems (State-Building als Voraussetzung für Nation-Building). Nach der Unabhängigkeit der vormaligen Kolonien in Afrika galt es, sich mit den unter der Nationenbildungsperspektive im Interesse der europäischen Kolonialmächte gewählten internationalen Grenzziehungen abzufinden. Das Problem für die neuen Staaten bestand darin, den Nationenbildungsprozess nachzuholen.

Diese Hoffnung wurde in den meisten Fällen enttäuscht. Statt zu einer Nation zusammenzuwachsen, orientierten vor allem in Afrika die Bewohner der neuen Staaten ihre Loyalitäten weiterhin oft auf ihre (eth-

[116] Vgl.: Joseph R. Strayer, "The Historical Experience of Nation-Building in Europe", in: Karl W. Deutsch und William J. Foltz, in Anm. 1, S. 17-27, S. 25: "*The new states that have the best chance of success are those [...] where the experience of living together for many generations within a continuing political framework has given the people some sense of identity [...]*". Historische Vorbilder hierfür sind Italien und Deutschland.

nische, regionale oder religiöse) Gruppe und betrachteten deren Interessen sogar häufig als denen des Staates entgegengesetzt – zumal dessen Führungspositionen häufig von einer einzigen Gruppe monopolisiert wurden bzw. werden.

Die Modernisierungstheoretiker betrachteten die Nationenbildung durchaus nicht als Selbstzweck. Die durch sie in Gang gebrachte *„group cohesion"* sollte vielmehr ein Motor der wirtschaftlichen Entwicklung werden[117] und eben jenen Modernisierungsschub auslösen helfen, der der Theorie ihren Namen gab.

Nach Karl Deutsch ist ein wichtiger Indikator für die Nationenbildung die „kulturelle und sprachliche Assimilierung", die durch „soziale, wirtschaftliche und kulturelle Anreize"[118] erleichtert werden kann. Die Schweiz, die in der Regel ohne eine „kulturelle und sprachliche Assimilierung" auskommt, stellt das Beispiel eines „funktionierenden" multi-nationalen Staates dar. Denn forcierte Assimilierungsversuche lassen die These aufstellen, dass sie die Stabilität solcher „Willensnationen" mehr gefährden als ihr nützen würden. Die Entstehung einer nationalen Identität ist folglich, auch wenn das Konzept der Willensnation zugrundegelegt wird, zumindest gebunden an *„die Entwicklung grundlegender Kommunikationsnetze [...] und die Zunahme sozialer Mobilität"*[119], also an genau die beiden Faktoren, die Deutsch als Voraussetzungen für eine Assimilierung betrachtet.

---

[117] Von vielen Modernisierungstheoretikern wurden Nationenbildung und sozio-ökonomische Entwicklung stets in einem Atemzug genannt. Milton J. Esman etwa bezeichnet "nation building and socioeconomic progress" als "two fundamental and interrelated goals" und spricht diese beiden Ziele in seiner Arbeit durchgängig gleichzeitig an, vgl. Milton J. Esman, "The Politics of Development Administration", in: John D. Montgomery and William J. Siffin (Hrsg.), *Approaches to Development – Politics, Administration, and Change*, New York, London, Sidney, Toronto 1966, S. 59-113, Zitat auf S. 59.

[118] Karl W. Deutsch 1972, S. 22.

[119] Ebd. S. 29.

In den antikolonialen Befreiungskämpfen Afrikas und Asiens waren die Volksmassen über ethnische und soziale Unterschiede hinweg im Kampf für die politische Unabhängigkeit gegen Fremdherrschaft mobilisiert. Nach der staatlichen Unabhängigkeit, mit deren Hilfe man die nationale Identität nachzuholen hoffte, wurde man in den meisten Fällen enttäuscht.

*"[...] a nation emerging from colonial bondage after a very short period of national struggle and with untested national leadership can emerge into nationhood pregnant with separatist and contentious tendencies [...]. The coming of nationalism [self-determination] to a society which is politically united but made up of communities divided from each other by race, language, religion or historical development [...] where a nation claims to contain within it peoples who assert their own distinct nationhood [...] the issue [separatism] can become one to be settled only through a trial by battle [...]. What is basically at stake is the control of the state which will itself thenceforward direct and control the lives of those within it."*[120]

In Anbetracht der Erfahrungen in anderen afrikanischen Staaten ist es plausibel, anzunehmen, dass aktive kulturelle Assimilierungsversuche seitens der politischen Elite deren Rückhalt in der Bevölkerung eher schmälern als vergrößern und tendenziell zu Spannungen und Konflikten zwischen den betroffenen ethnischen Gruppen führen.

Die PFDJ-Regierung Eritreas geht zwar von einem Konzept zu bewahrender sprachlich-kultureller Heterogenität („Unity in Diversity") aus und ist sich auch der Gefahren der Dominanz einer ethnischen Gruppe bewusst.[121] In der Praxis gibt es aber Assimilierungsversuche seitens der Regierung und de facto existiert eine Dominanz der ethni-

120 Rupert Emerson 1960, S. 329.
121 Vgl.: Araia Tseggai 1991, S. 28.

schen Gruppe Tigrinya. Inwieweit diese Politik zur politischen Stabilisierung und folglich zur Demokratisierung des Landes beiträgt, wird im empirischen Teil (Kapitel 4) dieser Arbeit behandelt.

Zur Beschreibung und Analyse der geringen Reformbereitschaft des PFDJ-Regimes in Bezug auf eine demokratische Transformation Eritreas stellt das Konzept des Neo-Patrimonialismus ein geeignetes Instrument dar.[122]

Die sozio-politischen Systeme Afrikas sind durch das Zusammentreffen unterschiedlicher Vergesellschaftungsformen gekennzeichnet[123], die sich zwischen den Polen der Tradition und der Moderne bewegen. Daraus leiten sich Formen politischer Herrschaft ab, die mit dem Terminus des Neo-Patrimonialismus erfasst werden können.[124] Der Neo-Patrimonialismus beschreibt die Vermischung von privat-patrimonialem und bürokratisch-öffentlichem Bereich. Die Unterscheidung ist zwar formal vorhanden, wird aber oft nicht beachtet. So koexistieren zwei Systeme miteinander: Das patrimoniale System der persönlichen Beziehungen und das System des bürokratisch-öffentlichen Bereichs. Dabei dringt das patrimoniale in das bürokratisch-öffentliche System ein und verformt seine Funktionslogik und Wirkung.[125] Die

122 Vgl.: Bayart, Jean-Francois: *The State in Africa, The Politics of the Belly,* London 1993. Hierzu vgl. auch Erdmann, Gero: Neopatrimoniale Herrschaft – oder: Warum es in Afrika so viele Hybridregime gibt, in: Bendel, Petra / Croissant, Aurel / Rüb, Friedbert W. (Hrsg.): *Zwischen Demokratie und Diktatur: Zur Konzeption Empirie demokratischer Grauzonen,* Opladen 2002, S. 323-342; Schlichte, Klaus: *Krieg und Vergesellschaftung in Afrika: Ein Beitrag zur Theorie des Krieges*, Münster 1996.

123 Schlichte, Klaus: *Krieg und Vergesellschaftung in Afrika: Ein Beitrag zur Theorie des Krieges*, Münster 1996, S. 93.

124 Zur Definition von Neo-Patrimonliasmus vgl. Bratton, Michael/Walle, Nicolas van de: *Democratic Experiments in Africa: Regime Transitions in Comparative Perspepektive,* Cambridge 1997, S. 61-68.

125 Erdmann, Gero: Apokalyptische Trias: Staatsversagen, Staatsverfall und Staatszerfall – strukturelle Probleme der Demokratie in Afrika, in: Bendel, Petra/Croissant, Aurel/Rüb, Friedbert (Hrsg.): *Demokratie und Staatlichkeit, System-*

Ausübung von Herrschaft ist in den Händen eines Einzelnen oder weniger Personen konzentriert. Staatliche Institutionen werden von der Staatselite monopolisiert und im Austausch gegen politische Unterstützung und Loyalität an Klienten verteilt, die ihrerseits wiederum auf mittlerer Ebene als Patrone lokaler Klienten auftreten. Damit wird die Privatisierung politischer Macht und staatlicher Institutionen nicht zum exklusiven Merkmal der politischen Spitze, sondern sie durchzieht den gesamten Staatsapparat von oben nach unten.[126] Wesentliches Merkmal neo-patrimonialer Systeme ist die Auflösung des Unterschieds zwischen privatem und öffentlichem Bereich.[127] Politische Entscheidungen werden nicht über Institutionen getroffen, sondern durch persönliche Beziehungen zu den Machthabern. Neo-Patrimonialismus ist besonders in informellen politischen Systemen ausgepägt.[128] Im Fallbeispiel Eritrea sind auch neo-patrimoniale Strukturen zu beobachten, die im empirischen Abschnitt (Kapitel 4.3) analysiert werden.

---

*wechsel zwischen Staatlichkeit und Staatskollaps*, Opladen, 2003, S. 267-292, S. 278.

126 Schlichte 1996, S. 98. Hierzu vgl. auch die Beiträge von Klaus Schlichte (Schlichte, Klaus/Wilke, Boris: Der Staat und einige seiner Zeitgenossen. Zur Zukunft des Regierens in der „Dritten Welt“, in: *Zeitschrift für Internationale Beziehungen,* (2000)2, S. 359-384. ; Schlichte, Klaus: La Francafrique – Postkolonialer Habitus und Klientelismus in der französischen Afrikapolitik, in: *Zeitschrift für Internationale Beziehungen,* (1998)2, S. 309-345.).

127 Ekeh, Peter P.: „Colonialism and the Two Publics in Africa: A Theoretical Statement”, in: Lewis, Peter (Hrsg.): *Africa. Dilemmas of Development and Change,* Boulder 1998, S. 87-109.

128 Bayart 1993, S. 262.

# 3 Der politische Wandel Eritreas bis 1991

Das folgende Kapitel stellt den politischen Wandel Eritreas dar, der als historische Grundlage für die Behandlung des gegenwärtigen „Demokratisierungsprozesses" verstanden werden soll. Die Abschnitte behandeln die Bedeutung der vorkolonialen Geschichte, die Bedeutung der Kolonisation und den politischen Wandel der Befreiungsbewegungen. Um die Ursachen des eritreischen Unabhängigkeitskrieges als auch den politischen Entwicklungsprozess des Landes bis zum Zeitpunkt der Unabhängigkeit zu verstehen, soll die Geschichte dargestellt werden.[129] Insbesondere sollen die Rahmenbedingungen und Akteure (Institutionen, ethnische Gruppen, Organisationen, politische Parteien, zivilgesellschaftliche Gruppen und Individuen) herausgearbeitet werden, die zum Zeitpunkt der Unabhängigkeit bestanden und die eine entscheidende Rolle für den politischen Wandel Eritreas spielten. Hierbei sind die sozio-ökonomischen Veränderungen, die für die Herausbildung der eritreischen Zivilgesellschaft verantwortlich waren sowie die Entstehung und Formierung der politischen Parteien und Organisationen, die während der Demokratiephase Eritreas und in der Phase der Befreiungsbewegung eine bedeutende Rolle spielten, von Relevanz. Daher soll die historische Entwicklung des Landes ausführlicher dargestellt werden.

---

[129] Ich selbst gehe nicht davon aus, dass die Entwicklung seit der Unabhängigkeit durch die Geschichte determiniert ist. Gleichwohl kann für das bessere Verständnis der gegenwärtigen Entwicklung die Geschichte nicht ausgeblendet werden.

## 3.1 Die vorkoloniale Entwicklung des heutigen Eritreas

Die vorkoloniale Entwicklung des heutigen Eritreas ist mit der historischen Entwicklung Nordostafrikas (Äthiopien, Sudan, Somalia, Eritrea, Djiouti) eng verbunden. Aufgrund seiner sozio-kulturellen, religiösen und sprachlichen Heterogenität wurde das Gebiet von vielen Autoren zu Recht als „Museum der Völker" bezeichnet.[130] Als Folge dieser Heterogenität entstanden viele Fürstentümer und Königreiche[131], die durch kriegerische Auseinandersetzungen nach territorialer Ausdehnung, politischer Herrschaft sowie Kontrolle der Handelswege am Roten Meer strebten. Auch die Ursachen der jüngeren Konflikte und Entwicklungen in Eritrea liegen in der Vergangenheit begründet. Daher soll die vorkoloniale Entwicklung Eritreas dargestellt werden.

Die aktuellen archäologischen Funde in Eritrea zeigen, dass an der bisher gängigen Theorie, das eritreisch-nordäthiopische Hochland sei hauptsächlich durch die Einwanderung der Sabäer aus Südarabien vor über 3000 Jahren kulturell entwickelt worden, nicht länger festgehalten werden kann. Noch viel früher ist die Existenz höherstehender Kulturen im eritreisch-nordäthiopischen Hochland festzustellen, und dass die im pharaonischen Ägypten praktizierte Technik der Mumifizierung wohl aus Nordostafrika stammt.[132] Aus dem heutigen Gebiet

130 Schröder, Günter: Abriß der Geschichte Nordostafrikas, in: Brüne, Stefan/Matthies, Volker (Hrsg.): *Kriesenregion Horn von Afrika,* Institut für Afrika-Kunde, Hamburg 1990, S. 7-44, S. 7-8.

131 Das eine Königreich war das sagenumworbene Königreich von Axum (im 2. Jh. v. Chr. im heutigen Eritrea und Nordäthiopien durch semitische Einwanderer gegründet). Das zweite Königreich war Kusch mit den Hauptstädten Napata und Meroe im Gebiet der Nuba des heutigen Nordsudan.

132 Hierzu vgl. Wingen, Thomas: *Abenteuer Archäologie in Eritrea. Deutsche Mission erforscht Altertümer*, in: http://home.t-online/home/nepe-g/forsche.htm, 17.08.2003; vgl. auch Melchers, Konrad: *Eritrea am Scheidepunkt: Wissenschaftlerkonferenz zu zehn Jahren Unabhängigkeit; Opposition regt sich; die Ver-*

Eritreas sind einige Funde von vorgeschichtlichen Kulturen bekannt geworden, die sich bis in die Altsteinzeit zurückdatieren lassen. Im südlichen Hochland, u.a. im Gebiet von Kohaito, wurden Felszeichnungen entdeckt, deren Alter Archäologen auf 5 000 – 6 000 Jahre schätzen.

Die geschichtliche Bedeutung Eritreas rührt von seiner geostrategischen Lage am südlichen Ausgang des Roten Meeres und am nordwestlichen Indischen Ozean her, die das heutige Eritrea zum Schnittpunkt der alten Handelswege machte. Das heutige Eritrea existiert jedoch erst seit der italienischen Kolonisation als territoriale und politische Einheit, deren Grenzen ohne Rücksicht auf zusammenhängende ethnische Gruppen oder natürliche Wirtschaftsräume gezogen wurden. Eritrea stellt also ein ebenso "künstliches" Gebilde wie alle anderen Kolonien in Afrika dar. Die einzige Besonderheit am Beispiel Eritreas ist, dass die südliche Grenze nicht zwischen zwei europäischen Kolonialmächten abgesteckt, sondern in Verträgen zwischen Italien und Äthiopien festgelegt wurde.[133]

Die Bevölkerung des eritreischen Hochlandes (Kebessa) weist kulturelle, sprachliche und religiöse Gemeinsamkeiten mit der Bevölkerung der benachbarten Tigrai-Provinz Äthiopiens auf; sie spricht wie diese Tigrinya, gehört der christlich-koptischen Kirche an. Diese Gemeinsamkeiten gründen sich auf die Tradition des axumitischen Reiches.

Das Königreich von Axum (2. Jh. v. Chr. bis 8. Jh. n. Chr.) wurde im 2. Jh. v. Chr. im heutigen Eritrea und Nordäthiopien durch semitische Einwanderer gegründet. Zentrum ist Axum im heutigen Tigrai (Äthio-

---

*antwortung im Krieg mit Äthiopien,* 2002. www.geocities.com/neweritrea-2002/konrad_melchers_sch-html, 25.07.2002

133 Vgl. Aleme Eshebe: *The Carving of Eritrea out of Ethiopia (1885-1908).* (The ever-expanding Italian colonial border at the expense of Ethiopia – a survey of eighteen border projects and treaties), Rome, May 28, 1992, S. 7-12.

pien). Mit dem Hafen Adulis (im heutigen Eritrea) wird Axum eine der größten, mächtigsten und bedeutendsten Mächte der damaligen Welt und galt auf seinem Höhepunkt – im dritten und vierten Jahrhundert n. Chr. – als das drittgrößte Reich der Welt. Es war ein typisches Handelsreich, das in regelmäßigem Kontakt mit Persien, Griechenland, Rom, Indien und Ceylon stand. Von besonderer Bedeutung war König Ezanas (325-355) Übertritt zum Christentum. Unter der Herrschaft König Ezanas von Axum wurde das Christentum zur Religion des Reiches. Von nun an nahm das Christentum seine eigene Entwicklung, indem sich die koptisch-orthodoxe Religion mit einer eigenen Sprache (das Ge'ez) und einer eigenen Schrift herausbildete.

Im 4. Jahrhundert n. Chr. griff Axum das himjaritische Nachbarreich an, konnte sich aber nicht lange auf der arabischen Halbinsel behaupten. Im Jahre 525, zur Zeit König Kalebs, kam es aufgrund der Christenverfolgung in Südarabien zu einer erneuten Invasion. Die Oberhoheit war aber auch nicht von langer Dauer; sie wurde 575 beendet. Als dann der berüchtigte Damm von Mareb im Jemen durchbrach, ging auch das sabäische Reich zu Grunde und somit die Handelsbeziehungen mit dem axumitischen Reich.

Seit dem 6. Jahrhundert drangen die Perser nach Südarabien und bis zum Roten Meer vor, so dass die Axumiten zeitweise ihren Zugang zum Roten Meer verloren, wodurch ein allmählicher Machtverlust einsetzte. Den Todesstoß brachte der Islam mit sich, der sich immer weiter verbreitete und Axum so von der byzantinischen Welt abschnürte. Um die Wende des 9. Jahrhunderts zerfiel Axum und es folgte eine Zersplitterung des Feudalsystems, bis im Kernland des heutigen Äthiopiens wieder ein neues Reich entstand.

Das heutige Eritrea war hingegen nach dem Niedergang des Reiches von Axum verschiedenen lokalen Teilreichen und Stammesgruppierungen zum Opfer gefallen, die sich gegenseitig bekriegten. Die Küstenregion war seit dem Niedergang des axumitischen Reiches im Jahre 750 n. Chr. von arabischen Kaufleuten dominiert, aus dem Sudan wanderten mohammedanische Beja in das nördliche Hochland (Sahel-Region) und in das westliche Tiefland (Barka-Region) ein und etablierten ihre kleinen Königreiche. Die fünf Königreiche im heutigen Eritrea waren: Belgin, Negash, Bazin, Jazin und Quaita'a. Mehrere hundert Jahre kontrollierte das ottomanische Reich die Küste des roten Meeres (1557), bis es von 1823 bis 1872 ägyptischem Einfluss weichen musste. Aber erst mit dem Eintritt des europäischen Kolonialismus in Eritrea begann der politische und sozio-ökonomische Wandel.

## 3.2 Die Kolonisation: Modernisierung und Demokratisierung

### *3.2.1 Eritrea unter italienischer Kolonialherrschaft 1890-1941: Beginn eines Modernisierungsprozesses*

Seit Beginn der italienischen Kolonialzeit (1890) trat eine neue Entwicklungsphase in Eritrea ein. Durch diesen Eingriff entstand Eritrea als neue politisch-territoriale Einheit und in der Folgezeit fanden sozio-politische und ökonomische Veränderungen statt, die sich wesentlich von der Entwicklung in Äthiopien unterscheiden. Am 1. Januar 1890 erklärte der König von Italien, Umberto I., das eroberte Territorium zur „Colonia Eritrea". Während der italienischen Kolonialherrschaft wurde der Grundstein für ein eigenständiges eritreisches Nationalbewusstsein gelegt. Es entwickelte sich eine vom feudalen Äthiopien unterschiedliche Gesellschaftsformation mit ersten Ansätzen zu einer kapitalistischen Produktionsweise, die auch die Entstehung eines anti-kolonialen Nationalismus[134] und die Formierung einer Opposition gegen Fremdherrschaft begünstigte.

Für Italien war Eritrea als Siedlungsgebiet für italienische Auswanderer[135], als Absatzmarkt für italienische Güter, als Lieferant von Rohstoffen und als Ausgangsbasis für weitere Expansionsbestrebungen in Nordafrika von Bedeutung.[136]

Während der italienischen Kolonialpolitik vollzogen sich in der eritreischen Gesellschaft weitreichende sozio-ökonomische Transformationen.

In dem christlichen Hochland (Kebessa) wurden größere Gebiete enteignet, die dann an italienische Siedler, Missionskirchen und agroindustrielle Unternehmen aufgeteilt wurden, als Plantagen errichteten. Die Enteignung landwirtschaftlicher Nutzflächen zugunsten italienischer Kolonisten gefährdete aber die Lebensgrundlage der sesshaften Bauern. Sie trug mit dazu bei, dass zahlreiche Eritreer bereit waren, in die italienische Kolonialarmee einzutreten oder sich als billige Arbeitskräfte beim Straßen-, Eisenbahn- und Hafenbau, in der Leichtindustrie, als Landarbeiter auf Plantagen oder als Hausangestellte bei italienischen Familien zu verdingen. Die Folge dieser Entwicklung war eine zunehmende Urbanisierung – gegen Ende der italienischen

---

134 Vgl.: Sherman, Richard: Eritrea. The Unfinished Revolution, New York 1980, S. 1 ff; Matthies, Volker: *Der Eritrea-Konflikt: Ein "Vergessener Krieg" am Horn von Afrika,* Hamburg 1981, S. 15.

135 Im Gegensatz zu den anderen europäischen Kolonialmächten, die Afrika nur als Lieferant von Rohstoffen betrachteten, betrachtete Italien Eritrea als Siedlungsgebiet für italienische Auswanderer.

136 Vgl.: Pankhurst, Richard: "Italian Settlement Policy in Eritrea and its Repercussions 1889-1896", Boston University Papers, in: *African History*, Vol. 1, No. 6, 1964, S. 119-156.

Kolonialzeit lebten etwa 20% der eritreischen Bevölkerung in den Städten.[137]

Die italienische Kolonialpolitik zerbrach die sozio-politische Struktur der traditionellen ländlichen Gesellschaft, ebenso zerschlug sie die feudalen Verwaltungen der Dorfgemeinschaften und den Großgrundbesitz der koptischen Kirche. Im eritreischen Tiefland ließ die italienische Kolonialpolitik die feudalen Besitzverhältnisse unangetastet bestehen.[138]

Während der ersten Phase seiner kolonialen Herrschaft von 1890-1930 beruhte Italiens Politik auf der Verwirklichung seiner Siedlungsprojekte. Folglich verlief die ökonomische Entwicklung des Landes langsam. Die zweite Periode der italienischen Kolonialherrschaft von 1930-1941 war entscheidend durch die expansionistischen Absichten und rassistische Politik des faschistischen Italiens in dieser Region geprägt. Die wirtschaftliche Entwicklung beschleunigte sich mit der Vorbereitung des Mussolini-Regimes für den Krieg mit Äthiopien (1935) abrupt. Im Jahre 1939 war die Anzahl der Industrieanlagen in Eritrea auf 2 198 gestiegen. Im italienischen Kolonialgebiet Somalia waren im gleichen Zeitraum 584 Industrieanlagen aufgebaut worden.[139] *„50 000 italienische Arbeiter und weitere Zehntausende Eritreer bauten ein dichtes Straßennetz auf, vergrößerten Häfen und Flughäfen und konstruierten eine Frachtseilbahn zwischen Asmara und Massawa.“*[140]

[137] Vgl.: Matthies 1981, S. 16.

[138] Vgl.: Ebd.

[139] Vgl.: Tekeste Negash: *Italian Colonialism in Eritrea, 1882-1941*, Uppsala 1987, S. 52.

[140] Bitima/Steuber 1983, S. 119. *“[...] during the 1930s, a modern infrastructure was built in Eritrea. It is generally agreed now that the transportation and other communications systems built during this period gave Eritrea some of the best commu-*

Die Folgen waren eine rasante Urbanisierung und einen ökonomischen Boom. Die Bevölkerung Asmaras stieg von 15 000 im Jahr 1935 auf über 120 000 eritreische und 50 000 italienische Einwohner im Jahre 1941.[141] Als Folge der wirtschaftlichen Entwicklung entstand eine relativ umfangreiche Arbeiterklasse, die sich aus verschiedenen ethnischen Gruppen zusammensetzte. Sie *„entwickelte zunehmend ein Gefühl gemeinsamer Identität aufgrund ihrer gleichen sozialen Situation."*[142]

Die Kolonialgesetzgebung verbot jede Art einer Organisierung der Arbeiter in Gewerkschaften oder Vereinen und unterdrückte den Widerstand, so dass die Arbeiter und andere Gesellschaftsgruppen während der italienischen Kolonialherrschaft keine politische Kraft darstellten.[143] Als Folge der Modernisierung entwickelte sich auch ein Kleinbürgertum, das aus Händlern, Angestellten, Intellektuellen und Offizieren bestand.

Eine neue Qualität erhielt die italienische Kolonialpolitik mit der Machtübernahme Mussolinis und die Rassengesetzgebung (ab 1937), die sich seitdem im Spannungsfeld zwischen anti-afrikanischem Rassismus und italienisch Expansionismus bewegte. Mussolinis Vision war die Ausweitung des italienischen Kolonialbesitzes mit Eritrea als „Herz des neuen römischen Reiches."

Im Anschluss an die Besetzung Äthiopiens fasste Italien im Juni 1936 Äthiopien, Eritrea und Italienisch-Somaliland zu *„Africa Orientale Italiana"* zusammen. Eritrea entwickelte sich zur industriellen Kern-

---

*nications facilities in Africa during this period."* (Jordan Gebre-Medhin 1989, S. 59.)

141 Vgl.: Fabian Society: *Fate of Italy's Colonies, Report of the Fabian Colonial Bureau, London*: Fabian Publications, 1948, S. 24; und Trevaskis 1960, S. 46.

142 Bitima/Steuber 1983, S. 119. Hierzu vgl.: François Houtart: *Soziale Aspekte der Eritreischen Revolution*, Giessen 1980, S. 16.

zone des italienischen Kolonialgebietes und Asmara zum „Schaufenster“ des Faschismus in Afrika.[144]

Die koloniale und rassistische Unterdrückung als auch die ökonomische Modernisierung haben die Voraussetzungen des eritreischen Nationalbewusstseins geschaffen. Die rassistische Politik Mussolinis ließ erstmals eine überethnische, -religiöse und -regionale Oppositionsgemeinschaft gegen die Unterdrückung entstehen.

Nach Ausbruch des 2. Weltkriegs und Italiens Kriegseintritt beendeten britische Truppen 1941 die italienische Kolonialherrschaft in Nordostafrika. Eritrea wurde unter britische Militärverwaltung gestellt.

### *3.2.2 Die britische Militärverwaltung 1941-1952: Entstehung und Formierung der zivilgesellschaftlichen Gruppen und der politischen Parteien sowie der Beginn einer demokratischen Transformation Eritreas*

Nach der Niederlage Italiens am Horn von Afrika erklärten die Briten Eritrea als *„Occupied Enemy Territory“*[145] und betrachteten sich als „Befreier“ der eritreischen Bevölkerung.[146] Sie erhielten eine aktive Unterstützung von der eritreischen Bevölkerung und wurden als *„liberators from Italian racist and fascist rule“*[147] angesehen.

---

143 Bitima/Steuber 1983, S. 120.

144 Eyassu, Gayim: *The Eritrean Question*, Uppsala 1993, S. 62; vgl. auch Dan Connell: *Against All Odds*, Trenton 1997, S. 53. Zwischen 1911 und 1931 kämpften etwa 60 000 Eritreer in Libyen. Vgl. Dan Connel: “The Birth of the Eritrean Nation”, in: *Horn of Africa*, Vol. 3 No. 1, Jan/March, 1980, S. 17.

145 „Enemy“ in diesem Falle ist Italien.

146 François Houtart: *Soziale Aspekte der Eritreischen Revolution*, Giessen 1980, S. 20.

147 Jordan Gebre-Medhin 1989, S. 73.

Die Aufgaben der britischen Militärverwaltung in einem „occupied enemy territory“ waren:

“*1. the security of occupying forces;*

*2. the preservation of peace and good order;*

*3. the exploitation of the economic resources of the territory.*”[148]

Die unter italienischer Kolonialherrschaft ausgelösten sozio-ökonomischen und politischen Transformationen der eritreischen Gesellschaft setzten sich auch unter der britischen Kolonialverwaltung fort. Die britische Militärverwaltung erleichterte die von der italienischen Kolonialverwaltung verhängten Restriktionen gegenüber der eritreischen Gesellschaft. Die kurze britische Verwaltungsperiode hatte *„auf die Eritreer eine revolutionäre Wirkung“*[149] und begünstigte den Beginn einer demokratischen Transformation in Eritrea.

In den ersten Jahren der britischen Militärverwaltung setzte sich das Wirtschaftswachstum fort, da Großbritannien und die USA Eritrea weiterhin als Militärbasis während des 2. Weltkrieges nutzten. Um die alliierten Truppen mit Konsumgütern zu versorgen, begannen die Briten, die von den Italienern hinterlassenen Arbeitskräfte und das Industriepotenzial Eritreas zu nutzen. In der kurzen Zeit von nur drei Jahren wurden etwa 300 Betriebe der Leichtindustrie neu aufgebaut.[150] Die sozio-ökonomischen Strukturen blieben allerdings unverändert.

Nach Kriegsende setzte eine Rezession ein. Nicht nur die kriegsorientierten Betriebe wurden geschlossen, sondern auch die meisten Kon-

148 British Military Administration: 1944, S. 564, zitiert nach Jordan Gebre-Medhin 1989, S. 74 f.

149 Trevaskis 1960, S. 32.

150 Vgl.: Matthies 1981, S. 17.

sumgüterindustrien. Eine Massenarbeitslosigkeit war die Folge dieser Rezession.[151]

Die britische Militärverwaltung führte jedoch einige Reformen im sozialen Bereich durch. So wurden bis 1950 30 Schulen (vgl. Tabelle 1 und 2) neu errichtet und Tigrinya und Arabisch als Unterrichtssprachen eingeführt.[152] Während der italienischen Kolonialzeit war die Erziehung bewusst eingeschränkt worden, wie dies eine vertrauliche Anweisung, die 1938 vom Direktor des Erziehungswesens in Eritrea Signor Festa erlassen wurde, verdeutlicht:

*"By the end of his fourth year the Eritrean student should be able to speak our language moderately well; he should know the four arithmetical operations within normal limits; he should be a convinced propagandist of the principles of hygiene; and of history he should know only the names of those who have made Italy great."*[153]

Die britische Militärverwaltung fand 1941 nur 24 Grundschulen für Eritreer vor. Die Anzahl der eritreischen Grundschüler im Jahre 1939 betrug 4177 und die Anzahl der einheimischen Grundschullehrer wurde auf 27 beziffert.[154] Weitere soziale Reformen, die die Briten eingeführt haben, waren: Aufhebung der Rassenschranken, Ausbau des Gesundheitswesens, Erweiterung der kommerziellen Betätigungsmöglichkeiten sowie Einstellung für den höheren Verwaltungsdienst und die Polizei.[155]

---

151 *„Zahlreiche Fabriken und Infrastrukturanlagen wurden geschlossen, demontiert und in andere Länder (z.B. Kenya, Sudan, Australien) deportiert.“* (Matthies 1981, S. 17.)

152 Bitima/Steuber 1983, S. 122.

153 Zitiert nach Trevaskis 1960, S. 33.

154 Vgl.: United Nations, General Asembly: *Four Power Commission of Investigation for the former Italien colonies*, 1947, 3 Vols. New York..

155 Vgl.: Longrigg 1945, S. 147-150; Matthies 1981, S. 17.

Aber die Briten haben nicht nur soziale und politische Reformen eingeführt, sondern auch die sozialen, ethnischen und religiösen Konflikte der eritreischen Gesellschaft verschärft, indem sie die Politik des *„divide and rule"* umgesetzt haben. Im Tiefland schürten die Briten das angespannte Verhältnis zwischen den Feudalherren und Leibeigenen. Auch Großbritanniens Teilungsplan Eritreas in einem christlichen und moslemischen Teil verursachte ein tiefes Misstrauen zwischen Moslems und Christen. Viele Konflikte, die bis heute in einigen ethnischen Gruppen zu sehen sind, sind das Ergebnis der damaligen britischen Politik. Es sei hier nur auf die Konflikte innerhalb der ethnischen Gruppen u. a. der Tigre, Blin und Saho zu verweisen.

*Tabelle 1: Schüleranzahl in den Grundschulen Eritreas: 1943-1950*

| **Jahr** | **Grundschulen (Elementary Schools)** | **Lehrer** | **Jungen** | **Mädchen** | **Gesamt (Schüler)** |
|---|---|---|---|---|---|
| 1943 | 28 | 58 | 2 330 | 75 | 2 405 |
| 1944 | 37 | 79 | 2 670 | 430 | 3 100 |
| 1945 | 49 | 109 | 3 457 | 619 | 4 076 |
| 1946 | 54 | 144 | 3 659 | 712 | 4 371 |
| 1947 | 59 | 151 | 3 984 | 922 | 4 906 |
| 1948 | 65 | 170 | 4 140 | 1 254 | 5 394 |
| 1949 | 74 | 192 | 5 675 | 1 774 | 7 449 |
| 1950 | 85 | 210 | 6 658 | 2 473 | 9 131 |

Quelle: Eigene Darstellung nach Great Britain, Foreign Office. (1950). *Eritrean Annual Report for 1950.* The Record of British Military Administration (Reference No. FO 1015/853).

*Tabelle 2: Schüleranzahl in den Mittelschulen Eritreas: 1947-1950*

| **Jahr** | **Mittelschulen (Middle Schools)** | **Lehrer** | **Jungen** | **Mädchen** | **Gesamt** |
|---|---|---|---|---|---|
| 1947 | 1 | 4 | 115 | - | 115 |
| 1948 | 3 | 15 | 236 | 28 | 264 |
| 1949 | 5 | 21 | 425 | 79 | 504 |
| 1950 | 7 | 32 | 730 | 132 | 862 |

Quelle: Eigene Darstellung nach Great Britain, Foreign Office. (1950). *Eritrean Annual Report for 1950.* The Record of British Military Administration (Reference No. FO 1015/853).

*Politische Partizipation und Gründung von Parteien*

Die britische Verwaltung liberalisierte die politische Aktivität und erlaubte die Herausgabe von Zeitungen in tigrinischer und arabischer Sprache sowie die Entstehung von Gewerkschaften. Nach der Entschließung der Außenministerkonferenz (1946) der Siegermächte (U-SA, UdSSR, Großbritannien und Frankreich), die besetzten Kolonien nicht an Italien zurückzugeben, gestattete die britische Militärverwaltung die Zulassung politischer Parteien. Als die Siegermächte des 2. Weltkrieges sich über den zukünftigen Status Eritreas nicht einigen konnten, wurde die Eritrea-Frage der UNO-Vollversammlung übergeben. Großbritannien plädierte für den Teilungsplan Eritreas zwischen dem Sudan und Äthiopien.[156]

Innerhalb eines Jahres (1947) konstituierten sich in Eritrea drei große Parteien, die in Bezug auf den künftigen Status Eritreas unterschiedliche Positionen vertraten.[157] Die *„Unionist Party"* befürwortete die Vereinigung Eritreas mit Äthiopien während die *„Moslem League"* sowie die *„Liberal Progressive Party"*, die sich später im *„Independence Bloc"* vereinigten, sich für die Unabhängigkeit Eritreas aussprachen.[158]

*Unionist Party (UP) "Mahber Andinet"*

Die *„Unionist Party" (UP)* befürwortete die Vereinigung Eritreas mit Äthiopien. Nach der Rückkehr aus dem britischen Exil 1941 nach Äthiopien, begann Kaiser Haile Selassie mit der Propagierung der Vereinigung Eritreas mit Äthiopien. Die eritreische Bevölkerung war *„keineswegs von einem pro-äthiopischen Gefühl erfasst gewesen"*[159], wie Trevaskis feststellte.[160] Daher wandte sich der Kaiser, zuerst an die koptische Kirche und fand Unterstützung. Diese hatte einen starken Einfluss auf die tiefgläubigen Christen. Die koptische Kirche hatte materielle Interessen an der Vereinigung Eritreas mit Äthiopien. Ihre Forderung nach Rückgabe des enteigneten umfangreichen Grundbesitzes durch die italienischen Kolonialisten wurde von der britischen

---

156 *„The best solution for Eritrea would be its partition between Ethiopia and the Sudan in such a way as to allow the Eritrean Abyssinians to join their kinsmen in Ethiopia and the Moslem tribes of western Eritrea to be incorporated in the Sudan.*" (Sherman 1980, S. 18 f.)

157 Vgl.: Lloyd Ellingson 1977, S. 261-281.

158 Matthies 1981, S. 18.

159 Bitima/Steuber 1983, S. 123.

160 Vgl.: Trevaskis 1960, S. 57.

Militärverwaltung abgelehnt. Haile Selassie versprach ihr die Rückgabe des von den Italienern konfiszierten Landbesitzes.[161]

Unterstützung fand die Bewegung auch bei den Grundherren und Adelsfamilien des Hochlandes; *„unter den Italienern hatten sie in einem System „indirekter Herrschaft" ihre Machtposition weitgehend behalten, wurden aber von der britischen Verwaltung innerhalb weniger Jahre durch angestellte Distriktverwalter ersetzt"*[162]. Später schlossen sich ihre auch moslemischen Feudalherren an, die sich die Wiederherstellung ihrer traditionellen Privilegien erhofften.

1944 gründete sich die *„Society for the Unification of Ethiopia and Eritrea"*, die als „Unionist Party" bekannt war. Die „Unionist Party" ging aus der 1941 entstandenen *„Party of Love of Country (PLC)"* hervor, die anfangs die Interessen der eritreischen Intellektuellen, Unionisten sowie Führer der Unabhängigkeitsbewegung vertrat. Die *Party of Love of Country (Mahber Fikri Hager)* war die erste und bedeutendste Oppositionsbewegung, die sich gegen Fremdherrschaft in Eritrea zusammengeschlossen hatte.

*„The Unionist party was also linked to Ethiopia through the Ethiopian liaison officer in Asmara, Colonel Nega Selassie. It used less spiritual*

161 *„By 1942 every priest had become a propagandist in the Ethiopian cause, every village church had become a centre of Ethiopian nationalism, and popular religions feast days such as Maskal (the Feast of the Cross) had become occasions for open displays of Ethiopian patriotism. The cathedral, monasteries, and village churches would be testooned with Ethiopian flags and the sermons and prayers would be delivered in unequivocal political language."* (Ebd. S. 60. Kennedy Trevaskis war ein britischer Offizier in Eritrea.). Vgl. auch Bitima/Steuber 1983, S. 125.

162 Kathrin Eikenberg 1990, S. 117.

*influence to further its goals: assassinations, bombs and grenades were used against supporters of independence."*[163]

Die koptische Kirche hatte auf die Hochlandbauern großen Einfluss und später verfügte die „Unionist Party" über eine Massenbasis. Zudem war die Kirche bereit, den Gegnern der Vereinigung mit Exkommunikation zu drohen. Die Exkommunikation bedeutet für einen tiefgläubigen orthodoxen Christen den Ausschluss und die Isolation von dem sozialen und religiösen Leben der Gemeinschaft.

*Moslem League (ML) "Rabita el-Islamiya"*

Die *„Moslem League" (ML)* entstand aus der anti-feudalen Bewegung der Leibeigenschaft des Tieflands, die sich seit 1942 weigerten, Abgaben an ihre Feudalherren zu leisten. Die Forderung der Bewegung nach Emanzipation von der Leibeigenschaft und nationale Unabhängigkeit waren untrennbar miteinander verbunden; sie findet auch die Unterstützung der städtischen Kaufleute und Händler von Keren, Agordat und Nakfa.

Die Vertreter der moslemischen Gruppen trafen sich 1946 in Keren und diskutierten über den zukünftigen Status Eritreas. Sie lehnten sowohl die Union Eritreas mit Äthiopien ab, als auch die Aufteilung des Landes und forderten stattdessen die Unabhängigkeit Eritreas nach einer zehnjährigen Übergangsperiode unter UNO-Treuhandschaft. Die „Moslem League" wurde am 03.12.1946 gegründet und Ibrahim Sultan wurde Generalsekretär.[164] Hiermit hatte sich eine starke Oppositionspartei konstituiert, die gegen die Teilungspläne Eritreas und gegen die Vereinigung des Landes mit Äthiopien war.

[163] Report of the Four Power Commission, Ch. 7, Section 3: Report of the United Nations Commission, Memorandum submitted by the Delegations of Guatemala and Pakistan.

[164] Vgl.: John Markakis: National and Class Conflict in the Horn of Africa, Cambridge 1987, S. 64 f. Vgl. auch Bitima/Steuber 1983, S.127.

*Liberal Progressive Party (LPP) "Mahber Natznet'n Limaat'n Ertra"*

Die *„Liberal Progressive Party" (LPP)* wurde von christlichen Nationalisten in Akkele-Guzai im Februar 1947 gegründet. Sie plädierte für die Unabhängigkeit Eritreas und lehnte die Vereinigung mit Äthiopien strikt ab. Ihre Mitglieder waren vor allem städtische Schichten aus dem unteren Kleinbürgertum, Intellektuelle der christlichen Hochlandgebiete und moslemische Händler. Der politische Führer der „Liberal Progressive Party" Woldeab Woldemariam erklärte die Ziele seiner Partei:

*„When we set out to organize our Party, the Liberal Progressive Party, our aim was to preserve the Unity of Eritrea and the banner of 'Eritrea for Eritreans'. [...] We were all determined to maintain above everything else the Unity of our people and our country. Because of this unity, we were able to defeat British schemes for partition of Eritrea. The people of Eritrea were not divided. [...] They were unable to divide us into two people or two countries. All this came about because we all agreed on an unpartitioned unified Eritrea."*[165]

Im Juli 1949 schlossen sich Moslem League, Liberal Progressive Party, New Eritrea Party, Veterans of War Association, Italien-Eritrean Association, Hezbi El Watani (Nationalist) Party und Independent Eritrea Party zum *"Independence Bloc"* zusammen.

Uneinigkeit und Abspaltung schwächten die Unabhängigkeitsbewegung jedoch erheblich. Als Folge davon wuchs die Zahl der Parteien bis auf 15 an.[166] Trotz der Uneinigkeit der Unabhängigkeitsbewegung

---

165 *Journal of Eritrean Studies:* „The July 25th , 1949 Declaration of the Eritrean Independence Bloc Against US-UK-Ethiopia Conspiracies at the United Nations", Vol. I, No. 1. Summer 1986, S. 67.

166 Die 15 Parteien im Jahre 1951 waren: The Unionist Party, The Moslem League [of] Eritrea, The Liberal Progressive Party, The New Eritrean Party, The Italo-Eritrean Association, The War Veterans' Association, The Intellectuals' Associoation, The

und der Terroranschläge der „Unionist Party" traten nach Meinung der Briten 1949 mindestens 75 Prozent der Eritreer für die Unabhängigkeit ein.[167]

Das Hauptargument der Vereinigungsgegner war die Unvereinbarkeit der sozio-ökonomischen und politischen Systeme Eritreas und Äthiopiens. Die Moslemliga begründete dies in einem Memorandum an die Vier-Mächte-Kommission, dass Äthiopien

*„still retains the old worn out 'Feudal' system of Government; its people are in such a state of disorganization, ignorance and backwardness that they have had faced chronic poverty despite the fertility of the land and the privilege of independence. It is just that a still barbaric and primitive nation such as the Ethiopians – whose government is unable to improve the lot of its own people – should come into possession of a territory which is far more disciplined, advanced and civilized than Abyssinia?"*[168]

Nach dem Ende des II. Weltkrieges wurde die "Eritrea-Frage" auf internationale Ebene behandelt, denn Italien verzichtete in Art. 23 des Friedensvertrages vom 10. Februar 1947 auf seine Kolonien Libyen, Eritrea und Italienisch-Somaliland. Laut Anlage XI des Vertrages wurden die vier Alliierten USA, Sowjetunion, Großbritannien und Frankreich damit beauftragt, binnen Jahresfrist über das Schicksal der italienischen Kolonien zu beschließen. Sollte darüber unter den Siegermächten keine einstimmige Einigung zu erzielen sein, würde die Angelegenheit zur Entscheidung der Generalversammlung der UNO

Independent Moslem League, The Moslem League of the Western Province, The National Party of Massawa, The Independent Eritrea Party, The Liberal Unionist Party, The Independent Eritrea United with Ethiopia Party, The Voice of Federation with Ethiopia Party (Voce Federatione con Etiopia) und The Voice of Federal Eritrea Party (Voce Federale Eritrea).

167 Vgl.: Gebre-Medhin 1989, S. 131.

überwiesen.[169] Bei der Verfügung über die Kolonien sollten sowohl Wünsche und Wohlergehen der Bevölkerung als auch, im Interesse von Frieden und Sicherheit, die Ansichten anderer Staaten berücksichtigt werden.

Großbritannien vertrat weiterhin seinen Teilungsplan Eritreas, während die drei anderen Siegermächte eine italienische Treuhandschaft für Eritrea und einen äthiopischen Zugang zum Meer befürworteten.[170]

Die Spannung zwischen den Supermächten USA und UdSSR sowie der beginnende Ost-West-Konflikt beeinflusste auch die Verhandlungen der Alliierten über das weitere Schicksal der ehemaligen italienischen Kolonien.[171]

Da die von den Alliierten eingesetzte Untersuchungskommission[172] sich auf keinen gemeinsamen Bericht einigen konnte, wurde die Entscheidungsbefugnis der UNO-Vollversammlung überlassen. Im November 1949 rief die Generalversammlung der UNO mit Resolution 289 (IV) die UNO-Kommission für Eritrea ins Leben.[173]

---

168 Zitiert nach Lloyd Ellingson 1977, S. 272 f.

169 Vgl.: UN-Yearbook 1948/49, S. 256.

170 Vgl.: Trevaskis 1960, S. 88.

171 *"What interested them most was that any of the decisions on the former Italian colonies of Eritrea, Libya and Somalia should not be more advantageous to the other. The Americans in 1945 proposed a UN trusteeship over Eritrea to be followed by independence at the end of ten years. The USSR would accept any decision over the fate of Eritrean by the UK and USA if Soviet trusteeship over Tripolitania were to be conceded. France was afraid of any change in the colonial system and preferred Italian trusteeship over Eritrea."* (Wolde-Yesus Ammar: *Eritrea: Root Causes of War & Refugees,* Baghdad 1992, S. 84 f.)

172 Die Kommission führte Untersuchungen in Eritrea vom 12.11.1947 bis zum 03.01.1948 durch und befragte 3336 Vertreter von Clans. Die Befragung ergab eine deutliche Mehrheit für die Unabhängigkeit Eritreas. Vgl.: Bitima/Steuber 1983, S. 129.

173 UN Doc A / 1124, 22 November 1949.

Die aus fünf UN-Mitgliedern bestehende Kommission unterbreitete der Generalversammlung drei verschiedene Lösungsvorschläge:

1. Die Kommissionsmitglieder Burma und Südafrika plädierten für eine Föderation zwischen Eritrea und Äthiopien;

2. Norwegen votierte für die Vereinigung Eritreas mit Äthiopien;

3. Nach dem Willen Guatemalas und Pakistans solle Eritrea zunächst für 10 Jahre Treuhandgebiet der UNO bleiben und anschließend ein unabhängiger Staat werden.[174]

1950 wurden auf der Basis dieses Berichts die Beratungen über die Eritrea-Frage – ohne Beteiligung der eritreischen Bevölkerung – in der UNO fortgesetzt. Die Sowjetunion sowie andere osteuropäische Vertreter befürworteten die Unabhängigkeit Eritreas und lehnten die Föderation Eritreas mit Äthiopien ab.

Aufgrund der UNO-Entscheidungen zu Libyen und Somaliland und der relativ stärkeren ökonomischen Stellung Eritreas befürwortete auch Italien die Unabhängigkeit Eritreas.

Am 2. Dezember 1950 entschied sich die UNO-Generalversammlung für den Föderationsentwurf. Entscheidend für den Erfolg dieser äthiopischen Ansprüche war deren Unterstützung durch die westliche Führungsmacht USA. Die westlichen Staaten unter Führung der USA verfügten über die Stimmenmehrheit in der UNO und im Zuge des Kalten Krieges hatten die Amerikaner ein starkes Interesse an militärischen Einrichtungen in Eritrea.[175]

Als Gegenleistung bot sich das Kaiser-Regime den USA als Bündnispartner an. Aus dieser engen Zusammenarbeit zwischen Äthiopien und den USA erfolgte später die Unterzeichnung eines Militärab-

---

[174] Ebd. S. 367 f.

kommens, welches Militär- und Wirtschaftshilfe für Äthiopien und die Errichtung einer Nachrichtenstation bei Asmara vorsah.[176]

[175] Vgl.: Matthies 1981, S. 21.

[176] Vgl.: Bitima/Steuber 1983, S. 133. Die *"Kagnew-Station"* war der größte Stützpunkt der USA in Afrika. Hierzu vgl. Bereket Habte Selassie: „From Britisch rule to Federation and Annexation", in: Davidson/Cliffe/Habte Selassie (Hrsg.), *Bihind the War in Eritrea,* Nottingham 1980, S. 39.

*Tabelle 3: Politische Parteien in Eritrea: 1941-1952*

| Partei | Gründungsdatum | Religiöse und/oder ethnische Zusammensetzung der Mitglieder | Ziele |
|---|---|---|---|
| Unionist Party (UP)<br><br>"Mahber Andenet" | März 1947 | Christen; Tigrinya aus den Provinzen Hamasen, Akkele-Guzai und Seraye | Vereinigung Eritreas mit Äthiopien. Vorgängerorganisationen: *„Society for the Unification of Ethiopia and Eritrea"* (1944) und *„Party of Love of Country (PLC)"* 1941 |
| Moslem League (ML)<br><br>"Rabita el-Islamiya" | 03. 12.1946 und 08.02.1947 offizielle Bekanntmachung | Moslems | Sie lehnten sowohl die Union Eritreas mit Äthiopien ab, als auch die Aufteilung des Landes und forderten stattdessen die Unabhängigkeit Eritreas nach einer zehnjährigen Übergangsperiode unter UNO-Treuhandschaft. |
| Liberal Progressive Party (LPP)<br><br>"Mahber Natznet'n Limaat'n Ertra" | 18. Februar 1947 | Mehrheitlich Christen; Hauptbasis die Provinz Akkele-Guzai | Unabhängigkeit Eritreas und lehnte die Vereinigung mit Äthiopien strikt ab. Ihre Mitglieder waren vor allem städtische Schichten aus dem unteren Kleinbürgertum, Intellektuelle der christlichen Hochlandgebiete und moslemische Händler. |
| The New Eritrean Party<br><br>"Mahber Hadas Ertra" | 29. September 1947 | Christen und Moslems | Unabhängigkeit Eritreas nach einer Übergangsperiode unter Italien. Weitere Forderung der Bewegung: Rechtliche Gleichstellung der einheimischen und europäischen Bevölkerung |
| The National Moslem Party of Massawa<br><br>"Mahber Hezbi el-Watan" | 12. November 1947 | Moslems; Hauptbasis die Provinzen Semhar und Dankel | Einheit Eritreas und staatliche Unabhängigkeit nach einer zehnjährigen Übergangsperiode unter Großbritannien und UNO-Treuhandschaft. |
| The War Veterans' Association<br><br>"Mahber Jeganu Wetahader" | April 1947 | Moslems und Christen | Unabhängigkeit Eritreas nach einer Übergangsperiode unter Italien. Weitere Forderung der Bewegung: Gleichstellung der ehemaligen Soldaten. |

Quellen:
Eigene Darstellung nach Great Britain, Foreign Office: Annual Report for 1947 of the British Military Administration in Somalia, British Somaliland, and the reserves areas of Eritrea. The Records of British Military Administration (Reference No. FO 371/0165/3572), London 1947; Great Britain, Foreign Office: Annual Report by the Chief British Administrator on the administration of Eritrea during 1949. The Records of British Military Administration (Reference No. 1015/600), London 1949; United Nations, General Assembly: Four Power Commission of Investigation for the Former Italien Colonies, 3 Vols. New York 1947; Eritrean Weekly News 1947.

### *3.2.3 Die Föderationsperiode 1952-1962: Das Ende einer demokratischen Transformation Eritreas*

Der Föderationsstatus trat im Jahre 1952 in Kraft und die UNO-Resolution 390 (V) bestimmte das Verhältnis Eritreas mit Äthiopien in der Föderation. Demnach sollte Eritrea von nun an *"constitute an autonomous unit federated with Ethiopia under the sovereignty of the Ethiopian Crown"* heißen. Die Regierung Eritreas durfte *„legislative, executive, and judicial powers in the field of domestic affairs"* ausüben, während die Bundesregierung für Außenpolitik, Verteidigung, Handel und Kommunikation zuständig sein sollte. Von besonderer Bedeutung in Bezug auf Demokratisierung war die Festlegung der demokratischen Grundrechte in der Resolution: *"A democratic regime in Eritrea with all its requisites and safeguards: respect for human rights and fundamental liberties, and government of the people by the people."*[177]

Der UNO-Kommissar Eduardo Matienzo, der mit dem Entwurf einer Verfassung für Eritrea beauftragt wurde, begann die Konsultationen mit der äthiopischen Regierung und den eritreischen Parteien. Somit war eine demokratische Verfassung entworfen worden und die ersten demokratischen Wahlen Eritreas zur Nationalversammlung fanden im März 1952 statt (Tabelle 4).

[177] UN-Yearbook 1950, S. 368-370.

*Tabelle 4: Sitzverteilung der politischen Parteien in der Nationalversammlung nach der ersten demokratischen Wahl Eritreas 1952.*

| **Politische Parteien** | **Sitzverteilung in der Eritreischen Nationalversammlung** |
|---|---|
| Unionist Party (UP) und LUP[178] | 32 |
| Eritrean Democratic Bloc[179] (EDB) | 18 |
| Moslem League of the Western Province (MLWP) | 15 |
| Sonstige | 3 |
| **Gesamt** | **68** |

Quelle: Eigene Darstellung nach *UN-Yearbook* 1952, S. 262.

Aufgrund des unterschiedlichen Entwicklungsstandes beider Gesellschaften stellte sich die Frage nach der Funktionsfähigkeit der Föderation, denn für das kaiserliche Regime in Äthiopien stellte die demokratische Ordnung Eritreas mit Parteien, Gewerkschaften, Pressefreiheit und freie Wahlen sowohl eine Herausforderung, als auch zugleich eine Gefahr dar. Der feudalistisch-traditionellen Gesellschaft Äthiopiens stand die vom Kolonialismus *„stark durchkapitalisierte und teilindustrialisierte Gesellschaft Eritreas mit ihrem hohen Arbeiter- und*

[178] The Liberal Unionist Party

[179] Ehemaliger *Independence Bloc* (=Moslem League, Liberal Progressive Party, New Eritrea Party, Veterans of War Association, Italian- Eritrean Association, Hezbi El Watani (Nationalist) Party).

*Kleinbürgeranteil"*[180] gegenüber. Insgesamt schien Eritrea eine Gefahr für das Kaiser-Regime darzustellen, *„die nicht nur den Souveränitäts- und Legitimationsanspruch des Kaisertums zu unterminieren, sondern auch zu einem attraktiven Modellfall für andere unzufriedene Regionen und Bevölkerungsgruppen Äthiopiens zu werden drohte."*[181]

Von Beginn an schien klar zu sein, dass Äthiopien die Autonomie Eritreas nicht tolerieren würde, und der Kaiser ließ auch keinen Zweifel daran, dass er die Föderation nur als Übergangsstadium betrachtete.[182]

Vor dem Inkrafttreten der Föderation verstieß der Kaiser gegen die Autonomie Eritreas, als er im September die äthiopische Verfassung zum obersten Grundgesetz erklärte. Damit erhob das Kaiser-Regime die pateranalistische Verfassung Äthiopiens, die nicht die Föderationsverfassung war, über die demokratische Verfassung Eritreas.[183] So begann die äthiopische Zentralgewalt mit der Aufhebung des eritreischen Föderationsstatus. Der 1952 gegründete Gewerkschaftsverband *„General Union of Labour Syndicates"*, eine der ersten afrikanischen Gewerkschaften überhaupt, wurde im Januar 1953 von der äthiopischen Zentralgewalt aufgelöst. Die Grundrechte wurden schrittweise eingeschränkt und abgeschafft, die Presse, die Parteien und die öffentlichen Versammlungen verboten. 1956 wurden die Amtssprachen Tigrinya und Arabisch durch die äthiopische Amts- und Schulsprache Amharisch ersetzt.

Der friedliche Widerstand der eritreischen Zivilgesellschaft gegen die Schrittweise Aufhebung der Autonomie Eritreas erreichte seinen Hö-

---

180 Matthies 1981, S. 22.

181 Ebd.

182 Vgl.: Bereket Habte Selassie: *Conflict and Intervention in the Horn of Africa,* New York/London 1980, S. 59; Trevaskis 1960, 130 f.

183 Bitima/Steuber 1983, S. 135.

hepunkt 1958. Die verbotene Gewerkschaft rief einen Generalstreik aus, der mehrere Tage lang die wichtigsten eritreischen Städte lähmte. *„Auf umfangreichen Kundgebungen forderten die Demonstranten die Respektierung der eritreischen Autonomie und ein Ende der wirtschaftlichen Ausplünderung.“*[184] Im Jahre 1958 wurde die eritreische Flagge eingeholt, die als Symbol der nationalen Identität galt, und durch die äthiopische Fahne ersetzt. Auch die ökonomische Autonomie Eritreas bestand praktisch nicht mehr, nachdem bestehende Industriebetriebe nach Äthiopien verlagert und keine Neuinvestitionen mehr vorgenommen worden waren.

Im September 1959 wurden das äthiopische Recht und das Strafgesetzbuch auf Eritrea übertragen und 1960 erfolgte die Umbenennung der eritreischen Regierung in eine eritreische „Verwaltung“. Am 14. November 1962 hob das Kaiser-Regime Äthiopiens die Förderation auf und verleibte sich Eritrea als 14. Provinz ein. Weder die UNO noch die Supermächte oder die Dritte Welt protestierten gegen die völkerrechtswidrige Annexion Eritreas durch Äthiopien. Doch innerhalb und außerhalb Eritreas organisierte sich schnell eine Opposition gegen die äthiopische Herrschaft.

### *3.2.4 Entstehung und Formierung der eritreischen Zivilgesellschaft und der politischen Parteien*

Zusammenfassend lässt sich feststellen, dass die Wurzeln der eritreischen Zivilgesellschaft und der politischen Parteien sich bis in die italienische Kolonialzeit und die durch sie ausgelösten sozioökonomischen Veränderungen zurückverfolgen lassen. Sie artikulierten sich aber erstmals in der Phase der britischen Verwaltung.

[184] Bitima/Steuber 1983, S. 137.

Als 1946 die Gründung politischer Parteien erlaubt wurde, gründeten sich verschiedene Interessengruppen, was zu einer Polarisierung der eritreischen Gesellschaft führte.[185] Die Anfänge einer eritreischen nationalen Bewegung in den 1940er Jahren waren von Widersprüchen gekennzeichnet. Aber erst die schrittweise Annexion Eritreas durch Äthiopien verursachte die Formierung eines eritreischen Nationalismus.

Die koptische Kirche nutzte die Loyalität der Christen durch ihre Kampagnen des Terrors und der Verleumdung von Moslems und Arabern aus. Die Tatsache, dass die Unionisten eine Massenpartei wurden, erklärt sich nicht nur aus der tiefen Gläubigkeit der christlichen Bauern, sondern auch, wie Trevaskis begründet:

*„Fundamentally, the reason why they supported the Unionist party was that they believed their interests would be better served under Ethiopian than under European colonial rule."*[186]

Die Annahme der Unionisten, dass ihre Interessen bei Äthiopien besser aufgehoben sein würden, hat sich im Laufe der 1950er Jahre als Irrtum erwiesen. Die schrittweise Aufhebung der Autonomie Eritreas, Aufhebung der Grundrechte, Verbot der eritreischen Amtssprachen, wirtschaftliche Demontage des Landes und die Annexion 1962 durch Äthiopien haben dazu geführt, dass eine anti-äthiopische Opposition entstand.

Drei Jahre nach der Föderation verlor die Unionist Party viele ihrer Anhänger, die sich später dem anti-äthiopischen Widerstand angeschlossen haben. Diese Entwicklung findet Richard Greenfield bemerkenswert und stellt fest:

---

185 Markakis 1987, S. 57 ff.

186 Trevaskis 1960, S. 130.

*"[...] one of the strongest nationalist parties in Africa could so shift in its fundamental emphasis, with the subsequent encouragement of separatism, to a degree which was later seriously to embarrass the Ethiopian government."*[187]

Zur Formierung eines eritreischen Widerstands gehören zudem auch die durch den Kolonialismus und die ökonomische Entwicklung der in dieser Epoche entstanden eine relativ breite Schicht von Arbeitern, Kleinbürgern und Intelligenz, die sich politisch an der "Nation", d.h. dem territorialen Rahmen Eritreas orientierten. Die Entwicklung und Formierung der eritreischen Nationalbewegung wurde auch von der Gewerkschaftsbewegung der 1950er Jahre mit geprägt.[188]

Die 1940er Jahre waren nicht nur die Anfänge der eritreischen Zivilgesellschaft, der politischen Parteien und einer Oppositionbewegung gegen Fremdherrschaft[189], in der auch eine schnelle und im Vergleich zu anderen Nationalbewegungen in Afrika breite politische Mobilisierung stattfand, sondern auch der Beginn eines Demokratisierungsprozesses in der eritreischen Gesellschaft in Form eines Mehrparteienpluralismus.

*"[...] the political developments in Eritrea during the 1940s foreshadowed the rise of African nationalism across the continent a decade later, but unfortunately for the Eritreans, they were perhaps too early. The international stage was not yet set for decolonization and*

187 Richard Greenfield: *Ethiopia: a new political history,* London 1965, S. 305.

188 *„The evolution of the relationship between Eritrean Nationalism and trade unionism was so organically perfect that it was even obvious to the casual observer that the former could not be emasculated without killing the latter. In fact, when the activities of the nationalist parties were prescribed, it was the trade unions which carried on the banner of nationalism."* (Okbazghi Yohannes: „Eritrea: A Country in Transition", in: *Review of African Political Economy,* No. 57, 1993, S. 7-28, S. 12.)

189 Vgl.: Bitima/Steuber 1983, S. 128.

*that first skirmish with European colonialism was met with a solid united front of oppositon from the colonial powers."*[190]

Die ehemaligen Mitglieder und Anhänger der Moslem League (Independence Bloc) und die Mitglieder der zivilgesellschaftlichen Gruppen (Gewerkschaften, ELM) waren es schließlich, die im Exil den bewaffneten Widerstand für die Unabhängigkeit Eritreas organisierten.

190 Dan Connell: „The Birth of the Eritrean Nation", in: *Horn of Africa,* Vol. 3, No. 1, Jan/March, 1980, S. 18.

**Abbildung 1: Parteien, politische Organisationen und Befreiungsbewegungen in Eritrea: 1941-1961**

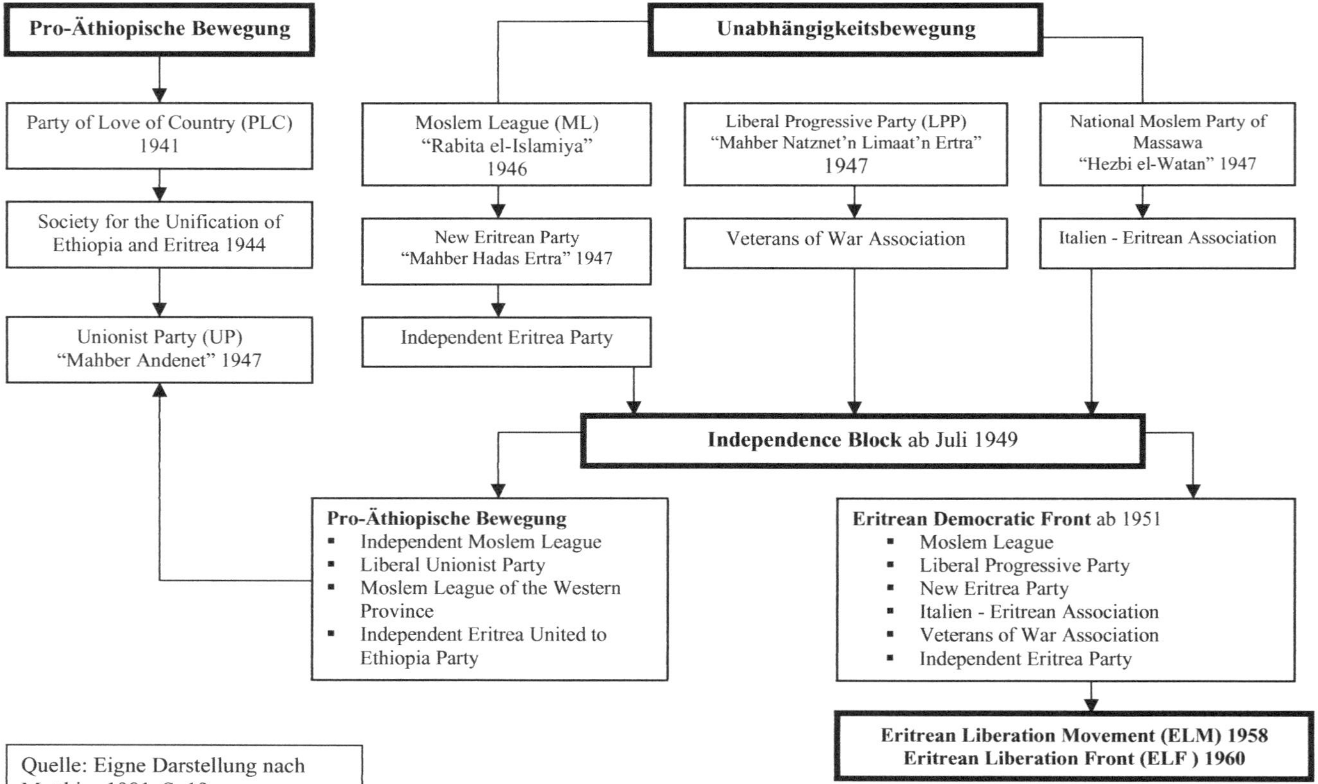

**Pro-Äthiopische Bewegung**

Party of Love of Country (PLC) 1941

Society for the Unification of Ethiopia and Eritrea 1944

Unionist Party (UP) "Mahber Andenet" 1947

**Unabhängigkeitsbewegung**

Moslem League (ML) "Rabita el-Islamiya" 1946

New Eritrean Party "Mahber Hadas Ertra" 1947

Independent Eritrea Party

Liberal Progressive Party (LPP) "Mahber Natznet'n Limaat'n Ertra" 1947

Veterans of War Association

National Moslem Party of Massawa "Hezbi el-Watan" 1947

Italien - Eritrean Association

**Independence Block** ab Juli 1949

**Pro-Äthiopische Bewegung**
- Independent Moslem League
- Liberal Unionist Party
- Moslem League of the Western Province
- Independent Eritrea United to Ethiopia Party

**Eritrean Democratic Front** ab 1951
- Moslem League
- Liberal Progressive Party
- New Eritrea Party
- Italien - Eritrean Association
- Veterans of War Association
- Independent Eritrea Party

**Eritrean Liberation Movement (ELM) 1958**
**Eritrean Liberation Front (ELF ) 1960**

Quelle: Eigne Darstellung nach Matthies 1981, S. 19.

## 3.3 Der politische Wandel der Befreiungsbewegungen

Der folgende Abschnitt behandelt die Entwicklung des bewaffneten Befreiungskampfes und den politischen Wandel der Befreiungsorganisationen von den Anfängen im Jahre 1961 bis zur Befreiung Eritreas 1991. Der Befreiungskampf lässt sich in zwei Phasen (1961-1975 und 1975-1991) unterteilen, die durch jeweils unterschiedliche Grade der Partizipation, der politischen Organisation, sozialen Mobilisierung, Entwicklung eines Nationenbildungsprozesses und Opposition innerhalb der Befreiungsbewegung charakterisiert sind.

Die erste Phase (1961-1975) des Befreiungskampfes war aber auch von Widersprüchen und politischer Uneinigkeit der Befreiungsbewegung gekennzeichnet. In dieser Phase galt es, die Herausforderung der politischen Uneinigkeit zu überwinden und den *„Prozess der mühsamen eritreischen Nationwerdung, der schwierigen Transformation der in partikulare ethnische, religiöse, tribale und soziale Gruppen gespaltenen Bevölkerung Eritreas in ein eritreisches Volk, das sich bewusst als Nation begreift“*[191], zu bewerkstelligen. Volker Matthies stimmt dieser Einschätzung zu und ergänzt: *„So wurde die Frage der ‚Nationalen Einheit' (neben der internationalen Frage der Bündnispolitik der Eritreer und Äthiopier) sozusagen zur ‚Schicksalsfrage, der Eritreer.“*[192]

### *3.3.1 Eritrean Liberation Movement (ELM)*

Nachdem die Führungspersönlichkeiten des Unabhängigkeitsblocks verhaftet, zum Schweigen gebracht oder zur Emigration gezwungen waren und die Gewerkschaftsbewegung nach dem Generalstreik von

[191] Vgl. das Vorwort Günther Schröders in Houtart 1980, S. 7 f.

[192] Matthies 1981, S. 35.

1958 zerschlagen worden war, begann die Phase der Formierung der eritreischen Opposition gegen die äthiopische Herrschaft im Ausland und innerhalb Eritreas.

Die Eritrean Liberation Movement *(Harekat Tahrir Eritrea)*[193] wurde im November 1958 von Mohammed Said Naud, Saleh Ahmed Iyay, Yasin Al Gade, Mohammed Al Hassan und Said Sabr in Port Sudan (Sudan) gegründet. Die Gründungsmitglieder der ELM waren alle Moslems, die aus den Regionen Keren und Sahel stammen. Die erste pan-eritreische Befreiungsbewegung gewann schnell an Popularität bei allen Regionen, Ethnien und Religionen. Es organisierte sich ein schnell wachsendes Netz der Untergrundbewegung mit je sieben Mitgliedern, mit der Strategie der Säkularisierung der Befreiungsbewegung sowie der Aussöhnung zwischen Christen und Moslems. Die ELM mobilisierte ihre Mitglieder hauptsächlich aus der städtischen Bevölkerung, die alle Gesellschaftsgruppen (Studenten, Arbeiter, Moslems, Christen etc.) repräsentierte. In der Präambel der Bewegung wird bekräftigt, dass *„Moslems and Christians are brothers, and their unity makes Eritrea one“.*[194]

Politische Ziele der ELM waren die *„eliminating the general state of fear and horror that the Ethiopians were spreading among our people“* und *„removing the wall of doubt and suspicion among the Islamic and Christian sects by bringing them together around a single national cause that is clear to them all and will unite them in one line."*[195] So wurden die ersten Zellen der Organisation in den Städten

[193] *Harekat Tahrir Eritrea* ist arabisch und charakterisiert die erste säkulare und überregionale Widerstandsbewegung zur Befreiung Eritreas. In Tigrinya wurde die Bewegung als *Mahber Shewate* bezeichnet.

[194] Markakis 1987, S. 106.

[195] Mohammed Said Naud: "Hareket Tahreer Eritrea. Alhaqiqa Weltar'ikh", in: *Awate Research Unit*, Part 2, March 26, 2001. http//www.awate.com/HEROES/Naudbook2.htm.

Keren und Asmara durch Saleh Iyay und Yasin al Gade gegründet, die in der Verbreitung des Netzwerkes eine Schlüsselrolle gespielt haben.

Im September 1960 fand der erste und letzte Kongress der ELM in Asmara mit ca. 40 Delegierten statt. Es wurde eine Führung (General Command) bestehend aus 13 Mitgliedern gewählt, die beauftragt wurde, die Mobilisierung und die politische Bildung in der Bevölkerung als Hauptaufgabe zu verfolgen. Es wurde auch beschlossen, die eritreische Polizei und Verwaltung zu infiltrieren, um einen Staatsstreich (coup d' état) vorzubereiten und die eritreische Unabhängigkeit auszurufen. Im Jahre 1961 wurden viele Führungsmitglieder der ELM durch den äthiopischen Geheimdienst verhaftet und die Untergrundbewegung wurde zerschlagen.

Ein weiteres Ereignis trug zur Schwächung der Bewegung bei. 1960 wurde die ELF (vgl. Kapitel 3.3.2) aus Kreisen der ehemaligen Führer des Independence Bloc (Moslem League) Idris Mohammed Adum und Ibrahim Sultan gegründet. Die Gründungsmitglieder der ELM wurden aus ethnisch-regionalen und persönlichen Rivalitäten von den ehemaligen Führern der Moslem League nicht akzeptiert und bekämpft. Die fünf Gründungsmitglieder der ELM stammen alle aus der Region Keren/Sahel und waren Mitglieder der Jugendorganisation der *Sudanese Communist Party* (SCP), Idris Mohammed Adum (ELF) hingegen stammt aus der Region Barka und verkörperte die konservative islamische Gesellschaft. Die beiden Regionen (Sahel und Barka) stehen in Rivalität in Bezug auf Führungsanspruch der Tigre-Bevölkerung und Moslems in Eritrea. Der Versuch der ELM im Jahre 1965, einen militärischen Widerstand innerhalb Eritreas aufzubauen, fand schnell ein Ende. Im Mai 1965 entwaffnete die ELF in Ela Tsada (Region Sahel) gewaltsam 50 Kämpfer der ELM. Bei dem ersten inner-eritreischen militärischen Konflikt wurden 6 Kämpfer von der ELM getötet.

### *3.3.2 Eritrean Liberation Front (ELF)*

Die ELF wurde aus Kreisen eritreischer Exilpolitiker und Studenten im Jahre 1960 in Kairo gegründet. Nach der Zerschlagung der zivilgesellschaftlichen Opposition im Jahre 1958 beschlossen die ehemaligen Führer des Independence Bloc/Moslem League, Idris Mohammed Adum sowie Ibrahim Sultan, die Gründung einer bewaffneten Befreiungsbewegung gegen Äthiopien.

Die Gründungsmitglieder der ELF begannen mit der Vorbereitung des bewaffneten Widerstandes. Der erste Schuss fiel am 1. September 1961 unter der Führung von Hamid Idris Awate, der in den 1940er Jahren bewaffnete Gruppen gegen die unionistische „*Shifta*“[196] geführt hatte. Sie überfielen äthiopische Polizeiposten im Westen und Nordwesten Eritreas. Unterdessen übertrug die ELF die Führung des bewaffneten Kampfes Hamid Idris Awate, und ihre Kämpfer rekrutierten sich vorwiegend aus moslemischen Bewohnern aus dem Tiefland und der Volksgruppe der Blin.

Die Anfangsphase der ELF war von Widersprüchen gekennzeichnet, die sich innerhalb der Führung aus mangelnder ausländischer Unterstützung und aus der ethnischen und religiösen Heterogenität des Landes ergaben. Der Struktur der ELF blieb in den Anfangsjahren sehr schwach.

Die außenpolitische Isolierung der ELF wurde erst 1963 durchbrochen, als Syrien, Irak, Sudan, Suadi-Arabien, Ägypten und Algerien ihren Kampf gegen das mit den USA und Israel verbündete Äthiopien durch Waffenlieferungen unterstützten.[197] Die außenpolitische Orien-

[196] *Shifta* bedeutet Straßenräuber oder Bandit (in amharisch und tigrinya).

[197] „*The most important reason, however, was a geo-political one, with mortal Arab-Israeli struggle at the centre. The patronage of the United States drew Ethiopia inexorably into an ill-concealed alliance with Israel, and the latter was to assume a*

tierung auf die arabischen Staaten war jedoch als Folge der guten Beziehungen Äthiopiens zu den westlichen Staaten, der Sowjetunion und afrikanischen Staaten zu sehen.

Bis 1965 wuchs die ELF weiter an und operierte außer in der Westregion Eritreas auch an der Küste und zunehmend im Hochland. 1965 wurde in einer in Khartoum einberufenen Organisationskonferenz die Bildung von vier militärischen Zonen auf ethnischer und regionaler Basis beschlossen, die ähnlich der algerischen *„Wilayas"* autonom voneinander operieren sollten, mit dem Ziel die ethnisch-regionale und religiöse und Spannung innerhalb der ELF zu reduzieren.[198] Es wurde ein *„Revolutionary Command"* als Koordinationsorgan in Kassala (Sudan) eingerichtet, während die selbsternannte politische Führung, das *„Supreme Council"*[199], ihre Koordinierungsstelle in Kairo behielt.

Anfang 1966 kam noch eine fünfte Zone mit überwiegend christlichen Kämpfern hinzu. Diese Spaltung der ELF in fünf Zonen nach ethnischer, regionaler und religiöser Zugehörigkeit bedeutete nicht nur *„einen schweren Rückschlag für die Entwicklung des eritreischen Befreiungskampfes"*[200], sondern auch einen Rückfall in eine ethnozentrische Politik.[201]

---

*leading role in the war against Eritrean Nationalism."* (Markakis 1987, S. 112.) Hierzu vgl. auch Bitima/Steuber 1983, S. 142.

198 Für nähere Einzelheiten zur autonomen Zone vgl. ebd. , S. 109 ff.

199 Die Mitglieder des *„Supreme Council"* waren Idris Mohammed Adum, Osman Saleh Sabbe und Idris Osman Gelaidos.

200 Bitima/Steuber 1983, S. 143.

201 *„Ethnic parochialism reinforced a tendency towards zone autonomy, which nullified intended functions of the Revolutionary Command, and created indivious competition between zones, with each coming to regard its own material and security needs as paramount."* (Markakis 1987, S. 115.)

Die Expansion der ELF in das christliche Hochland führte 1967 zur ersten großen Offensive der äthiopischen Armee[202], die die Fraktionierung der ELF und ihre fehlende militärische Koordination nutzte. Die 1965 mit israelischer Hilfe entstandenen Antiguerillaeinheiten („*Kommandos*")[203] und die Armee Äthiopiens begannen – besonders in den Provinzen Senhit und Barka – mit Massakern, der Niederbrennung von Dörfern und der Bombardierung von Viehherden ihren Kampf gegen die Zivilbevölkerung. Eine Serie von Gräueltaten fand in der Nähe der Stadt Keren statt. Eine Gräueltat war die Ermordung von 112 Zivilisten in einer Moschee in dem Dorf *Beskdira* durch die äthiopische Armee im November 1970. Das Dorf *Ona* ist ebenfalls das Synonym für Massaker und Niederbrennung von Dörfern geworden, als die äthiopische Armee am 01. Dezember 1970 ca. 625 Zivilisten ermordeten.[204]

---

202 Vgl.: Eikenberg 1990, S. 123

203 Die "Kommandos" waren ausschließlich von der Volksgruppe der christlichen Tigrinya. Die große Mehrheit der Tigrinya, die bis in den Anfängen der 1970er Jahre die Vereinigung Eritreas mit Äthiopien befürworteten, haben die Befreiungsbewegung abgelehnt. Die Befreiungskämpfer der ELF wurden von der Volksgruppe der Tigrinya als „Shifta" (Räuber, Banditen) bezeichnet.

204 Vgl.: Human Rights Watch: *Evil Days. Thirty Years of War and Famine in Ethiopia,* New York 1991, S. 46-47. Dawit Wolde Giorgis, der in dieser Zeit als Offizier bei der äthiopischen Armee diente, berichtet: *„The army [...] entered Eritrea in the 1960s with the mentality of a conqueror. It belittled the small bands of Moslem separatists operating in the lowland areas and believed it could command respect and loyality from the people by sheer show of force [...]. The army made a crucial error in this operation; it did not concentrate on attacking the guerillas directly; instead it devastated the villages suspected of harboring them."* (Dawit Wolde Giorgis: *Red Tears. War, Famine and Revolution in Ethiopia,* Trenton/N.J. 1989, S. 82.) Ein israelischer Offizier, Mitglied der Ausbildungseinheit der Antiguerillaeinheit in Eritrea, kommentierte im April 1967: *„The Second Division is very efficient in killing people. They are alienating the Eritreans and deepening the hatred that already exists. Their commandor took his senior aides to a spot near the Sudanese border and ordered them: 'from here to the north - clean the area'; many innocent people were massacred."* (Zitiert nach Haggai Erlich: *The Struggle Over Eritrea 1962-1978,* Stanford 1983, S. 58.)

Die Folge war die erste bedeutende Flüchtlingswelle 1967 von ca. 30 000 Eritreern in den Sudan. Dass die unabhängig voneinander operierenden Zonen den äthiopischen Angriffen keine abgestimmte Gegenwehr entgegensetzen konnten, brachte unter den Befreiungskämpfern heftige Kritik an der Zonenstruktur der Organisation und an der Führung im Ausland.[205] Hinzu kamen auch das Ausbleiben der materiellen und finanziellen Unterstützung der arabischen Staaten aufgrund der Schließung des Suez-Kanals sowie die Spannung zwischen den verschiedenen ethnischen Gruppen und Regionen als auch die Spannung zwischen Moslems und Christen innerhalb der ELF.

Die Oppositionsbewegung innerhalb der Befreiungsfront entstand hauptsächlich aus der sich verändernden Zusammensetzung der Befreiungskämpfer. Der Zustrom der städtischen Bevölkerung und der Intellektuellen brachte *„über die nationale Unabhängigkeit hinausreichende Auffassungen“*[206] zu den Zielen der Bewegung mit sich. Hauptsächlich die Studentenbewegung ab Mitte der 1960er Jahre in Eritrea und Addis Abeba (Äthiopien) trug dazu bei, die Studenten politisch zu mobilisieren und den Zustrom der Studenten in die Befreiungsbewegung zu verstärken.[207] Auch die Befreiungskämpfer, die in Syrien, Irak, China und Kuba politische und militärische Ausbildung erhielten, vertraten sozialrevolutionäre Ideologien.[208] Die Reformbewegung forderte die Wiedervereinigung der Zonen unter einem gemeinsamen Kommando, die Beendigung von Übergriffen und Zwangsmaßnahmen gegen die Bevölkerung sowie die Anwesenheit der politischen Führung im Feld.[209] Auf der *Anseba-Konferenz* vom

205 Vgl.: Eikenberg 1990, S. 123.

206 Ebd., S. 123.

207 Gespräch d. Verf. mit Tesfai Tecle im Oktober 1998, Mitglied der ELF-Führung *(Revolutionary Council)* 1971-1982.

208 Gespräch d. Verf. mit Tesfai Tecle im Oktober 1998.

209 Eikenberg 1990, S. 124.

September 1968 kam es schließlich zur Vereinigung der drei Zonen unter einer provisorischen Führung. Im August 1969 fand die Adobha-Konferenz statt, auf der es zur Wiedervereinigung aller Zonen und zur Bildung eines gemeinsamen *Kiyada al-Ama* „General Command" kam. Das General Command sollte die Führung der Organisation bis zur Abhaltung einer Nationalkonferenz übernehmen; ein Konferenz-Vorbereitungskomitee wurde einberufen.[210]

Nachdem im Dezember 1969 das „General Command" die Ablösung des „Supreme Council" bekannt gab, weil die Mitglieder der „Supreme Council" die Aufforderung, ins Feld zurückzukommen, nicht gefolgt waren, löste die Entscheidung Differenzen innerhalb des General Command und der politischen Führung im Ausland aus. Diese führte zur Gruppenbildung und Abspaltung der ELF.[211]

### *3.3.3 Abspaltung der EPLF als Ergebnis eines Demokratisierungsprozesses innerhalb der ELF*

Nachdem das General Command die politische Führung im Ausland, das "Supreme Council", abgesetzt hatte, erklärte Osman Saleh Sabbe daraufhin die Gründung einer eigenen Bewegung. Auch die Gegner des General Command aus der ersten und zweiten Zone gründeten die *"Eritrean Liberation Forces"* („Obel-Gruppe") und schlossen sich der PLF (Sabbe-Gruppe) an. Weitere Gruppen aus dem christlichen Hochland um Issayas Afeworki (die „Ala-Gruppe") und PLF 2 um Romadan Mohammed Nur in der Provinz Dankalia gingen ein Bündnis mit Sabbe ein. In den arabischen Staaten galt Osman Saleh Sabbe als der prominenteste Exilpolitiker Eritreas. Diese Position basierte, wie der israelische Autor Haggai Erlich feststellt, *"on his competence as a*

[210] Gespräch d. Verf. mit Tesfai Tecle im Oktober 1998.

[211] Ebd.

*fund raiser and on his repeatedly declared belief that the Eritreans were Arabs and their war was an integral part of the Middle Eastern struggle to fulfill Arab nationalism.*"[212] Die PLF (Sabbe-Gruppe), die ELF (Obel-Gruppe), die Ala-Gruppe und PLF 2 verbündeten sich 1973 zu ELF-PLF und formten die spätere EPLF (1977).

Der 1. Nationalkongress der ELF fand vom 14. Oktober bis 12. November 1971 statt. Die 561 Delegierten waren Vertreter der Kämpfer, der Dorfgemeinschaften, der Frauengruppen und Studenten.[213]

Die im November 1968 innerhalb der ELF entstandene marxistische Bewegung "*Eritrean Democratic Working Peoples Party* (Labour Party)", mit dem Ziel "*to secure power in the ELF for the revolutionary forces, in order ultimately to establish a socialist state in Eritrea*"[214], konnte weitgehend ihr sozialistisches Programm im Kongress durchsetzen.

So verabschiedete der 1. Nationalkongress der ELF ein politisches Programm, das stark vom Marxismus beeinflusst war, beschrieb die Ziele der eritreischen Revolution, bekräftigte die „Nationale Einheit" als unverzichtbare Bedingung für die Unabhängigkeit. Es wurde eine demokratisch legitimierte Führung gewählt. Weiterhin wurde die Gründung von Massenorganisationen beschlossen, die als Basis des Unabhängigkeitskampfes dienen sollten.[215]

---

212 Haggai Erlich 1983, S. 27.

213 „*The congress was reportedly conducted in a democratic spirit, with free and lengthy debate. Practically, however, the significance of the occasion lay in its determination of the organizational structure of one of the two major Eritrean organizations, the ELF-RC, which has existed since then.*" (Haggai Erlich 1983, S. 30.)

214 Markakis 1987, S. 128 f.

215 The Eritrean Liberation Front, *Political Programme approved by the 2nd National Congress of the ELF,* Liberated Areas, May, 28, 1975, ELF, Foreign Information Center, Beirut.

Die eritreische Unabhängigkeitsbewegung wurde von der ELF als eine nationale und demokratische Revolution definiert, in der alle ethnischen und religiösen Gruppen Eritreas im Befreiungskampf willkommen waren. Nach der staatlichen Unabhängigkeit sollte ein demokratisches Regierungssystem aufgebaut werden. Die ELF betrachtete sich "*as the only true representative of Eritrean nationalism*" und beschloss, dass "*the Eritrean arena can tolerate only one revolution led by one organization with a single command.*"[216] Die neue ELF-Führung wurde damit beauftragt, sich um die Wiedereingliederung der Oppositionsgruppen zu bemühen und im Interesse der „Nationalen Einheit" "*to take military measures to ensure the unity of the organization and the unity of the revolution.*"[217]

Der Opposition innerhalb der ELF, die *Eritrean Democratic Working Peoples Party,* gelang es schließlich, die durch Religion, Regionalismus und Ethnien beeinflussten Strukturen der Organisation aufzulösen und im 1. Nationalkongress demokratische, soziale und säkulare Reformen durchzusetzen.

Im Februar 1972 stellte die ELF-Führung den vier Gruppen[218] der späteren ELF-PLF ein zeitlich gestaffeltes Ultimatum zum Wiederanschluss. Das Ultimatum blieb jedoch ohne Erfolg. Der zweite[219] innereritreische Bürgerkrieg dauerte bis Oktober 1974 und keine der Organisationen konnte als Sieger hervorgehen.[220]

216 Vgl. ebd.

217 Ebd.

218 Die vier Gruppen, die die spätere ELF-PLF 1973 bildeten waren: PLF (Sabbe-Gruppe), Eritrean Liberation Forces (Obel-Gruppe/ELF), die Ala-Gruppe (Selfi Natz'net Ertra/Issayas Afeworki-Gruppe) und PLF 2 (Romadan Mohammed Nur-Gruppe). Hierzu vgl. Abbildung 3.

219 Nach 1965 zwischen der ELF und ELM.

220 Die ideologischen Unterschiede zwischen beiden Organisationen Anfang der 1970er Jahre charakterisiert Haggai Erlich: „*The ELF emphasized Eritrean uniqueness and urged Eritrean Unity (under its exclusive hegemony), while the ELF-PLF*

Der Beschluss der ELF, die ELF-PLF mit Waffengewalt zu eliminieren bewirkte eine Veränderung der Allianzen in der Befreiungsbewegung. Die taktische Allianz der Ala-Gruppe aus dem christlichen Hochland um Issayas Afeworki mit der als konservativ bekannten moslemischen Gruppe um Osman Saleh Sabbe, kann nur als *„marriage of convenience"*[221] bezeichnet werden, denn nach Auffassung der Ala-Gruppe um Issayas Afeworki verhinderte die „moslemische Orientierung" der ELF eine Integration der christlichen Bewohner des Hochlands. Die Beweggründe der Ala-Gruppe, diese Verbindung einzugehen, lagen in ihren Versorgungsschwierigkeiten, *„bei deren Behebung ihr Osman S. Sabbe, der über enge Kontakte zu den arabischen Staaten verfügte, behilflich sein konnte"*[222].

In der ELF-PLF gab es auch eine Phase der internen Opposition, *„Menka"*[223], der politischen Verfolgung und Liquidation.[224] Die interne Opposition kritisierte die zentralistische Führung der ELF-PLF um Issayas Afewerki und forderte mehr Transparenz und Demokratie in der Organisation.[225]

---

*saw the Eritrean struggle more in the context of an all-Middle Eastern social and nationalist revolution and believed revolutionary changes in Eritrean society essential to national or organizational unity."* (Haggai Erlich 1983, S. 32.)

221 Vgl.: Sherman 1980, S. 45.

222 Bitima/Steuber 1983, S. 146.

223 *"Menka"* bedeutet die Fledermaus und wurde als Synonym für interne Oppositionsbewegung innerhalb der ELF-PLF verstanden, die eine Demokratisierung der Organisation und Transparenz in der Führungsebene forderte.

224 Markakis 1987, S. 136.

225 *„The focal point of such criticism in the ELF-PLF was the undemocratic nature of the leadership and its methods. This reflected the fact that there had been no election of leaders, as well as resentment against their penchant for centralisation and secrecy. Isayas [der eritreische Präsident, d. Verf.] in particular was accused of supervising everyone's work, of censoring all publications, thereby undermining the position of the cadres."* (Markakis 1987, S. 136.)

An diesem zentralistischen und autoritären Führungsstil der EPLF/PFDJ und ihrer Regierung hat sich bis zum heutigen Datum nichts geändert (vgl. Kapitel 4).

Die erste Phase des eritreischen Befreiungskampfes war also das Spiegelbild der ethnisch-kulturellen und religiösen Heterogenität der Gesellschaft, und die eritreische Opposition gegen die äthiopische Herrschaft war durch ihre Uneinigkeit gekennzeichnet. Die zweite Phase des Befreiungskampfes (1975-1991) war allerdings durch überragende militärische Erfolge der Befreiungsfronten (ELF und EPLF) und die Mobilisierung der gesamten Bevölkerung charakterisiert.

### *3.3.4 Entwicklung, Konflikte und Demokratisierungsprozesse innerhalb der Befreiungsfronten*

Die ELF war bis 1974 von den Volksgruppen der Blin[226] und Tigre stark dominiert, die besonders unter den Gräueltaten und der Repressionspolitik des Kaisers bis 1974 gelitten haben. Erst mit der Machtergreifung der Militärregierung („Derg“) in Äthiopien 1974 und die damit verbundene Ausweitung der Repressionspolitik in ganz Eritrea, besonders im Hochland der christlichen Tigrinya, wuchs die Beteiligung der Tigrinya in der Befreiungsbewegung.

So markierte das Jahr 1975 eine neue Phase in der Geschichte der Befreiungsbewegung in Eritrea. Während in den 1960er Jahren die Unterstützung der Bevölkerung für den Befreiungskampf niedrig war,

[226] Obwohl die Volksgruppe der Blin nur ca. 3,8 % der gesamten eritreischen Bevölkerung ausmachen, haben sie in der ELF eine bedeutende Rolle gespielt. In der im 2. Nationalkongress 1975 gewählten 41-köpfigen Führung (*"Revolutionary Council"*) der ELF waren 7 von der Volksgruppe Blin. Prominente Mitglieder der *„Revolutionary Council“* der ELF waren Tesfai Tecle, Abdelkadir Romodan und Salih Iyay (Mitbegründer der ELM 1958).

konnte sich der eritreische Nationalismus 1974-75 offen artikulieren. *"By this time"*, wie John Markakis feststellt, *"one can reasonably argue, an Eritrean national consciousness, forged in the struggle, had emerged."*[227] Unter dem Druck der eritreischen Bevölkerung stellten auch die Befreiungsfronten ihren Bürgerkrieg ein.

Das Kaiser-Regime in Äthiopien brach 1974 zusammen und im September übernahm eine Militärregierung (Derg) die Macht, die auf eine militärische Lösung der Eritrea-Frage setzte. Die Repressionspolitik dieses Militärregimes in Eritrea führte zu einem starken Zulauf zu den Befreiungsfronten. Gleichzeitig vollzog sich auch der Übergang von einer Guerillabewegung zu einer konventionellen Kriegsführung.

Seit dem Ende des innereritreischen Bürgerkrieges gab es Versuche, zwischen den Befreiungsfronten eine nationale Einigung herzustellen. Die harte Haltung des äthiopischen Militärregimes im Hinblick auf eine „militärische Lösung" des Eritrea-Problems – aber auch die innerpolitischen Entwicklungen der Befreiungsfronten drängten zur Lösung der Frage der Einheit.

Im Januar 1975 bildeten die Fronten ein gemeinsames militärisches Oberkommando. Im Februar begann dann die Großoffensive der Befreiungsfronten gegen die Hauptstadt Asmara, wobei der ELF die Befreiung von über 1 000 politischen Gefangenen gelang.[228] Als Reaktion auf die eritreische Offensive begann das Militärregime mit der Bombardierung umliegender Dörfer und mit Säuberungsaktionen gegenüber der zivilen Bevölkerung in Asmara.[229] Diese Vergeltungs-

227 Markakis: „The Nationalist Revolution in Eritrea", in: *Journal of Modern African Studies,* Vol. 26, No. 1, March 1988, S. 62.

228 Gespräch des Autors mit Tesfai Tecle im Oktober 1998.

229 Zur Säuberungsaktion und Bombadierung vgl. Human Rights Watch: *Evil Days: Thirty Years of War and Famine in Ethiopia. An African Watch Report,* New York/London 1991, S. 50f; Matthies 1981, S. 77.

maßnahmen der äthiopischen Truppen im christlichen Hochland und in Asmara brachten den Befreiungsfronten starken Zulauf aus der Bevölkerung. Als Folge dessen war die militärische Stärke der Befreiungsfronten seit 1975 stark angewachsen. Die Zahl der etwa 4 000 Guerillakämpfern im Jahre 1972 stieg auf 40 000 im Jahre 1975.

Seit 1975 kontrollierten die Befreiungsfronten die ländlichen Regionen Eritreas und 1977 begannen sie mit der Eroberung der Städte, wodurch die äthiopische Herrschaft in Eritrea an den Rand der völligen Niederlage geriet. Die beiden Befreiungsfronten kämpften nun in konventioneller Kriegsführung und eroberten bis Ende des Jahres die meisten Städte Eritreas. Ende 1977 standen nur noch die Stadt Barentu, die Hauptstadt Asmara, Assab und Teile von Massawa unter äthiopischer Kontrolle.

Nachdem das Militärregime mit Hilfe der Sowjetunion und mit Unterstützung kubanischer Truppen die somalische „Invasion" auf den Ogaden zurückgeschlagen hatte, wandte sich Äthiopien 1978 wieder Eritrea zu. Zwei Großoffensiven Äthiopiens im Juni und November, an der 250 000 Soldaten – ausgerüstet mit modernstem sowjetischen Kriegsgerät und unterstützt von schwerer Artillerie und der Luftwaffe – teilnahmen, brachten fast alle Städte in Eritrea wieder unter äthiopische Kontrolle.

1976 kam es zur Spaltung zwischen der Auslandsvertretung der ELF-PLF unter Sabbe und der ELF-PLF Führung in Eritrea, nachdem Sabbe einen Zusammenschluss mit der ELF vereinbarte. Der Zusammenschluss wurde von der ELF-PLF Führung in Eritrea abgelehnt. Daraufhin behielt die Gruppe um Sabbe den Namen ELF-PLF[230] bei, wäh-

[230] Die ELF-PLF (Sabbe-Gruppe) wurde 1978 von der ELF mit Waffengewalt eleminiert und folglich blieb sie militärisch als auch politisch in Eritrea bedeutungslos. Nach 1978 war die ELF-PLF hauptsächlich in den arabischen Staaten politisch ak-

rend die Gruppe in Eritrea um Issayas Afeworki seit ihrem 1. Kongress 1977 die Bezeichnung „Eritrean People's Liberation Front" (EPLF) annahm.

Während die ELF die nationale Einheit als *„a precondition to a nationalist victory"* betrachtete, trat die EPLF für *„revolution as a precondition to unity"* ein. Schließlich kam es im Oktober 1977 zu der Übereinkunft von Khartoum. Das Ziel dieses Abkommens war die Bildung einer gemeinsamen national-demokratischen Front in Eritrea. Zu diesem Zweck sollte eine gemeinsame politische Führung installiert, gemeinsame Komitees für militärische, ökonomische und auswärtige Angelegenheiten gebildet sowie ein Einigungskongress vorbereitet werden.

Obwohl die politischen Programme und die Organisationsstruktur beider Fronten weitgehend identisch waren, blieben weitere Abkommen und Gespräche nur bei Absichtserklärungen, aber es gab auch Differenzen und unterschiedliche Standpunkte bei der Umsetzung der politischen Programme.

Trotz des personellen und programmatischen Wandels von 1975 verlor die ELF seit 1977 ständig an Mitgliedern und Einfluss unter der eritreischen Bevölkerung. Der Zersplitterungsprozess der ELF hat seine Ursachen in den militärischen Rückschlägen, politischen Fehlern der Führung sowie der Rivalitäten der Gruppierungen innerhalb der Organisation.

Die EPLF hingegen konnte den äthiopischen Belagerungsring um die Stadt Nakfa Anfang 1980 brechen. Anschließend brach der schwelende innereritreische Krieg, der durch einen Angriff der EPLF verur-

tiv. Die militärische und politische Dominanz blieb in der Folgezeit in den Händen der ELF und EPLF um Issayas Afeworki.

sacht worden war, zwischen den rivalisierenden Befreiungsfronten wieder aus. Der Bürgerkrieg endete 1981 mit der militärischen Niederlage der ELF. Ihre Kämpfer flüchteten in den Sudan, wo sie von der sudanesischen Armee entwaffnet wurden. Nach zwanzigjährigem Befreiungskampf zerfiel die ELF in Fraktionen. So blieb die EPLF die einzige ausschlaggebende Bewegung in Eritrea.

Auf dem 2. Kongress der EPLF 1987 wurde das sozialistisch orientierte politische Programm der Organisation, das auf dem 1. Kongress im Januar 1977 verabschiedet worden war, korrigiert. Das Programm sah nun für ein zukünftiges Eritrea ein liberales Wirtschaftssystem vor. Die EPLF verpflichtete sich auch, eine Mehrparteiendemokratie in einem unabhängigen Eritrea zu implementieren.

Nachdem die EPLF die militärische Entwicklung seit 1981 in Eritrea allein bestimmt hat, gelangen ihr einige spektakuläre militärische Erfolge[231] in den Jahren 1987 und 1988 gegen die äthiopische Armee. Mit dem Zusammenbruch des Mengistu-Regimes in Äthiopien im Frühjahr 1991 gab die äthiopische Besatzungsarmee in Eritrea endgültig auf und räumte ohne großen militärischen Widerstand Eritrea. Damit stand Eritrea unter Kontrolle einer EPLF-Übergangsregierung.

## 3.4 Zusammenfassung

Der Kolonialismus leitete den Prozess des politischen Wandels Eritreas ein. Als Folge der italienischen Kolonisierung 1890 entstand das heutige Eritrea als politische und territoriale Einheit. Die verschiedenen ethnischen Gruppen wurden in einem Territorium zusammengefasst. In der Folgezeit fanden sozio-politische und ökonomische Ver-

[231] Zur militärischen Entwicklung der EPLF und der Belagerung Eritreas zwischen 1988-89 siehe Human Rights Watch 1991, S.237-253.

änderungen statt. Die koloniale und rassistische Unterdrückung als auch die ökonomische Modernisierung haben die Voraussetzungen des eritreischen Nationalbewusstseins geschaffen. Die rassistische Politik Mussolinis ließ erstmals eine überethnische, -religiöse und -regionale Gemeinschaft entstehen.

Die eritreische Opposition (zivilgesellschaftliche Gruppen und politische Parteien) gegen die Fremdherrschaft *„artikulierte sich aber erstmals in der Phase der britischen Militärverwaltung, in der eine schnelle und im Vergleich zu anderen Kolonialgebieten Afrikas relativ breite politische Mobilisierung der Bevölkerung"*[232] als auch Demokratisierungsprozesse stattfanden. Durch die liberale britische Militärverwaltung gefördert, konstituierten sich Mitte der 1940er Jahre politische Parteien und zivilgesellschaftliche Gruppen, die nicht nur die regionale, ethnische und religiöse Heterogenität der eritreischen Gesellschaft widerspiegelten, sondern die sich auch politisch am territorialen Rahmen Eritreas orientierten.

Als 1946 die Gründung politischer Parteien erlaubt wurde, gründeten sich verschiedene zivilgesellschaftliche Gruppen und politische Organisationen, was zu einer ethnisch-regionalen und religiösen Polarisierung der eritreischen Gesellschaft führte.[233] Die Anfänge einer eritreischen nationalen Bewegung in den 1940er Jahren waren von Widersprüchen gekennzeichnet, aber erst die Aufhebung der Autonomie Eritreas durch Äthiopien verursachte die Formierung der eritreischen Opposition gegen die äthiopische Herrschaft.

Trotz der Gegensätze, Differenzen und Bürgerkriege zwischen den beiden Befreiungsfronten und der Zugehörigkeit zu verschiedenen Religions- und Volksgruppen der Eritreer, gelang es aber der ELF und

[232] Eikenberg 1990, S. 116.
[233] Vgl.: Markakis 1987, S. 57 ff.

der EPLF seit Anfang der 1970er Jahre, die gesamte eritreische Bevölkerung politisch zu mobilisieren und den eritreischen Nationalismus zu einer dominanten Kraft zu entfalten, der mit der Unabhängigkeit Eritreas im Mai 1993 sein Ziel erreichte. Die heutigen Akteure in Eritrea (Regierung, politische Opposition, Zivilgesellschaft) waren auch gleichzeitig die Hauptakteure, die den politischen Wandel Eritreas bis 1991 mitgeprägt haben. Daher war es notwendig, den historischen Teil dieser Arbeit ausführlicher darzustellen. Bei dem Demokratisierungsprozess, der 1991 begonnen hat, spielen die gleichen Akteure ebenfalls eine bedeutende Rolle.

# 4 Der „Demokratisierungsprozess“ Eritreas seit 1991

Während im theoretischen Teil der Arbeit die Konzepte der Transformationsforschung, State- und Nation-Building sowie Neo-Patrimonialismus als theoretische Bezugsrahmen dargestellt wurden, widmete sich das dritte Kapitel der Analyse des historischen Kontexts des politischen Wandels Eritreas. Dies war für das Verständnis der Transformation des Landes bis 1991 notwendig. Im folgenden Kapitel wird nun der Demokratisierungsprozess Eritreas seit 1991 behandelt. Dabei werden die Demokratievorstellung der Regierungspartei PFDJ, die Umsetzung ihrer Demokratievorstellung sowie die Analyse und Kritik dargestellt, um den Demokratisierungsprozess zu analysieren.

## 4.1 Demokratievorstellung der EPLF/PFDJ

Die Demokratievorstellung der EPLF/PFDJ[234] ist mit dem Entwicklungsprozess der eritreischen Befreiungsbewegung eng verbunden. Die gemeinsamen historischen Erfahrungen, die breite politische Mobilisierung und die Partizipation der eritreischen Bevölkerung sowie die internationale Isolation während des Befreiungskampfes haben das Demokratieverständnis des PFDJ-Regimes stark beeinflusst.

So sollen nach Meinung der PFDJ die politischen Werte d.h., soziale Gerechtigkeit, „partizipatorische“ Demokratie, Nationalismus, Menschenwürde und gerechte sozio-ökonomische Entwicklung, die man während des Befreiungskampfes entwickelt hat, die Grundlage einer

234 In der dritten Konferenz der EPLF 1994 wurde die Organisation zu *People's Front for Democracy and Justice (PFDJ)* umbenannt.

nationalen politischen Gemeinschaft bilden.[235] Folglich sollen die politischen Institutionen und Demokratie in Eritrea die historische Entwicklung, die Tradition, die Kultur, die Erfahrungen des Befreiungskampfes sowie die sozio-politische Realität des Landes widerspiegeln.[236] Nach dem Selbstverständnis der PFDJ werden der Regierungspartei aufgrund der historischen Erfahrungen hohe organisatorische Kompetenzen zugesprochen, um die Grundlage eines „starken" und „stabilen" eritreischen Staates zu bilden. Deshalb hat der Staat Eritrea das Potenzial für

*"strengthening the political community, by articulating the national interest, formulating and implementing public policy, generating consensus through the political process. The realization of this potential will finally depend on how the state and its institutions develop. If the state develops as an autonomous public entity, with broad social support and participation across ethnic, religious, rural-urban, gender and class divides, with coherent and strong institutions, then it can play a leading role in defining a stable political community. In order to achieve this the Eritrean state must be a democratic state."*[237]

Im eritreischen Kontext, so die Argumentation der PFDJ, wird Demokratie verstanden als Partizipation der Bevölkerung im politischen Prozess, dem Interessenausgleich zwischen den Bürgern der pluralen eritreischen Gesellschaft sowie die Entwicklung eines politischen System, mit dem sich die heterogenen Gesellschaftsgruppen identifizieren

[235] Vgl.: Yohannes, Zemhret: *"HATETA" FOR CRITICAL DISCUSSION*: A paper presented at the First International Conference of Eritrean Studies, Asmara, 22-26 July, 2001, S. 8.

[236] Issayas Afeworki: *„Kale meteik mis president Issayas Afeworki"* (Interview mit Präsident Issayas Afeworki in der monatlichen Zeitschrift der PFDJ *Hidri* – Übersetzung vom Autor, Original in Tigrinya), in: *Hidri*, Dezember 2003, S. 16-17.

können. Nach Auffassung der PFDJ bietet dieses partizipative „Demokratiekonzept“ – im Gegensatz zu der westlich-liberalen Demokratie – ein umfassendes Verständnis, das für die eritreische Realität von Relevanz ist. Da die sozio-politischen Voraussetzungen (Staatenbildung, Institutionen, Zivilgesellschaft etc.) sich noch in der Aufbauphase befinden, soll in diesem Zusammenhang das Demokratieverständnis und seine Umsetzung die sozio-ökonomischen und kulturellen Prozesse der eritreischen Gesellschaft berücksichtigen und verbinden.

*„One of the vital features of democracy in Eritrea, it can be argued, should be 'tolerating and negotiating' the diversity of Eritrean society. In this context, the purpose of democratic politics will be articulating public policy as an outcome of a political process in which the society is represented in all its diversity, and consensus is continuously produced and consolidated through an inclusive and participatory process. Though the institutional mechanisms need more elaboration and consensusbuilding is a basic democratic principle. This kind of politics is, therefore, beyond 'one man one vote' and 'majority takes all' type of politics.“*[238]

Aufgrund der negativen Erfahrungen während der ersten Phase der Befreiungsbewegung (1961-1971), in der die eritreische Gesellschaft je nach ethnischer, regionaler und religiöser Zugehörigkeit mobilisiert und politisiert war und folglich keine einheitliche Befreiungsbewe-

---

[237] Yohannes, Zemhret: *"HATETA" FOR CRITICAL DISCUSSION*: A paper presented at the First International Conference of Eritrean Studies, Asmara, 22-26 July, 2001, S. 8.

[238] Yohannes, Zemhret: *"HATETA" FOR CRITICAL DISCUSSION*: A paper presented at the First International Conference of Eritrean Studies, Asmara, 22-26 July, 2001, S. 9. Hierzu vgl. auch: Issayas Afeworki: *„Kale meteik mis president Issayas Afeworki“* (Interview mit Präsident Issayas Afeworki in der monatlichen Zeitschrift

gung darstellte, steht im Mittelpunkt der Demokratievorstellung der PFDJ die Überlegung, durch den Aufbau eines „starken Staates“ die Kontrolle des Demokratisierungs- und Entwicklungsprozesses sowie des Nation-Building-Prozesses in Eritrea selbst zu übernehmen, um eine „demokratische nationale Einheit“ aus der heterogenen eritreischen Gesellschaft aufzubauen („unity diversity“).[239]

In den politischen Parteiprogrammen der PFDJ findet zwar Demokratie einen Platz, aber sie soll im Kontext ihrer gesamten Ideologie als eine eritreische Demokratievorstellung bestritten werden, ohne sich westliche neo-liberale Demokratiekonzepte aufzwingen zu lassen. Die Partei beschreibt sich als eine Demokratisierungsbewegung und erhebt den Anspruch, die gesamte eritreische Bevölkerung zu vertreten.

*"The Front should be a reflection of the unity of the people of Eritrea, and the guarantor and promoter of such unity. The Front must be the center of political gravity in Eritrea guaranteeing peace and stability, promoting and strengthening nation-building, healthy democracy and political progress."*[240]

In einem Interview beschreibt Präsident Issayas Afeworki im Dezember 2003 sein Demokratieverständnis im eritreischen Kontext. Demnach bedeutet Demokratie:

- Partizipation aller Bevölkerungsgruppen im politischen Entscheidungsprozess
- Chancengleichheit aller Bevölkerungsgruppen

---

der PFDJ *Hidri* – Übersetzung vom Autor, Original in Tigrinya), in: *Hidri*, Dezember 2003, S. 16-17.

239 Vgl.: Issayas Afeworki: *„Kale meteik mis president Issayas Afeworki“* (Interview mit Präsident Issayas Afeworki in der monatlichen Zeitschrift der PFDJ *Hidri* – Übersetzung vom Autor, Original in Tigrinya), in: *Hidri*, Dezember 2003, S. 16-17.

240 EPLF/PFDJ: A National Charter 1994 for Eritrea, II,1.

- Aufbau eines starken und stabilen Staates, um die nationale Einheit zu gewährleisten
- Sozio-ökonomischer Aufbau des Landes
- Recht auf Bildung, soziale Sicherung und Arbeit für alle Bevölkerungsgruppen.

Diese Rechte können aber nur im Rahmen eines kulturellen, sozio-ökonomischen und politischen Prozesses verwirklicht werden, und diese Form der partizipativen Demokratie muss von der Bevölkerung selbst artikuliert und bewahrt werden.[241]

Nach dieser Definition bilden die sozialen und partizipatorischen Rechte die Meßlatte für Demokratisierung und Demokratie. Das Vorhandensein demokratischer Institutionen und Parteien sowie politischer Rechte spielen dagegen eine untergeordnete Rolle und sie müssen die Partizipation aller Bevölkerungsgruppen am ökonomischen und politischen Leben ermöglichen. Die Umsetzung dieser Rechte und die Partizipation der Bevölkerung in politische und ökonomische Entscheidungsprozesse soll durch die PFDJ gewährleistet werden[242], denn

---

241 Issayas Afeworki: Issayas Afeworki: *„Kale meteik mis president Issayas Afeworki“* (Interview mit Präsident Issayas Afeworki in der monatlichen Zeitschrift der PFDJ Hidri – Übersetzung vom Autor, Original in Tigrinya), in: *Hidri,* Dezember 2003, S. 16. In der Charta der PFDJ vom 1994 wird Demokratie wie folgt definiert: *"Democracy, however, is a controversial concept. Democracy is sometimes narrowly viewed in terms of the number of political parties and whether regular elections are held. Such a view, which limits the meaning of democracy to its form, is superficial and not historical. Viewed in its broader and deeper historical perspective, democracy means the existence of a society governed by democratic principles and procedures, the existence of democratic institutions and culture, broad public participation in decision-making and a government that is accountable to the people."* (EPLF/PFDJ: A National Charter for Eritrea 1994, II,1).

242 Nach dem Konzept der *strategischen und konfliktfähigen Gruppen (SKOG)* würde die Umsetzung der politischen Rechte und die Partizipation aller Bevölkerungs-

die Partei erhebt den Anspruch, die Interessen der eritreischen Gesamtgesellschaft zu vertreten.

## 4.2 Umsetzung der Demokratievorstellung

### *4.2.1 Die Sprachenpolitik und das Ziel „Unity in Diversity"*

Offiziell ist die Tigrinya-Sprache nur eine unter den anderen neun Sprachen in Eritrea. So entwarf die eritreische Regierung eine liberale Sprachenregelung, die die Gleichstellung und Gewährleistung der neun Sprachen ausdrückt. Mit dieser Regelung soll gleichzeitig gewährleistet werden, dass alle Schulkinder in den ersten fünf Schuljahren (Grundschule) nach Möglichkeit in ihrer Muttersprache unterrichtet werden. Mit der Sprachenregelung sollte nicht nur die Gleichstellung der neun eritreischen Sprachen ausgedrückt, sondern auch auf die Chancengleichheit und Partizipationsmöglichkeit aller ethnischen Gruppen hingewiesen werden. Der Leiter der Kultur-Abteilung der PFDJ, Zemheret Yohannes, beschreibt die Sprachenregelung seiner Partei:

*„The Eritrean Experiment is an attempt to strike a viable and judicious balance between the fundamental rights of language groups for cultural and linguistic self-affirmation, on the one hand, and demands of living within a nation-state in an increasing globalizing world on the other."*[243]

---

gruppen am ökonomischen und politischen Leben durch eine Auseinandersetzung zwischen strategischen und konfliktfähigen Gruppen geschehen.

[243] Zemhret Yohannes: *Homecoming: a return to our Languages,* paper presented at the International Conference, Against all Odds, African Languages and Literatures into the 21st century, 11-17 January 2000.

Eritrea hat zwei „inoffizielle" Arbeits- und Verwaltungssprachen[244], nämlich Arabisch und Tigrinya, die die religiöse und geographische Aufteilung der eritreischen Gesellschaft darstellen. Weil die moslemischen Volksgruppen in den Tiefländern aus verschiedenen ethnischen Gruppen bestehen und unterschiedliche Sprachen sprechen, sehen sie in der arabischen Sprache nicht nur eine Arbeits- und Verwaltungssprache, sondern vielmehr auch eine „offizielle" Staatssprache in Eritrea.[245] Demgegenüber sehen die koptisch-christlichen Tigrinya im Hochland von Eritrea die Tigrinya-Sprache ebenfalls als die „offizielle" Staatssprache an und betrachten die arabische Sprache nicht als eine eritreische Sprache.

Obwohl die arabische Sprache nur von der Volksgruppe Rashaida (0,5% der Bevölkerung) gesprochen wird, ist ihre Bedeutung, besonders für die Moslems, schwer zu leugnen. In der Föderationsperiode zwischen 1952-1962 waren Arabisch und Tigrinya die offiziellen Sprachen in Bildung und Verwaltung. Diese Tradition der Anerkennung wurde auch von allen Befreiungsfronten während des Unabhängigkeitskriegs fortgesetzt. So hat auch die EPLF/PFDJ diese Tradition fortgesetzt und neben Tigrinya Arabisch als „Arbeitssprache" benutzt; praktisch wird aber in allen Bereichen der Staatsverwaltung und Institutionen fast nur Tigrinya gesprochen. Diese Sprachenpolitik hat auch eine Auswirkung auf die Beschäftigungsfähigkeit der betroffenen ethnischen Gruppen. Die Menschen, die die Tigrinya-Sprache nicht beherrschen, haben faktisch keine Chance, eine Beschäftigung in staatlichen Strukturen zu finden (zumal der Staat mit Abstand der größte Arbeitgeber in allen Wirtschaftsbereichen ist), weil andere ethnische Sprachen und Arabisch de facto nicht amtlich gebraucht werden.

---

244 In der eritreischen Verfassung wird von der Gleichstellung und Gewährleistung aller eritreischen Sprachen gesprochen.

245 Vgl.: „No room for Arabic in Eritrea?", Gedab investigative report, in: *Awate.com*, 06.03.2002, www.awate.com

Diese de facto Dominanz der Tigrinya-Sprache als Arbeits- und Verwaltungssprache steht im Gegensatz zu dem „partizipatorischen" Demokratieverständnis der PFDJ, denn die Nicht-Beherrschung der Tigrinya-Sprache – und das ist bei ca 50% der eritreischen Gesamtbevölkerung der Fall – hat zur Folge, dass faktisch die Hälfte der Bevölkerung von der von der PFDJ propagierten Partizipation im politischen und ökonomischen Entscheidungsprozess ausgeschlossen ist.

### *4.2.2 Das Referendum als Prozess des Nation- und State-Building*

Eritrea feierte im Mai 1993 seine Unabhängigkeitserklärung. Nach 30 Jahren Krieg und einer Übergangszeit von zwei Jahren ergab das Referendum vom 23.-25. April 1993 eine Mehrheit von 99,8 Prozent für einen selbständigen Staat. Die *„United Nations Mission to Verify the Referendum in Eritrea" (UNOVER)* überwachte die Volksabstimmung und erkannte diesen Volksentscheid als frei, fair und unparteiisch an.[246]

Das Referendum über die Unabhängigkeit Eritreas ist zum einen als Prozess der Nations- und Staatsbildung zu sehen, zum anderen aber als Demonstration gegenüber der internationalen Staatengemeinschaft, dass das eritreische Volk sich das Recht auf Selbstbestimmung und somit eine völkerrechtliche Anerkennung seiner Souveränität letztendlich aus eigener Kraft erkämpft hatte.

Neben dem Aufbau des Regierungssystems war das Referendum über die Unabhängigkeit Eritreas die wichtigste Aufgabe der provisori-

[246] Samir Sanbar, der Sonderbeauftragte des UNO-Generalsekretärs für Eritrea: *„This was an example of a new generation of UN operations, combining peace, development and democracy [...] On the whole, the referendum process in Eritrea can be said to have been free and fair at every stage."* (Samir Sanbar zitiert in: "UN

schen Regierung in der zweijährigen Übergangszeit. Die Vorbereitungen für das Referendum begannen am 7. April 1992 mit der Proklamation eines Gesetzes über Volkszugehörigkeit und Einbürgerung von in Eritrea und in der Diaspora lebenden Wahlberechtigten.[247] Am 23. April 1992 erfolgte dann die Ernennung der Referendumskommission, die von der provisorischen Regierung bestimmt worden war.[248] Die UNO und die OAU entsandten Wahlbeobachter, allerdings wurde das Referendum mit eigenem eritreischem Personal durchgeführt. Dennoch waren die Herausforderungen für das Projekt Referendum sehr groß:

*„When the RCE [Referendum Commission of Eritrea] was entrusted with its historic responsibility, Eritrea had barely emerged from a ruinous thirty-year (30) war which had destroyed almost all of its infrastructure and an alien rule which had aborted an embryonic democratic culture.“*[249]

Die letzte Phase der Vorbereitungen begann mit der Ausgabe von Personalausweisen und Stimmkarten. Insgesamt wurden 1.173.706 Stimmberechtigte, davon 310.914 im Ausland registriert.

Das Referendum war für alle Eritreer eine wichtige Erfahrung innerhalb des Prozesses der Nation- und State-Building, denn alle ethnische Gruppen, entfernte Regionen und Exil-Eritreer haben an der Abstimmung teilgenommen. Darüber hinaus sind institutionelle Infrastrukturen entstanden und Erfahrungen für Wahlen gesammelt wor-

---

peace-building gives birth to new nation“, in: *UN Chronicle,* September 1993, Vol. xxx, No. 3, S. 39.)

247 Report of the Referendum Commissioner of Eritrea 1993, S. 14-20.

248 Ebd., S. 15. Die Mitglieder der Referendumskommission waren Amare Tekle, Idris Gladios (Gründungsmitglieder der ELF 1960), Safi Imam Musa, Asefaw Berhe.

249 Ebd., S. 79.

den, die in der Transformation Eritreas zu einer demokratischen Gesellschaft hilfreich sein können.

### *4.2.3 Der Verfassungsgebungsprozess und das Ziel nationaler Einheit*

Um den vor der Unabhängigkeit und in der Übergangszeit vor dem Referendum gebildeten Verwaltungsstrukturen und staatlichen Einrichtungen der EPLF/PFDJ durch eine Verfassung einen institutionalisierten Rahmen zu geben, wurde 1994 eine Verfassungskommission unter dem Vorsitz des renommierten Juristen Dr. Bereket Habte-Selassie gegründet. Die Kommission bestand aus einem zehnköpfigen Exekutivkomitee[250] und einem 42-köpfigen Gremium. Die Erarbeitung der Verfassung sollte auf der Basis einer breiten und umfassenden nationalen Debatte, begleitet von politischen Seminaren, in denen Prinzipien und Praktiken demokratischer Verfassungen erläutert und diskutiert werden, geschehen.

*„We Eritreans are engaged in creating our own government for the first time in our history. [...] If we can create a strong government that is free from corruption and manipulation by foreign interests, and*

[250] Mitglieder der Exekutivkomitee waren Dr. Bereket Habte-Selassie (Vorsitzender), Azien Yassin (2. Vorsitzender, war bis 1982 Mitglied des Revolutionary-Council der ELF), Zemehret Yohannes (Sekretär, PFDJ Cultural Affairs), Dr. Amare Tekle (war Vorsitzender der Referendum-Kommission), Idris Gelawdios (Mitbegründer der ELF 1960), Dr. Seyoum Haregot, Amna Naib (Eritrean Ministry of Justice), Zahra Jaber, Paulos Tesfagiorgis (Dozent an der Universität Asmara), Musa Naib (früher Bürgermeister der Stadt Keren und Massawa sowie Generalstaatsanwalt). Hierzu vgl. "Interview with Bereket Habte-Selassie", in: *Awate Foundation*, http://www.awate.com/artman/publish/article_81.shtml, 17.05.2001.

*that has as its disposal effective institutions, it will be a decisive instrument in our nation building and development efforts."*[251]

Weiterhin wurde bekräftigt, dass das politische System in Eritrea von den Grundprinzipien des *„nationalism (national unity and development), secularism (separation of religion from government) and democracy (ensure equal participation of all members of Eritrean society without any exeption)“*[252] geleitet wird. Man kann das Verfassungsgebungsverfahren als demokratisch partizipatorischen Prozess der Bevölkerung im Sinne des State-Building und Basisdemokratie durch aktive Beteiligung der Bevölkerung begreifen. Auf die Frage der aktiven Volksbeteiligung und scheinbar sehr basisdemokratischen Verfahrens äußerte Dr. Bereket Habte-Selassie in einem Interview:

*"Two basic objectives are implied in process-driven constitution making: the first, and most important objective is constructive engagement of the largest majority of the population. This is necessary in order to ensure that the end product of the process – the constitution – is seen as legitimate, and owned by the people. It is critical that the people have a sense of ownership of the basic document by which they are governed, and this can only be achieved through their direct participation in the making of the constitution. The second objective is to tap on the native genius and experience of the population."*[253]

Es ist schwierig festzustellen, inwieweit sich die Beteiligung der Bevölkerung am Verfassungsgebungsprozess inhaltlich auf die Verfassung auswirkte. Das Ergebnis war jedoch ein Verfassungsentwurf, der auf Gewaltenteilung basiert, der die Grundfreiheiten durch Rechtsga-

---

[251] Constitutional Commission of Eritrea (CCE): *Constitutional Proposals for Public Debate,* 1995 Asmara, S. 10.

[252] Ebd., S. 7.

[253] "Interview with Bereket Habte-Selassie", in: *Awate Foundation*, http://www.awate.com/artman/publish/article_81.shtml, 17.05.2001.

rantien schützt sowie ein pluralistisches Eritrea und demokratische Wahlen verspricht. Nach dreijähriger Vorbereitung wurde die Verfassung im Mai 1997 von einer verfassungsgebenden Versammlung, die aus den Mitgliedern der Nationalversammlung, der Regionalparlamente und der Repräsentanten der Diaspora bestand (alle Mitglieder der EPLF/PFDJ), verabschiedet.

Die Verfassung sieht ein präsidiales Regierungssystem vor mit einem Einkammerparlament (*Hagerawi Baito*) als Legislative und einem starken Präsidenten als Exekutive, wobei die Amtsdauer des Präsidenten auf fünf Jahre beschränkt ist und einmal verlängert werden kann. Das Parlament (*Hagerawi Baito*), das in freier und geheimer Wahl von den Wahlberechtigten gewählt wird, wählt aus seinen Reihen den Präsidenten. Der *Supreme Court* soll die Funktion eines Verfassungsgerichts übernehmen und die Verfassungsmäßigkeit staatlichen Handelns kontrollieren. Zwischen den drei Gewalten existiert ein System von *checks* and *balances.*

In der zukünftigen Legislative sollen alle Abgeordneten in geheimer und direkter Wahl gewählt werden (Art. 31,2-3)[254]. Die PFDJ vertritt die Auffassung, dass sich alle neun Volksgruppen am Prozess des Nation-Building aktiv beteiligen sollen, aber die Verfassung sieht für das zu wählende Parlament keine zugesicherten Quoten für die ethnischen Gruppen vor. Ein Frauenanteil von mindestens 30 Prozent ist dagegen festgeschrieben. Bei Amtsmissbrauch oder Unfähigkeit des Präsidenten kann das Parlament mit einer Zweidrittelmehrheit auch während seiner Amtszeit entlassen.

Die Grundrechte, Freiheiten und Pflichten werden in Kapitel 3 der Verfassung festgeschrieben mit der Annahme, dass die Wahrung und

[254] Die derzeitige Nationalversammlung besteht aus 150 Abgeordneten (davon sind 60 Mitglieder von den sechs Regionalparlamenten, 15 Abgeordnete von den Auslandseritreern (alle PFDJ-Mitglieder) und 75 Abgeordnete von der Partei bestimmt).

der Schutz der Grundrechte eine ausgewogene Entwicklung des Staats garantieren werde. Zu den staatsbürgerlichen Pflichten gehören die Teilnahme am *National Service*, das aus einer Kombination von Wehr- und Entwicklungsdienst für Männer und Frauen besteht und die Wahrung der nationalen Einheit (Art. 25) anstrebt. Der National Service wurde 1994 ins Leben gerufen mit dem Ziel „*to create a trained reserve army, connect young people to the older, liberation – war generation, and to develop crosscultural understanding by integrating the different ethnic groups and religions.*"[255] In einem Interview bekräftigt Präsident Issayas Afewerki: "*Every body recruited for national service has to go. As for those who create lame excuses for not going, let them know that there is no way one can evade it.*"[256]

In Kapitel 2 werden die Aufgaben des Staates ("*National Objectives and Directive Principles*") unter Berücksichtigung des Grundsatzes „*Unity in Diversity*“ beschrieben. Dem Staat werden die Aufgaben zugeschrieben, die demokratische Partizipation zu fördern und die Voraussetzungen für nationale Einheit, Stabilität sowie ökonomische und soziale Entwicklung zu schaffen.[257]

In der Verfassung werden Religions-, Versammlungs-, Vereinigungsfreiheit sowie freie Meinungsäußerung gewährt (Art. 19), die wiederum in Artikel 26,1 teilweise eingeschränkt werden: "*The fundamental rights and freedoms guaranteed under this Constitution may be limited only in so far as is necessary in a just and democratic society in the interests of national security, public safety or the economic*

[255] "Benefits of National Service Stressed", in: *Eritrea Profile*, 21 May 1994, Vol.1, No. 10, S. 1. Vgl. auch "National Service – the facts", in: *Eritrea Profile*, 4 June 1994, Vol. 1, Nr. 12, S. 14.

[256] "President's reply to questions from the public: part II", in: *Eritrea Profile*, 7 March 1998, Vol. 4, Nr. 52, S. 3.

[257] *Constitution of the State of Eritrea:* Ratified by the Constituent Assembly, on May 23, 1997.

*well-being of the country, health or morals, for the prevention of public disorder or crime or for the protection of the rights and freedoms of others."*

Die Gründung politischer Parteien ist nicht eindeutig in der Verfassung beschrieben. Es wird aber darauf hingewiesen, dass *„Every citizen shall have the right to form organisations for political, social, economic and cultural ends"* (Art. 19,6). Unabhängig davon, ob die Gründung politischer Parteien laut Verfassung möglich ist oder nicht, bleibt dennoch fraglich, ob die PFDJ in naher Zukunft politische Parteien zulassen wird. Eine Aussage von Yemane Ghebreab, dem Leiter der Abteilung für Politische Angelegenheiten in der PFDJ vom Dezember 1994 verdeutlicht die Haltung seiner Organisation in dieser Frage: *"Es ist nicht davon auszugehen, dass nach der Verabschiedung der Verfassung in eineinhalb Jahren andere Parteien zugelassen werden. Ohnehin, selbst wenn sie einmal zugelassen werden sollten, wer sollte sie denn wählen? Wie sollten sie denn die Zustimmung der Wähler bekommen?"*[258] In Bezug auf offizielle Amtssprachen werden in der Verfassung keine Angaben gemacht. Auch die neun ethnischen Gruppen in Eritrea werden nicht erwähnt.

Nachdem die Verfassung im Mai 1997 von der Nationalversammlung (*Hagerawi Baito*) ratifiziert worden war, verschwand sie aus dem Blickpunkt der Öffentlichkeit. Obwohl die Regierung die Bevölkerung über Konsultationen in den Verfassungsgebungsprozess einbezogen hat mit dem Ziel, das Bewusstsein für Demokratie zu stärken und eine Kommission für die Ausarbeitung eines Wahlgesetzes im November 1997 eingesetzt wurde, fanden bisher außer Kommunalwahlen keine freien Wahlen zum Parlament statt. Die einzige zugelassene Partei ist die PFDJ. Der von der Nationalversammlung auf Ende 2001 festgesetzte Wahltermin wurde nicht eingehalten. Nach dem Ende des verlustreichen Grenzkonflikts (1998-2000) mit Äthiopien gibt es eine verstärkte Reform- und Demokratiebewegung innerhalb der Regierungspartei PFDJ in Eritrea und in der Diaspora. Hauptforderung der Reformbewegung ist die Implementierung der Verfassung, die sie als Fortsetzung des Demokratisierungsprozesses betrachtet (vgl. Kapitel 6.1).

### *4.2.4 Neugliederung der Provinzen als Umsetzung der Demokratievorstellung*

Die Nationalversammlung verabschiedete im Mai 1995 eine Gesetzesvorlage zur Neugliederung der bisherigen neun Provinzen (*Awrajas*) auf sechs Verwaltungsregionen (*Zobas*).[259] Neben der Umsetzung der Wirtschafts- und Entwicklungsstrategie war die Dezentralisierung und Vereinheitlichung der politischen und administrativen Strukturen beabsichtigt. Mit der Dezentralisierung soll Entscheidungsfreiheit für die Verwaltungsregionen (Zobas) bei der Planung und Implementierung von Entwicklungsprogrammen erreicht und die Partizipation der Verwaltungsregionen erleichtert werden. Das scheitert aber an der finanziellen und politischen Abhängigkeit der Verwaltungsregionen vom Staat, so dass die tatsächliche Entscheidungsautonomie beim Staat liegt.

Ein weiterer Grund der Umstrukturierung ist das Bestreben, die Konsolidierung des Nation-Building-Prozesses voranzutreiben, denn fast alle Eritreer identifizieren sich mit ihrer Herkunftsregion, Provinz und ethnischen Zugehörigkeit. Auch wenn sie in anderen Regionen geboren werden und aufwachsen, fühlen sie sich ihrer Herkunftsregion und ethnischer Gruppe sehr verbunden. Die bisherigen Provinzen waren

[258] Yemane Ghebreab, zitiert in *Frankfurter Rundschau* vom 3. April 1995.

[259] „Eritrea to have 6 administrative regions“, in: *Eritrea Profile,* 20 May 1995, S.1.

zum größten Teil an den ethnischen Siedlungsgebieten orientiert und mit der Umstrukturierung soll der Regionalismus, der zurzeit besonders in der Diaspora zu beobachten ist, bekämpft werden, weil er lange Zeit die Herausbildung einer übergreifenden eritreischen Identität erschwert hat. Inwieweit aber die Konsolidierung des Nation-Building-Prozesses durch eine verordnete Umstrukturierung der Provinzen erreicht werden kann und somit der Regionalismus eingedämmt wird, bleibt sehr fraglich. Nicht nur die Inlands-Eritreer, die ohnehin ihren sozialen und gesellschaftlichen Mittelpunkt in ihrer regionalen und ethnischen Gruppe finden, sondern auch die meisten Auslands-Eritreer orientieren sich immer noch an ihrer regionalen und ethnischen Herkunft.

Die eingeleiteten und beabsichtigten Reformmaßnahmen in der Verwaltungsstruktur werden aber nur erfolgreich sein, wenn eine faire und gleichberechtigte ökonomische Umverteilung in allen Regionen und eine politisch-administrative Partizipation aller ethnischen Gruppen gewährleistet sind. Auch die politische und finanzielle Abhängigkeit von der Zentralregierung stellt ein Hindernis für die beabsichtigte Entscheidungsfreiheit der Verwaltungsregionen (Zobas) bei der Planung und Implementierung von Entwicklungsprogrammen sowie bei einer „partizipativen" Demokratie dar.

### 4.2.5 *Die Politik der „Self-Reliance"*

#### 4.2.5.1 Wiederaufbau- und Entwicklungsstrategie

Nach der Befreiung Eritreas im Mai 1991 erklärte die EPLF die Bildung einer provisorischen Regierung („Provisional Government of Eritrea", PGE). Zudem verkündete die von der EPLF gebildete Regierung, nach zweijähriger Übergangsphase ein von der UNO überwachtes Unabhängigkeitsreferendum durchzuführen. Damit begann die De-facto-Unabhängigkeit Eritreas. Die Ausgangsbedingungen für Eritreas Entwicklung können von zwei Seiten betrachtet werden: Zum einen waren die Folgen des Krieges zu beseitigen. Zur Zeit der Unabhängigkeit waren fast eine Million der eritreischen Bevölkerung von einer Bevölkerung von ca. 3,5 Millionen im Ausland, davon 600 000 im Sudan. Der Krieg hinterließ etwa 50 000 Kriegswaisen und 100 000 intern entwurzelte Flüchtlinge.[260] Darüber hinaus mussten nicht nur ca. 100 000 Befreiungskämpferinnen und –kämpfer demobilisiert werden, sondern auch die Flüchtlinge reintegriert, das Schul- und Gesundheitswesen wiederaufgebaut sowie die ökonomischen und die infrastrukturellen Folgen des Krieges beseitigt werden. Eine weitere Herausforderung war die Schaffung neuer politisch-staatlicher Strukturen, um damit eine neue Administration sowie die Grundlagen der Transformation zu einer demokratisch-pluralistischen Gesellschaft einzuleiten. All dies sollte unter der Berücksichtigung einer fairen und gleichberechtigten ökonomischen als auch politischen Partizipation aller Gesellschaftsgruppen, Regionen, Religionen und ethnischen Gruppen geschehen.

Seit ihrem 2. Organisationskongress 1987 hat die EPLF ihr sozialistisches Programm aufgegeben und sich in ihrer politisch-ideologischen Orientierung für ein liberales ökonomisches System sowie für eine Mehrparteiendemokratie in einem unabhängigen Eritrea ausgesprochen. Hierzu stellt der Staatspräsident Eritreas, Issayas Afeworki im Mai 1993 fest:

*„Wir haben uns darauf verpflichtet, ein Mehrparteiensystem in Eritrea einzuführen. Aber das politische System insgesamt wird von der Verfassung abhängen. Eritrea wird versuchen, seine eigenen traditio-*

[260] Vgl.: World Bank 1994, Report No, 12930-ER: *Eritrea. Options and Strategies for Growth (In Two Volumes),* Washington D.C, S. ii.

*nellen Werte mit den demokratischen Werten in anderen Teilen dieser Welt zu verschmelzen. Wir werden der Ausarbeitung einer neuen Verfassung oberste Priorität einräumen. Und wenn diese Grundlage etabliert ist und andere Gesetze erarbeitet sind – wie beispielsweise ein Parteiengesetz und ein Gesetz über die Pressefreiheit – dann werden wir politische Parteien erlauben [...].*"[261]

Der ökonomische und institutionelle Wiederaufbau des neuen Staats sowie die Transformation von einer Kriegs- zu einer Friedensgesellschaft bildeten die größten Herausforderungen Eritreas in der ersten Phase nach 30 Jahren Krieg. In ihrem Programm zum nationalen Wiederaufbau „*Recovery and Rehabilitation Programme (RRPE)*" verdeutlicht die provisorische Regierung die Priorität der Wiederherstellung der Infrastruktur, den Aufbau einer nationalen Verwaltungsstruktur und die Unterstützung der Privatwirtschaft.

In der im Dezember 1991 verabschiedeten "*Investment Proclamation*" *(No. 18/91)* werden als zentrale Aspekte die Entwicklung und Nutzung nationaler Ressourcen, Exportförderung und Importsubstitution, Produktivitätsverbesserungen durch ausländische Technologien sowie die Schaffung von Investitionsanreizen und die Vergrößerung des Arbeitsplatzangebotes genannt. Zudem bietet die Proklamation den Investoren Anreize in festgelegten Bereichen und garantiert, dass ihre Investitionen weder verstaatlicht, beschlagnahmt noch enteignet werden können. Sie bietet der Privatindustrie zwar einen breiten Raum, hält aber andererseits zentrale Bereiche wie das Bildungs- und Gesundheitswesen sowie den Bergbau und andere Sektoren weiter unter staatlicher Kontrolle. Die „*Investment Proclamation*" von 1991 regelte auch Investitionen aus dem Ausland, die nur in Form von Joint-Venture erfolgen dürfen. Das Investitionsgesetz, das ausländische Investoren zur Gründung von Joint-Ventures verpflichtet, wurde 1994

[261] Issayas Afeworki zitiert nach Frankfurter Rundschau vom 26. Mai 1993.

revidiert. Bei Kriegsende gingen die Industriegüterexporte aus Eritrea von 100 Millionen US-$ Anfang der 1970er Jahre auf unter 10 Millionen US-$ zu Beginn der 1990er Jahre zurück. Dennoch entfielen auf die eritreische Industrie am Ende des Derg-Regimes immer noch ca. 30% der äthiopischen Industrieproduktion.[262] Ende 1993 konnten erst 310 von insgesamt 932 Industriebetrieben die Produktion wieder aufnehmen. Hauptziel der Regierung war es, die Kriegsschäden zu reparieren und auf einen Stand von 1950 zurückzukommen, als Eritrea den Status eines der am meisten industrialisierten Länder Afrikas hatte.[263]

Neben dem ökonomischen Wiederaufbau war der Repatriierung von Flüchtlingen sowie der Demobilisierung und Reintegration der ehemaligen Kämpfer oberste Priorität eingeräumt worden. Die ehemaligen Kämpfer blieben zunächst ohne Lohn, wurden nur mit Verpflegung, Unterkunft und Taschengeld dienstverpflichtet und für Wiederaufbaumaßnahmen eingesetzt. Ziel der Demobilisierung war es, Humankapital und ökonomische Ressourcen zum Wiederaufbau zu gewinnen.

Die Wiederaufbau- und Entwicklungsstrategie der eritreischen Regierung basiert auf dem Prinzip der *Self-Reliance („res'kha me'khaal“)* der EPLF, was während des Unabhängigkeitskrieges praktiziert wurde. Die National Charter der EPLF/PFDJ vom 1994 zur Rolle der *Self-Reliance:*

*"Self-reliance in all fields – political, economic and cultural – is a basic principle. Politically, it means to follow an independent line and give priority to internal conditions; economically, to rely on internal capabilities and develop internal capacities; and culturally, to have*

262 Vgl.: Melchers, Konrad: Eritrea – engagierter Wiederaufbau und zögerliche Demokratisierung, in: Betz, Joachim / Brüne, Stefan (Hrsg.): *Jahrbuch Dritte Welt 1997. Daten, Übersichten, Analysen,* München 1996, S. 125-136, S. 126.

263 Vgl.: Orr 1993, S. 6.

*self-confidence and develop one's own cultural heritage. Self-reliance does not mean to isolate oneself from the international community. It only means being as independent and self-confident a player as possible in the international community."*[264]

Der Grundgedanke der eritreischen *Self-Reliance*[265] ist das Vertrauen in die eigenen Humanressourcen und Fähigkeiten sowie die Unabhängigkeit von der Konditionalität der westlichen Geberländer, um die Entwicklungsstrategie des Landes selbst zu bestimmen. *Self-Reliance* wird in Eritrea nicht als sozialistisches Dogma wie in Tansania verstanden. In der von Julius Nyerere vollzogenen Wirtschaftspolitik wird Self-Reliance als eine in sich geschlossene, von der Weltwirtschaft abgekoppelte Entwicklungsstrategie verstanden. Die Zielsetzung der eritreischen Self-Reliance hingegen ist, die im Land vorhandenen Humanressourcen weiterzuentwickeln, um im internationalen Wettbewerb erfolgreich agieren zu können. Priorität in der Wirtschaftspolitik der provisorischen Regierung nach der Unabhängigkeit war die Fähigkeit Eritreas zur Selbstversorgung seiner Bevölkerung mit Grundnahrungsmitteln und die Begrenzung der ökologischen Verwüstung.[266]

---

264 EPLF/PFDJ National Charter 1994, S. 9.

265 Zur eritreischen *Self-Reliance* vgl.: „Self Reliance and Development", in: *Eritrea Profile*, 24. Juni 1995, S. 4.

266 *„Food is of a paramount priority. Before venturing into other big economic schemes, we have to ensure an environment in which we will be able to feed ourselves well through our toil on our land. As the welfare of the population comes before everything else, it is equally important to create a conducive climate so that our human resources, persecuted and forced into exile and subjected to internal displacement, are repatriated, resettled and become productive citizens in the new setting."* (Issayas Afeworki, in: Gebre Hiwet Tesfagiorgis (Hrsg.), *Emergent Eritrea: Challenges of Economic Development. "Papers presented at a conference on economic policy options for Eritrea held on July 22-24, 1991, at the University of Asmara."* Trenton/N.J. 1993, Keynote Address xxiii.)

Eine Anzahl von ausländischen und äthiopischen Autoren äußerten bis 1993 ihre Zweifel an der ökonomischen Lebensfähigkeit eines unabhängigen Eritreas aufgrund des begrenzten ökonomischen Potenzials und der Heterogenität der Gesellschaft.[267] Die meisten Experten der Region sehen jedoch durchaus gute ökonomische und politische Lebenschancen für ein unabhängiges Eritrea. Es wurde *„auf die solide und ausbaufähige, wenn auch kriegsgeschädigte landwirtschaftliche, industrielle und infra-strukturelle Basis des Landes, auf das hervorragende Humankapital der Eritreer sowie auf die während des langjährigen Befreiungskampfes herausgebildete, interne Spaltungslinien überwölbende eritreische Identität als tragfähige Grundlage einer stabilen politischen Ordnung"*[268] hingewiesen.

Als Grundlage der ökonomischen Entwicklungsstrategie diente ein Kongress, der von der Universität Asmara, von eritreischen Experten aus dem Inland und der Diaspora sowie der provisorischen Regierung im Juli 1991 durchgeführt wurde. Auf dem Kongress wurden die ökonomischen Entwicklungsstrategien diskutiert[269]. Das Ergebnis war das daraus entwickelte *„Recovery and Rehabilitation Programme for Eritrea (RRPE)* und die detaillierte *„Macro-Policy"* von 1994.[270] In der

---

267 Mesfin Araya, "The Eritrean Question: an Alternative Explanation", in: *Journal of Modern African Studies*, Vol. 28, No. 1, 1990, S. 100; Paul Henze, *Rebels and Separatists in Ethiopia: Regional Resistence to a Marxist Regime*, Santa Monica 1985, S. 67 f; Marina Ottaway, The American University, Ethiopia and Eritrea; An Update on the Democratization Process: Testimony prepared for presentation to the House Foreign Relations Subcommittee on African Affairs hearing "U.S. Foreign Assistance and Policy Issues Towards Central and Eastern Africa," May 5, 1993, S. 4.

268 Vgl. z.B. Volker Matthies, *Äthiopien, Eritrea, Somalia, Djibouti. Das Horn von Afrika*, 2. Auflage, München 1994, S. 97.

269 Gebre Hiwet Tesfagiorgis (Hrsg.), *Emergent Eritrea: Challenges of Economic Development. "Papers presented at a conference on economic policy options for Eritrea held on July 22-24, 1991, at the University of Asmara."*, Trenton/N.J. 1993.

270 Government of The State of Eritrea: *Macro-Policy*, November 1994.

*„Macro-Policy"* werden die Entwicklungsziele beschrieben, die in den nächsten zwanzig Jahren erreicht werden sollen.

Das *„Office of Macro-Policy"*, das dem Präsidenten Issayas Afewerki direkt unterstellt ist, entscheidet faktisch über alle Politikfelder, Ministerien und Entwicklungsprogramme. Das *Office of Macro-Policy* ist seit August 2003 durch das neue *"Ministry of National Development"* ersetzt worden. Das neue Ministerium soll die Funktion der Planung, Koordination und Evaluation der nationalen Entwicklungsprogramme übernehmen. Der bisherige Leiter des *„Office of Macro-Policy"* und Wirtschaftsberater des Präsidenten Dr. Woldai Futur, der das Ministeramt übernommen hat, begründet die Entscheidung der Regierung in einem Interview:

*"To better manage and carry out the complex task of planning and coordination at the national, sectoral and regional levels, therefore, the Government found it necessary to establish the Ministry of National Development (MND)."*[271]

Inwieweit das ehrgeizige Entwicklungsziel der *„Macro-Policy"*, die Vorstellungen der Regierung im Hinblick auf Wiederaufbau- und Entwicklungsstrategien sowie die Politik der Self-Reliance, die auch von der Weltbank, IWF und anderen internationalen Organisationen gelobt werden und als Vorbild Singapur haben, erfüllt werden, bleibt abzuwarten.

[271] „Interview with Dr. Woldai Futur, Minister of National Development", in: *Shaebia.org*, 21.08.2003, www.shaebia.org, 22.08.2003.

#### 4.2.5.2 “Warsai-Yikaalo Development Campaign”

Die *“Warsai-Yikaalo Development Campaign”*[272], eine Art eritreischer “*Marshal Plan*”[273], wurde im Mai 2002 von der PFDJ-Regierung beschlossen. Ziel ist der Wiederaufbau der zerstörten Infrastruktur nach dem Einmarsch der äthiopischen Armee im Jahre 2000 sowie das Aufholen des durch den 30jährigen Unabhängigkeitskrieg verursachten Entwicklungsrückstands. Das Programm soll durch Mobilisierung der gesamten Bevölkerung realisiert werden. Besonders angesprochen ist die Armee (ca. 350 000)[274], die zum größten Teil aus Mitgliedern des *national service*[275] besteht und ohne Entlohnung seit 1995 nicht nur für die *Warsai-Yikaalo Development Campaign* arbeitet. Die Arbeitseinsätze der Entwicklungskampagne werden hauptsächlich durch das Militär kontrolliert. Dadurch gelang es dem Militär, seine ohnehin starke ökonomische Rolle weiter auszuweiten (vgl. Kapitel 4.3.1). Die geplante Demobilisierung der Armee nach dem Grenzkrieg mit Äthiopien fand bis jetzt nicht statt. Als Folge dessen trat eine neue Fluchtwelle der meistens jungen Soldaten in die Nachbarstaaten Sudan, Äthiopien und Jemen ein. Auch Studenten, Schüler, andere Gesellschaftsgruppen sowie die eritreische Diaspora, sollen sich am Entwicklungsprogramm beteiligen.

Als Schwerpunkte des Entwicklungsprogramms werden von Issayas Afewerki genannt:

[272] *Warsai* bedeutet in Tigrinya Erbe und wird als Synonym für das Vermächtnis der eritreischen Märtyrer, die für die Unabhängigkeit ihr Leben gegeben haben, verstanden. *Yikaalo* steht für das Synonym „alles ist aus eigner Kraft machbar“. Dieses Motto ist mit dem *Self-Reliance*-Verständnis der EPLF/PFDJ eng verbunden.

[273] Issayas Afewerki: “*Public Address on the 12th Anniversary of Eritrean Independece”*, 24.05.2003, http://www.shaebia.org/artman/publish/printer_1228.html

[274] Inoffiziell wird die Zahl der Armee auf ca. 600 000 geschätzt.

[275] Militärdienst und Aufbauarbeit für alle über 18jährigen.

- Wiederaufbau und Weiterentwicklung der Infrastruktur
- Intensivierung und Modernisierung der Landwirtschaft
- Förderung der Industrie, des Handels und des Tourismus
- Entwicklung der Humanressourcen.[276]

Einige Erfolge in infrastrukturellen Bereichen sind zu sehen, aber es gibt auch starke Kritik[277] am Entwicklungsprogramm. Der Regierung wird vorgeworfen, dass sie die „Warsai-Yikaalo Development Campaign“ nur als Mittel der Mobilisierung – gegen die angebliche und konstante Bedrohung des Landes durch externe und interne Feinde – benutzt, um die Bevölkerung von den innenpolitischen Problemen abzulenken und den Demokratisierungsprozess zu blockieren. Das tatsächliche Ziel des Programms sei – so die Kritiker – die Überwachung und die Kontrolle der gesamten Bevölkerung sowie der frustrierten jungen Generation, die für politische Reformen offen ist.

#### 4.2.5.3 Die Entwicklungszusammenarbeit und die Politik der „Self-Reliance“

Seit der Befreiung Eritreas verfolgt die eritreische Regierung einen Sonderweg in Bezug auf die Entwicklungszusammenarbeit. So hat die Regierung 1998 beschlossen, die herkömmliche Entwicklungszusammenarbeit zu beenden. Bereits 1997 wurden neue Richtlinien bekannt gegeben, die die Arbeit der Entwicklungshilfe-Organisationen auf die

[276] Issayas Afewerki: “Interview zum Thema „Warsia-Yikaalo Development Campaign” (in Tigrinya) am 11.05.2002, in: *Shaebia.org*, www.shaebia.org, 1.05.2002.

[277] Zur Kritik des Entwicklungsplans vgl. die Beiträge des ehemals hochrangigen PFDJ-Mitglied und Botschafter Abhanom Gebremariam: *The Warsai-Yikaalo Campaign – a Campaign of Slaversy,* Part I bis Part VII, in: http://www.eritrea1.org/home/Jun-July02.htm.

Bereiche Bildung und Gesundheit einschränkt. Die Zusammenarbeit soll nur in Form einer Finanzierung der Bildungs- und Gesundheitsprojekte der Regierung stattfinden.[278] Viele Entwicklungshilfe-Organisationen haben deshalb ihre Tätigkeit in Eritrea beendet. Die Entscheidung traf nicht nur die bilaterale und multilaterale Entwicklungszusammenarbeit, sondern auch die *Non-Governmental-Organizations (NGO's)*, die ihre Arbeit einstellen mussten. Auch die Deutsche Gesellschaft für technische Zusammenarbeit (GTZ), die in den ersten Jahren nach der Unabhängigkeit eine sehr intensive Zusammenarbeit auf den Gebieten Landwirtschaft, Ressourcenschutz, Trinkwasserversorgung, Stadtentwicklung, Wohnungsbau, Berufsbildung sowie Managementberatung durchführte, hat ihre Tätigkeit zeitweise in Eritrea eingestellt.

Die Regierung möchte keine Entwicklungshilfe mehr, die die Eigenständigkeit des Landes einschränkt und die Bevölkerung abhängig macht. Vielmehr wurde die Entwicklungsstrategie der *Self-Reliance* der EPLF, die während des Unabhängigkeitskrieges praktiziert wurde, fortgeführt. Dabei steht das Vertrauen in die eigenen Humanressourcen und Fähigkeiten sowie die Unabhängigkeit von der Konditionalität der westlichen Geberländer im Mittelpunkt. Ziel dieser Politik ist es, die Entwicklungsstrategie des Landes selbst bestimmen zu können. Präsident Issayas Afewerki begründet die Entscheidung: *„Wir haben ein Entwicklungsprogramm entworfen: Unseren eigenen Entwicklungsansatz. Dazu gehört eine klare Politik gegenüber Hilfe und Geschenken. Wir sehen in Hilfe und Geschenken einen Interventionsmechanismus[...]. Er darf aber langfristig unsere Entwicklungsprogramme nicht ersetzen. Sonst schwächen uns letztlich Hilfe und Geschenke. Wir können nicht dauernd von Hilfe abhängen. [... ] Ent-*

[278] Vgl.: Issayas Afewerki: "Willkommen, wenn wir über die Programme verfügen", in: *epd-Entwicklungspoltik* 9(1998) und Eikenberg, Kathrin: Eritrea 1997, in:

*wicklung kann es nur als Resultat guter, sowohl einheimischer als auch ausländischer Investitionen geben. Entwicklung sollte sich auf Handel – fairen Handel – gründen und auf sehr vorsichtige Kredit-Finanzierung. Regierungen im Ausland, die es mit ihrer Unterstützung wohl meinen, werden unseren unkonventionellen Entwicklungsansatz zu würdigen wissen. "*[279]

Im Mittelpunkt der eritreischen Definition der Entwicklungszusammenarbeit steht deshalb, dass die Entwicklungsplanung, Implementierung und Evaluierung im Kompetenzbereich der eritreischen Regierung stehen sollte, als auch *„die Notwendigkeit einer gleichberechtigten Partnerschaft lokaler und internationaler Akteure, so dass das Ungleichgewicht der klassischen Entwicklungshilfe zwischen Gebern und Nehmern beendet wird. Wenn die Grundprinzipien des eritreischen Kooperationsverständnisses verletzt sind, wird auf die Zusammenarbeit mit den Gebern verzichtet. "*[280]

In der 1994 veröffentlichten *„Macro-Policy"* wurden die sozialen und ökonomischen Entwicklungsziele des Landes beschrieben und gleichzeitig wurde der Übergang von der Rehabilitationsphase *(Rehabilitation Phase)* in die Entwicklungsphase *(Development Phase)* eingeleitet.[281] In diesem Zusammenhang wurden die NGOs und andere Entwicklungshilfe-Organisationen von der eritreischen Regierung aufgefordert, ihre Entwicklungsprojekte entsprechend den in der *Macro-Policy* definierten Zielen anzupassen.[282] Nach dieser Aufforderung hat die Regierung ihre Richtlinien in Bezug auf die Entwicklungszusammenarbeit umgesetzt und viele Entwicklungsprojekte, die von interna-

Hofmeier, Rolf (Hrsg.): *Afrika Jahrbuch 1997,* Opladen 1998, S. 251-255, S. 254.

279 Issayas Afewerki: "Willkommen, wenn wir über die Programme verfügen", in: *epd-Entwicklungspoltik* 9(1998).

280 Fengler 2001, S. 200.

281 Vgl.: Government of The State of Eritrea: *Macro-Policy*, November 1994.

282 Ebd.

tionalen Organisationen und Auslandsregierungen finanziert waren, abgebrochen. Auch eritreische NGOs sind von der restriktiven Haltung der Regierung betroffen. Der Grenzkonflikt mit Äthiopien und die aktuelle Dürre-Katastrophe hat jedoch die Regierung dazu veranlasst, die internationale Gemeinschaft und ihre NGOs um humanitäre Hilfe zu bitten.[283]

### *4.2.6 Die Sozialpolitik als Umsetzung der Demokratievorstellung*

In der Entwicklungsstrategie und in der Umsetzung der Demokratievorstellung der eritreischen Regierung erhalten die Implementierung eines effektiven Bildungssystems und damit verbunden auch die Qualifizierung des Humankapitals Priorität. Damit sollen die Chancengleichheit und die Partizipationsmöglichkeit aller Gesellschaftsgruppen und benachteiligten Regionen verbessert werden. Angesichts der Tatsache, dass 80% der Erwachsenen Analphabeten sind, liegt der Schwerpunkt der Bildungspolitik nicht nur in der Schul- und Berufsbildung, sondern auch in der Erwachsenenbildung.

In der Kolonialzeit wurde die Bildungspolitik je nach Bedarf und Interessenlage der jeweiligen Kolonialmacht gestaltet. Während in der italienischen Kolonialzeit die Bildung bewusst eingeschränkt worden war, haben die Briten das Bildungssystem liberalisiert und Tigrinya als auch Arabisch als Unterrichtssprache eingeführt. In der äthiopischen Besatzungsperiode wurde nicht nur Amharisch als Unterrichtssprache eingeführt, sondern auch das gesamte Bildungssystem bewusst vernachlässigt.

[283] Vgl. auch “Im Griff des Hungers: Eritrea beklagt fehlende Hilfe”, in: *Frankfurter Rundschau Online*, www.fr-aktuell.de/ressorts/nachrichten_und_politik/international/?cnt=201669, 29.04.2003.

Nach der Befreiung des Landes 1991 gab es eine enorme Steigerung in der Einschulung der Grundschüler und in der Entstehung neuer Schulen. So stieg die Einschulung von 109 000 (1990/1991) auf ca. 550 000 (1999/2000).[284] Dementsprechend stieg die Anzahl der Schulen von 294 (1990/1991) auf 834 (1999/2000).[285] Die eritreische Regierung versucht, hauptsächlich in den benachteiligten Gebieten und Regionen neue Schulen aufzubauen.

Neben der Bildung steht das Gesundheitswesen im Mittelpunkt der eritreischen Entwicklungspolitik. Langfristiges Ziel ist es, eine flächendeckende medizinische Versorgung zu gewährleisten. So entstanden zwischen 1991 und 2003 8 neue Krankenhäuser, 45 neue Gesundheitszentren und 63 Gesundheitsstationen.[286] Weitere neue Krankenhäuser werden in den Städten Barentu, Mendefera, Ghinda und Assab gebaut.[287]

Die eritreische Diaspora spielt ebenfalls bei der Abmilderung sozialer Probleme eine bedeutende Rolle. Durch finanzielle Unterstützung der Angehörigen und starke familiäre Netzwerke konnte eine soziale Verelendung und Marginalisierung weitgehend vermieden werden, denn soziale Sicherungssysteme (Arbeitslosenunterstützung, Rente, soziale Unterstützung etc.) existieren in Eritrea praktisch nicht. Der Aufbau eines sozialen Sicherungssystems stellt für das Land sicherlich eine große Herausforderung für die Zukunft dar.

Festzuhalten ist, dass es der Regierung nicht gelungen ist, regionale Disparitäten abzubauen, was als ein wesentliches Ziel propagiert wor-

---

284 Ministry of Education, Eritrea: *Basic Education Statistics and Essential Indicators 1999/2000,* Asmara 2000b, S. 16, S. 66, S. 73.

285 Ebd.

286 http://www.shaebia.org/artman/publish/article_1295.html, 05.06.2003.

den war, um Chancengleichheit als Teil ihrer Demokratievorstellung umzusetzen.

### *4.2.7 Wahlen für die Regionalversammlungen als Umsetzung der Demokratievorstellung*

Für die dritten Wahlen der Regionalversammlungen *(Baito Zobatat)* am 19. Mai 2004, die landesweit stattfanden, haben sich insgesamt 931 797 registrieren lassen und die Wahlbeteiligung lag bei 92,1%. An den Wahlen beteiligen durften sich alle eritreische Staatsbürger, die mindestens 18 Jahre waren und sich registrieren lassen.[288] Die Wahlen fanden allerdings ohne internationale Wahlbeobachter statt.

Für die sechs Regionalversammlungen wurden insgesamt 346 Abgeordnete gewählt, wobei 91 (30%) der Sitze für Frauen und 37 der Sitze für die Mitglieder der Armee (Eritrean Defence Forces) reserviert sind.[289] Die Wähler konnten sich zwischen mehreren Kandidaten entscheiden, die allerdings alle treue Mitglieder der Regierungspartei sind.

Mit der Organisation, Durchführung und Überwachung wurde eine von Präsident Issayas Afeworki ernannte Wahlkommission *(Commission for National Elections)* beauftragt. Sie wird von dem ehemaligen Generalsekretär der EPLF (1977-1986) und Mitbegründer der PLF 2, Romodan Mohammed Nur, geleitet.

Von der PFDJ-Regierung wurde die Wahl als Teil der Fortsetzung des Aufbaues eines politischen Systems und eines Nation-Building-

---

287 *"Issayas Afewerki: Public Adress on the 12th Anniversary of Eritrean Independence, 24.05.2003"*, abgedrückt in: http://www.shaebia.org/artman/publish/printer_1228.html, 26.05.2003.

288 Hadas Eritra, Jg. 13 (2004), Nr. 207 (in Tigrinya), 13. Juni 2004, S. 1.

Prozesses gesehen, die auf die historischen und kulturellen Werte des Landes fußen. Mit dieser Wahl sollen die Partizipation und die Chancengleichheit aller Bevölkerungsgruppen im politischen, sozialen und ökonomischen Entscheidungsprozess gewährleistet werden.[290]

In einem Treffen mit den neugewählten Abgeordneten der Regionalversammlungen am 13. Juni 2004 beschreibt Issayas Afeworki die Wahlen als Teil einer „*Transition of eritrean political democracy*“ und fügt hinzu:

*“If public participation means a political system that promotes public representation, the logical and practical definition of public participation not only includes voting, but also implies economic, social, cultural, institutional as well as security and stability insurance respectively.”*[291]

Die Befugnisse der Regionenvertreter sowie ihre Beziehung zur Zentralregierung wurden 1992 gesetzlich geregelt. Demnach erhielten sie das Recht, eigene Steuern zu erheben und Gesetze zu erlassen, die aber dem Justizministerium zur Zustimmung vorgelegt werden müssen.

Bereits 1992 und 1997 fanden Wahlen für die Regionalversammlungen statt. Mit den Wahlen von 1992 wurden ein politisch-administrativer Dezentralisierungsprozess und eine Vereinheitlichung der Verwaltungsstrukturen eingeleitet. Die Wahlen für die Regionalversammlungen von 1997 fanden nach der Neugliederung der Provinzen 1995 statt und waren zugleich Teil des Verfassungsgebungsprozesses, da die Regionalversammlungen Delegierte in die verfassungsgebende Versammlung entsandten.

---

289 Ebd.

290 Ebd.

291 Ministry of Information, Eritrea: *President calls the newly elected regional assembly to carry their task*, 13 June 2004, http://www.shabait.com/articles/publish/printer_2151.html.

Insgesamt aber lässt sich festhalten, dass die Mitglieder der Regionalversammlungen keinen Einfluss auf die politischen, ökonomischen und sozialen Entscheidungsprozesse der PFDJ-Zentralregierung haben. Damit ist die von der Regierung propagierte Partzipation der Bevölkerung an Entscheidungsprozessen als Ziel ihrer Demokratieumsetzung faktisch kaum vorhanden. Denn auch die derzeitige Nationalversammlung, die aus 150 Abgeordneten (davon sind 60 Mitglieder von den sechs Regionalversammlungen) besteht und formal Gesetzgebungskompetenz besitzt, hat auf nationaler Ebene kaum Bedeutung. Gesetzentwürfe und politische Entscheigungsprozesse der Regierung werden stets ohne kontroverse Diskussion verabschiedet. Die Regionalversammlungen als auch die Nationalversammlung dienen der Partei und dem Präsidenten als reines Akklamationsforum.

## 4.3 Analyse und Kritik

### *4.3.1 Neo-Patrimonialismus und „Self-Reliance“ als Herrschaftssicherung*

Der Neo-Patrimonialismus wird in vielen afrikanischen Staaten durch den Präsidenten verkörpert. Die hervorgehobene Rolle des Präsidenten im Unabhängigkeitskampf und der paternalistische Führungsstil weisen ihm (beispielweise in Eritrea) eine übergeordnete Stellung zu. Daraus entsteht der Anspruch, politische Macht auszuüben und das Amt des Präsidenten wird eher mit der Person assoziert als mit dem Amt selbst. De facto stehen die Präsidenten deshalb über den Gesetzen und Verfassungen. Die wichtigsten politischen und ökonomischen Entscheidungen werden in informellen Kreisen des Präsidenten und seiner Berater getroffen. Im Fallbeispiel Eritrea entscheidet faktisch das mächtige *„Office of Macro-Policy“*, das dem Präsidenten Issayas

Afewerki direkt unterstellt ist, über alle Politikfelder, Ministerien und Entwicklungsprogramme. Dabei wird der eritreische Präsident von seinen engsten Beratern, Dr. Woldai Futur (Wirtschaftsberater) und Yemane Ghebremeskel (Office Director of the President), bei seinen Entscheidungen beraten. Die Entscheidungsprozesse sind weder transparent, noch rechtsstaatlich anfechtbar. Das neo-patrimoniale System verbindet sich mit einer bestimmten politischen Ausrichtung.

Politische Ausrichtung wird hier verstanden als ein Set fundamentaler Werte, Haltungen, Meinungen sowie Einstellungs- und Entscheidungsmuster, die im vorliegenden Falle das PFDJ-Regime und ihre Anhänger dem politischen System in Eritrea entgegenbringen. Die politische Ausrichtung der jetzigen Regierungspartei EPLF/PFDJ wird seit ihrer Gründung 1970/71 vom personalistischen und paternalistischen Führungsstil Issayas Afeworkis geprägt. Insbesondere im Bereich der Partizipation beeinflusst sie Form und Substanz des politischen Prozesses. Diese politische Ausrichtung, die Bratton/van de Walle (1997) als Inbegriff patrimonialer Herrschaft bezeichnen, überdauerte die Unabhängigkeit. Auf den Führungsstil Issayas Afeworkis bezogen, lässt sich das politische System des Staates so beschreiben: *„like a traditional monarch, the neopatrimonial leader often cultivated the image of the pater familias, who was directly responsible for the people's welfare“*[292]; durch seine personalisierte Macht und Autorität regiert und prägt Issayas Afeworki die EPLF/PFDJ und Eritrea wie ein Vater seine Großfamilie. Ein weiterer Aspekt dieser politischen Führung ist eine Form von Klientelismus, der durch ein Patronageverhältnis zwischen Präsidenten und einer kleinen Führungsclique der PFDJ die politische Ordnung aufrechterhält.

[292] Bratton, Michael/Walle, Nicolas van de: *Democratic Experiments in Africa: Regime Transitions in Comparative Perspepektive,* Cambridge 1997, S. 64.

Als wichtiges Instrument dient dem eritreischen neo-patrimonialen System dabei das Verteilungsmonopol der staatlichen Ressourcen. Der Präsident entscheidet über alle Ämter im Staat, Kabinet, Militär, Geheimdienst, Stadtverwaltung, Verwaltungsregionen (Zobas) und in der Partei. Durch eine Entscheidung des Präsidenten übernahm das Militär seit 2001 die de facto Kontrolle und politische Macht über die sechs Verwaltungsregionen (Zobas). Durch diese Entscheidung ist Eritrea faktisch in vier Militärverwaltungszonen aufgeteilt worden. So kontrollieren die Militärgeneräle Ghebrezghiabher Andemariam *„Wuchu“* (Zoba Maekel), Teklai Habte-Selassie (Zoba Debub), Samuel Haile *„China“* (Zoba Debub-Keih-Bahri) und Filipos Woldeyohannes (Zoba Gash-Barka und Anseba) die Verwaltungszonen.

Neben der die politische Richtung dominierenden Person des Präsidenten ist ein weiterer Aspekt der neo-patrimonialen Herrschaft in Eritrea die Rolle und der Anspruch der Partei zu nennen. Das Parteiprogramm der PFDJ von 1994, *„PFDJ National Charter for Eritrea“*, das im dritten Organisationskongress verabschiedet wurde, beschreibt die Rolle der Organisation in der Gesellschaft, im Staat und im ökonomischen Entwicklungsprozess. Die Partei sieht sich als die Integrationskraft der heterogenen eritreischen Gesellschaft. Demnach soll die PFDJ eine politische Partizipation aller Gesellschaftsgruppen ermöglichen, die Rahmenbedingungen für sozio-ökonomische Entwicklung und soziale Gerechtigkeit schaffen.[293] Andererseits stellt sie in ihrer Überzeugung fest, worin eine gewisse Ambivalenz enthalten ist, dass *„[...] a pluralist political system that respects the basic rights of expression and association should be established in Eritrea."*[294] Gleichzeitig wird aber betont: *„a democratic political culture in general and experience of political parties in particular are undeveloped*

[293] EPLF/PFDJ, *PFDJ National Charter:* Adopted by the 3rd Congress of the EPLF/PFDJ, Nakfa, February 10-16, 1994.

*in Eritrea. [...] Eritrea is a new state which has just begann to build its own national government where the process of nation building is yet unfinished."*[295] Als oberstes Ziel wurde in der National Charter die nationale Einheit angesehen. Gleichzeitig wurde das Bekenntnis bekräftigt, Meinungs- und Pressefreiheit sowie Mehrparteiendemokratie zu schaffen. Parteien auf ethnischer oder religiöser Grundlage werden nicht zugelassen.[296] Es gab zwar Bestrebungen, die Demokratisierung einzuleiten, die politische und demokratische Partizipation der Bevölkerung zu fördern, diese wurden jedoch faktisch nicht umgesetzt. Die Regierungspartei PFDJ ist die allein zugelassene Partei und nimmt für sich in Anspruch, als „Basisbewegung für Demokratie" sämtliche Interessen der Gesellschaft zu repräsentieren und zu artikulieren.

Zur Beantwortung der Frage, welche Faktoren zur Blockierung des Demokratisierungsprozesses in Eritrea führten, gibt auch das neopatrimoniale System Aufschluss über die strukturellen Defizite, die Eritreas Demokratisierung hemmen. In Eritrea haben zwar regionale und kommunale Wahlen stattgefunden und eine liberal-demokratische Verfassung wurde verabschiedet, eine Demokratisierung im Sinne der Transformationsforschung wurde aber durch die autoritäre PFDJ-Regierung verhindert. Das Thema nationale Aussöhnung – mit den Oppositionsgruppen – ist für die eritreische Regierung eine unüberwindbare Hürde. Die für 2001 avisierten Wahlen zur eritreischen Nationalversammlung *(Hagerawi Baito)* wurden nicht durchgeführt. Während des Grenzkonflikts versuchte die Regierung unter dem Motto *„hade hisbi hade libi"* (ein Volk, ein Herz) die nationale Einheit der Eritreer zu stärken, um von den innenpolitischen Problemen abzulenken und um die demokratische Reformbewegung zu isolieren. So wurde die Umsetzung der Verfassung auf die Nachkriegszeit verscho-

---

[294] Ebd., II(1).

[295] Ebd.

ben. Nach dem Ende des Krieges entwickelte sich aber eine lebhafte Demokratisierungsdebatte in Eritrea und in der Diaspora. Außerdem traten Konflikte innerhalb der PFDJ auf, die zu einer Spaltung in der Führung der Partei und in der Regierung in Reformer *(Softliner)* und Reformgegner *(Hardliner)* führte (vgl. Kapitel 6.1). Trotz der angekündigten Demokratisierung sowie Partizipation aller Bevölkerungsgruppen und Interessenvertretungen etablierte die PFDJ dennoch eine neo-patrimoniale Herrschaft in Eritrea. Sie stellt den Regierungsapparat inklusive das Leitungspersonal in allen Staatsinstitutionen (Verwaltung, Polizei, Armee und andere Schlüsselpositionen).

Eine weitere Strategie im neo-patrimonialen System Eritreas ist die zunehmende ökonomische Aktivität der Regierungspartei PFDJ und der Armee. In der Wirtschaft kontrolliert die PFDJ fast alle Bereiche: Sie besitzt eine Bank und ist an allen ehemaligen staatlichen Betrieben und an vielen Unternehmen in den Bereichen Handel, Bauwirtschaft und Landwirtschaft beteiligt.[297] Die während des Befreiungskampfes Mitte der 1980er Jahre von der EPLF gegründete *Red Sea Trading Corporation („09“)* dominiert alle Wirtschaftsbereiche des Landes durch ihre Subunternehmen. So werden die Sektoren der Bauindustrie durch die Unternehmen der *Red Sea Trading Corporation* wie *Segen, Rodaab, Asbesco, Gedem* und *Geddec,* der Banken- und Finanzsektor durch die Subunternehmen wie *HCBE, Himbol* und *Eri Commercial*, das Versicherungswesen durch die *National Insurance Co,* das Transportwesen durch *Amberber, Royal, Fenkel* und *Lilo,* die Druck- und Medienindustrie durch *Sabur, Aughet, Hidri, Erisoc* und *EWAN* sowie

---

[296] Ebd.

[297] Viele Kritiker der PFDJ meinen, dass die Partei ein gut organisiertes Wirtschaftsunternehmen sei. Zur Kritik der Monopolisierung der Wirtschaft durch die PFDJ vgl. Adhanom Ghebremariam: *„Warsai-Yikaalo Compaign – a Compaign of Slavery“ Part VI,* www.eritrea1.org

das Tourismus- und Hotelgewerbe durch das Unternehmen *Intercontinental Hotel* kontrolliert.[298]

Auch die Armee (Eritrean Defence Forces) und die ehemaligen Massenorganisationen der EPLF (Frauenunion, Jugendunion, Arbeiterunion etc.), die eng mit der PFDJ-Regierung arbeiten, haben ihre wirtschaftlichen Aktivitäten nach der Unabhängigkeit weiter ausgebaut. So wird die einzige nationale Lotteriegesellschaft Eritreas *(Raymok)* von der *National Union of Eritrean Youth and Students (NUEYS)* unterhalten. Die eritreische Agrar- und Fischerei-Industie wird weitgehen von den verschiedenen Armee-Einheiten (z.B. *Sawa* und *Af-Hmbol* Plantagen) kontrolliert. Der Wettbewerb in der Wirtschaft findet nicht zwischen dem privaten und öffentlichem Sektor statt, sondern nur zwischen den verschiedenen Sektoren des PFDJ-Regimes (Red Sea Trading Corporation, Armee-Einheiten und regierungsnahen Organisationen). Insbesondere die wirtschaftlichen Aktivitäten der Armee-Einheiten, die in der Verantwortung der Generäle liegen, sind wenig transparent.

Die Grundphilosophie des wirtschaftlichen Engagements der PFDJ ist nicht nur das Umverteilungsprinzip und die Gleichheitsphilosophie, nämlich dass man in benachteiligten Regionen investieren müsse, um eine gleichwertige Entwicklung des Landes zu verwirklichen, damit der beanspruchte nationale Entwicklungsweg effektiv umgesetzt werden kann, sondern der Versuch einer Konsolidierung ihrer neopatrimonialen Herrschaft und Kontrolle der wirtschaftlichen Aktivitäten des Landes. Das *Office for Macro-Policy,* das dem Präsidenten Is-

[298] Vgl.: Gedab Investigative Report: *How PFDJ's Obsession With Control Is Destroying A Nation: Part 1: The Economy,* 5 November 2003, in http://www.awate.com/artman/publish/article_1844.shtml
Hierzu vgl. auch Shaebia.org: *Red Sea Trading Corporation*, 24 June 2005, in www.Shaebia.org

sayas Afewerki unterstellt ist, entscheidet de facto über alle Politikfelder und Ressorts. Die Anhänger dieser Machtkonzentration sind davon überzeugt, dass der beanspruchte Entwicklungsprozess nur so effektiv umgesetzt werden kann und die PFDJ (als auch die Regierung) den richtigen Entwicklungsweg für Eritrea kennt.[299]

Seit ihrer Gründung hat es in der EPLF keine kontroverse Diskussionskultur gegeben. Die EPLF gilt als militärische und zentralistische Organisation, die wenig transparent sowie misstrauisch gegenüber internen als auch externen Akteuren ist. Während des Befreiungskrieges entwickelte die EPLF einerseits die Strategie der Flexibilität, der Disziplin, der Innovation und des Pragmatismus[300], andererseits aber auch die Kultur des Misstrauens und der Geheimhaltung. Diese Eigenschaften haben die EPLF von der ELF unterschieden und erfolgreich gemacht. Die ELF entwickelte sich dagegen zu einer „demokratischen“ und „pluralistischen“ Organisation mit einer offenen und kontroversen Diskussionskultur. Militärisch und in der Führungsebene galt die ELF jedoch als undiszipliniert, zu transparent und dezentralistisch organisiert. Diese Organisationsform der ELF führte u. a. zur Zersplitterung der Organisation als militärischer und politischer Akteur im Jahre 1981. Die militärischen und sozialen Erfolge der EPLF während des Befreiungskrieges haben nicht nur zur Selbstüberschätzung der eigenen Möglichkeiten geführt, sondern auch zur Ablehnung und zum Misstrauen gegenüber allen Nicht-Mitgliedern der EPLF/PFDJ. Diese Haltung hat dazu geführt, dass viele ehemalige ELF-Mitglieder, Oppositionsgruppen, hochqualifizierte Auslands-Eritreer und andere Gesellschaftsgruppen kaum die Möglichkeit zur Partizipation und Mitgestaltung in der Politik haben.

[299] Vgl.: Hirt 2001, S. 102.
[300] Iyob 1995, S. 124.

In den letzten Jahren ist eine zunehmende Machtkonzentration in den Händen des Präsidenten und seiner engsten Berater zu beobachten. Auch die Nationalversammlung *(Hagerawi Baito)* ist faktisch bedeutungslos. Sie übt weder eine Kontrollfunktion noch eine repräsentative Funktion aus. Sozio-ökonomische und politische Entscheidungen werden durch den Präsidenten und seine Berater getroffen, wobei hochrangige Generäle besonders seit dem Ende des Grenzkonfliktes zunehmend über politischen Einfluss verfügen und seit 2002 faktisch die Regionalverwaltungen dominieren. Damit hat sich das neopatrimoniale System in Eritrea verfestigt.[301]

Das PFDJ-Regime verfolgt zwar offiziell eine harte Anti-Korruptionspolitik und propagiert auch weitgehende Korruptionsfreiheit, de facto lässt sich jedoch eine kontinuierliche Zunahme der Korruption beobachten. Besonders viele hochrangige Militärs und Mitarbeiter der Parteiunternehmen sind in Korruptionsfälle verwickelt. Solange sie ihre politische Treue zum Präsidenten zeigen, werden sie in der Regel von strafrechtlicher Verfolgung durch das Sondergericht verschont, das offiziell Korruptionsfälle verhandelt.[302]

Die im Rahmen einer Verwaltungsreform von 1995 vorgenomme Umstrukturierung der Provinzen *(Awrajas)* in Verwaltungsregionen *(Zobas)* mit dem Ziel, Dezentralisierung und Vereinheitlichung der politisch-administrativen Strukturen zu erreichen sowie Entscheidungsfreiheit und „partizipative“ Demokratie in den Verwaltungsregionen und der Bevölkerung zu stärken, ist nicht nur an der finanziellen und

301 Vgl.: Gedab Investigative Report: *How PFDJ's Obsession With Control Is Destroying A Nation: Part 1: The Economy,* 5 November 2003, in http://www.awate.com/artman/publish/article_1844.shtml

302 Vgl. auch Abraha, Desalegn: *Command Economy as Failed Model of Development: Lessons not yet learned: The Case of Eritrea.* Paper presented at the thirteenth Business World Congress, Maastricht School of Management, Maastricht, The Netherlands, July 14-18, 2004.

politischen Abhängigkeit der Regionen von der Zentralregierung gescheitert, sondern auch an der de facto Machtübernahme der Generäle in den Verwaltungsregionen. Diese wiederum dient als Herrschaftsstrategie im neo-patrimonialen System. Demzufolge bestehen weder „partizipative" Demokratie noch Entscheidungsfreiheit auf der Ebene lokaler Selbstverwaltung.[303]

Das Vertrauen, einen übermächtigen und von der internationalen Gemeinschaft als auch von den Supermächten finanziell und militärisch unterstützten Gegner erfolgreich widerstanden und durch Disziplin die Unabhängigkeit erreicht zu haben, prägt das Verhalten der PFDJ. Die Kehrseite ist aber der Autoritarismus der Partei, der Versuch, alles zu überwachen und zu kontrollieren sowie die Befürchtung, Demokratisierung könnte die nationale Einheit und die Disziplin untergraben. Als Herrschaftsstrategie im neo-patrimonialen Staat vertritt die PFDJ-Regierung auch das Prinzip der „Self- Reliance".

Der Grundgedanke der „Self-Reliance"[304] des PFDJ-Regimes stammt aus den 1970er Jahren und verkörpert mehrere Aspekte. Im Mittelpunkt steht dabei, die internationationale Entwicklungszusammenarbeit zu kontrollieren und zu minimieren, die Abhängigkeit von den Geberländern abzuschaffen sowie die Wirtschaft zu kontrollieren und

---

[303] Vgl.: Gedab Investigative Report: *How PFDJ's Obsession With Control Is Destroying A Nation: Part 1: The Economy*, 5 November 2003, in http://www.awate.com/artman/publish/article_1844.shtml

[304] 1973 ging die Ala-Gruppe aus dem christlichen Hochland um Issayas Afeworki die eigenartige Allianz mit der als konservativ, pro-arabisch bekannten moslemischen Gruppe um Osman Saleh Sabbe ein (vgl. Kapitel 3.3.3). Das Motiv dieser Verbindung lag in der anfänglichen Finanz- und Waffenknappheit der Ala-Gruppe, bei der Behebung ihr Osman Saleh Sabbe, der über enge Kontakte zu den arabischen Staaten verfügte, behilflich sein konnte. Die Allianz zwischen diesen gegensätzlichen Gruppen ging 1976 auseinander und die spätere EPLF um Issayas Afewerki hatte plötzlich keine ausländische Unterstützung mehr. Aus dieser finanziellen Not wur-

zu steuern. Dazu gehört auch, dass die Demokratieförderung der westlichen Staaten behindert und gleichzeitig die interne Demokratisierungsbewegung unterdrückt wird.

Die Kontrolle und Minimierung der internationalen Entwicklungszusammenarbeit ist ein weiteres Instrument der Regierungspartei, ihre Herrschaft zu sichern, denn der Partei geht es tatsächlich nicht um die Eigenständigkeit in der Entwicklungsstrategie und das Wohl der eritreischen Bevölkerung, vielmehr fürchtet sie sich, internationale und nationale Organisationen und NGOs zuzulassen, die außerhalb ihres Kontrollbereichs stehen würden und dadurch bei der Entwicklung einer selbstbewussten Zivilgesellschaft, einer Opposition und Mehrparteindemokratie behilflich sein könnten. Self-Reliance wird hier zu einem anti-demokratischen Slagon.

Auch in Bezug auf sozio-ökonomische Entwicklung vertritt die PFDJ das Konzept der *Self-Reliance,* freilich im Rahmen einer weltmarktintegrierten Wiederaufbau- und Entwicklungsstrategie. Die Entwicklungsstrategie ist dennoch durch Gegensätze gekennzeichnet: Auf der einen Seite wird die Privatisierung von Staatsbetrieben betrieben, auf der anderen Seite entwickelte die Partei neue ökonomische Aktivitäten, indem sie alle größeren Unternehmen im Lande unter ihre Kontrolle brachte und das Wirtschaftsleben dominierte. Diese Politik dient wiederum als Ansatz der Machtsicherung.

Die Politik der Self-Reliance wird auch von dem neo-patrimonialen System beeinflusst. Die Effekte der Self-Reliance und des Neo-Patrimonialismus wirken aufeinander komplementär. Durch diese wechselseitige Beziehung entwickelt sich im vorliegenden Falle die Politik der Self-Reliance als Instrument der Herrschaftssicherung.

---

de die Idee der *„Self-Reliance"* geboren, die die Politik und Entwicklungsstrategie der EPLF/PFDJ bis heute beeinflusst und bestimmt.

### *4.3.2 Sozio-kulturelle Heterogenität und das Ziel „Unity in Diversity" in Eritrea*

Eritrea ist ein Vielvölkerstaat, besiedelt von neun verschiedenen ethnischen Gruppen (Tabelle 5) mit jeweils eigenen Sprachen und Kulturen. Die Bevölkerung besteht je etwa zur Hälfte aus sunnitischen Moslems und Christen (orthodoxe, katholische und evangelische Christen). Die orthodoxen Christen (ca. 45% der Christen) lebten ursprünglich überwiegend im Hochland, Muslime sind sowohl im östlichen als auch im westlichen Tiefland beheimatet. Die Tigrinya Gruppe stellt gleichzeitig auch die Gruppe der orthodoxen Christen dar. Muslimisch sind Tigre, Afar, Hedareb, Nara, Saho und Rashaida. Die Blin (Bilen) bestehen aus Katholiken und Moslems. Die Kunama Gruppe ist religiös eher heterogen strukturiert.

Die Gesellschaft ist nicht nur durch ethnische Heterogenität geprägt, sondern auch durch Spaltung in Ex-Kämpfer (ca. 100 000), zurückgekehrte Flüchtlinge aus dem Sudan, deportierte Eritreer während des Grenzkrieges aus Äthiopien (75 000), intern Vertriebene sowie ca. 1.000.000 eritreische Diaspora.

Als wichtiger Indikator für die in multikulturellen Gesellschaften betriebene ethnische Politik gilt im Allgemeinen, welchen Sprachen ein offizieller Status zugesprochen wird. Ein erster Hinweis auf die Sprachenpolitik der eritreischen Regierung sind ihre mehrsprachigen Radiosendungen und Pressepublikationen. Immer wieder betont auch die eritreische Regierung bzw. die EPLF/PFDJ das Recht der neun ethnischen Gruppen in Eritrea, ihre jeweils eigene Sprache zu benutzen. Entsprechend findet der Schulunterricht nach Möglichkeit zunächst in der Muttersprache der Auszubildenden statt. Andererseits scheint sich die Mehrheitssprache Tigrinya immer mehr zu einer lingua franca zu entwickeln, so dass zumindest Verständigungsmöglichkeiten zwischen den meisten ethnischen Gruppen entstehen. In einem Vielvölkerstaat wie Eritrea ist die friedliche Koexistenz der verschiedenen Volksgruppen eine der Voraussetzungen der nationalen Einheit.[305]

Die eritreische Regierung – und damit die EPLF/PFDJ – vertritt die Auffassung, dass die nationale Identität auf den gemeinsamen Willen gegründet sei und begründet dies:

*"Through, a century-old history of colonial experience, and primarily from their own historical activities, the people of Eritrea have become one people and one country, composed of several ethnic and linguistic groups, and several beliefs and cultures. The journey of nation-building is long and complicated. Even though the bases of Eritrean nationalism have been firmly established through our long liberation struggle, it has yet to be concluded. The population of Eritrea, whose unity is rooted in a long tradition of peaceful and harmonious coexistence, and was reinforced by the long struggle, is one of the most unified populations among societies with similar social structures. Because of this unity, victory was achieved, and peace and stability now prevail in independent Eritrea. And the establishment of Eritrea's government reflects and reinforces this broad-based unity."*[306]

In der Entwicklungsländerforschung ging man in der Regel davon aus, dass *„state-building the primary instrument for building the nation"*[307] sei. In diesem Zusammenhang ist aber das Beispiel Eritrea als ein Fall von „Nation-Building" zu begreifen, in dem kein abgeschlossenes „State-Building" vorauszusetzen ist. Dies wurde aufgrund eines Ge-

305 *„Not only should each nationality be allowed free exercise of its own customs and culture, it should also be recognized that diversity of culture can in the long run enrich the cultural history of the nation, despite some disadvantages during the early years of nationhood."* (Araia Tseggai 1991, S. 28.)

306 EPLF/PFDJ, PFDJ National Charter: Adopted by the 3rd Congress of the EPLF/PFDJ, Nakfa, February 10-16, 1994, S. 4.

307 Sherdon Gellar 1973, S. 384.

fühls von nationaler Identität möglich, das während des 30-jährigen anti-kolonialen Unabhängigkeitskrieges entstanden ist (Nation-Building als Voraussetzung für State-Building)[308]. Diese Voraussetzung legte auch den Grundstein für den schnellen, stabilen und funktionsfähigen Aufbau eines Staates durch die EPLF nach der De-facto-Unabhängigkeit 1991. Denn erst ein politisch relativ stabiler Staat ermöglicht eine positive Veränderung in Richtung Demokratisierung.

Da die Nationen nur als Produkt historischer Prozesse zu begreifen sind, die niemals widerspruchsfrei oder geradlinig verlaufen, ist auch der eritreische Nation-Building-Prozess von Widersprüchen und Schwächen gekennzeichnet. In der kulturell-sprachlichen, staatlich-institutionellen und gesellschaftlichen Dominanz der Tigrinya sind für die Zukunft ein Konfliktpotenzial und möglicherweise eine Gefahr für den Nation-Building-Prozess zu sehen.

Wie bei den anderen Staaten Afrikas war die nationale Identität der Eritreer primär durch den anti-kolonialen Widerstand geprägt. Diese vielfältige regionale, ethnische und religiöse Gruppierung diente zwar anfänglich auch als Mittel der politischen Mobilisierung, aber dennoch gelang es den Befreiungsbewegungen (ELF, EPLF), den eritreischen Nationalismus zu einer starken politischen Kraft gegen die äthiopische Herrschaft zu entfalten, der mit der Unabhängigkeit sein Ziel erreichte. Auch nach der Unabhängigkeit entstand die Notwendigkeit, einen Nation-Building-Prozess einzuleiten, der die gemeinsame nationale Identität fortsetzt.

---

308 Vgl. z.B. Joseph R. Strayer, “The Historical Experience of Nation-Building in Europe”, in: Karl W. Deutsch und William J. Foltz, 1966., in Anm. 1, S. 17-27, S. 25: *“The new states that have the best chance of success are those [...] where the experience of living together for many generations within a continuing political framework has given the people some sense of identity [...]”.*

Die Fortsetzung dieses Prozesses lag in den Händen der siegreichen EPLF, die von den christlichen Tigrinya-Volksgruppen des Hochlands dominiert ist. Ebenso wurde die politische Entwicklung innerhalb E-ritreas von der EPLF, der einzig zugelassenen Partei, bestimmt. Ihre Mitglieder setzten sich nach Ende des Krieges aus 64% Tigrinya, 24% Tigre und 12% aus den sieben kleineren Volksgruppen zusammen. 63% waren Christen und die Muslime stellten 36%.[309]

---

309 Vgl.: Christmann, Stefanie: *Die Freiheit haben wir nicht von den Männern. Frauen in Eritrea*, Unkel/Rhein, Bad Honnef 1996, S. 20.

*Tabelle 5 : Ethnische Gruppen in Eritrea*

| Ethnische Gruppe | Sprache | Religion | Siedlungsgebiete (Provinzen) | %er Anteil an der Gesamtbevölkerung (ca. 4 Mio.) |
|---|---|---|---|---|
| Tigrinya | Tigrinya | Christen: 95%, Moslems: 5% | Seraye, Akkele-Guzay, Hamassen | 50 |
| Tigre | Tigre | Moslems: 98 %, Christen: 2% | Semhar, Sahel, Senhit, Barka, Ost-Hamassen | 31 |
| Saho | Saho | Moslems: 97%, Christen: 3% | Akkele-Guzay, Südost-Semhar | 6 |
| Blin (Bilen) | Blin | Christen: 40%, Moslems: 60% | Senhit | 3,8 |
| Afar | Afar | Moslems | Denkalia, Südost-Semhar | 3,2 |
| Hedareb | Harendewa | Moslems | Barka, Nordwest-Sahel | 2 |
| Kunama oder Baza | Kunama | Moslems: 56%, Naturreligion: 31%, Christen: 13% | Barka | 2 |
| Baria oder Nara | Nara | Moslems | Barka | 1,5 |
| Rashaida | Arabisch | Moslems | Nordost-Sahel, Nordwest-Semhar | 0,5 |

Quelle: Eigene Darstellung nach *Journal of Eritrean Studies*, Sommer 1990; Trevaskis 1960, S. 132-133; All Eritrea – 1997 (Population), in www.awate.com/explore/explore.htm; Recherche d. Verf.

Das PFDJ-Regime versucht zwar, die regionalen Unterschiede, die sich zum Teil aus der ethnischen Zugehörigkeit ergeben, zu beseitigen. Es sind aber hauptsächlich Gruppen der Gesellschaft und das Tiefland benachteiligt, die die Tigrinya-Sprache nicht beherrschen, wenn es um Chancengleichheit (Zugang zu Bildungs- und Beschäftigungschancen) geht, während das von Tigrinya dominierte Hochland in dieser Hinsicht privilegiert ist.

Die Machtübernahme der EPLF ermöglichte es den Tigrinya, die sich immer als Nachfahren und Träger der sagenumwobenen Hochkultur des Axum-Reiches empfunden hatten, deren Geschichte bis in vorchristliche Zeiten zurückreicht, ihre Dominanz gegenüber anderen Volksgruppen auch politisch zu verwirklichen. Zwar kündigt die EPLF einen Demokratisierungsprozess in Eritrea an, versprach die Verabschiedung einer Verfassung und die Beteiligung aller Gesellschaftsgruppen an der Macht in Eritrea, faktisch etablierte sie aber ein klassisches Einparteiensystem. Obwohl alle Gesellschaftsgruppen, Religionen und Ethnien sich im Prozess des Nation-Building und in der Politik der EPLF beteiligten, ist das Erreichen eines höheren Amtes an das Beherrschen der Tigrinya-Sprache, Mitgliedschaft in der Regierungspartei sowie an die Anpassung an die Tigrinya-Kultur gebunden. Trotz der Kooperation vieler Nicht-Tigrinya blieb die Macht hauptsächlich in den Händen der Tigrinya: Sie stellen Führungspersonal in allen Staatsinstitutionen wie z.B. Partei, Verwaltung, Polizei und Armee.

Die Dominanz der Tigrinya-Sprache (vgl. Kapitel 4.2.1) als Arbeits- und Verwaltungssprache hat sich faktisch gegenüber anderen eritreischen Sprachen und der arabischen Sprache durchgesetzt. Tigrinya und Arabisch gelten als „inoffizielle“ Sprachen in Eritrea. Besonders die Eliten der Moslems, die die arabische Sprache als Symbol ihrer gemeinsamen religiösen Identität betrachten, fühlen sich von der Kultur und Sprache der Tigrinya dominiert.[310] Auch andere ethnische Gruppen, die der christlichen Religion angehören, fühlen sich in allen Staatsinstitutionen unterrepräsentiert und benachteiligt.

Die Tigrinya-Sprache hat sich nicht nur zu einer lingua franca besonders in den großen Städten, Staatsinstitutionen, Medien und Armee entwickelt, so dass zumindest Verständigungsmöglichkeiten zwischen den meisten ethnischen Gruppen entstehen, sie hat auch faktisch die Dominanz der Tigrinya in allen Gesellschaftsbereichen ermöglicht. Aus dieser sprachlich-kulturellen Dominanz könnte die *„Tigrinyisierung“* aller ethnischen Gruppen und damit auch der eritreischen Gesamtgesellschaft entstehen, die den sozialen Frieden erheblich beeinträchtigen kann.

In Eritrea erscheint die Dominanz der Tigrinya in Form eines Einparteiensystems der PFDJ und in der Repräsentanz des Staates durch Angehörige dieser Bevölkerungsgruppe. Den verschiedenen ethnischen Gruppen sollte nicht nur das Recht auf eigene Sprache und Administration eingeräumt werden, sondern auch das Recht, einen fairen Anteil an den Ressourcen des Landes zu besitzen und am politischen Leben gleichberechtigt teilzunehmen. So können die Antagonismen zwischen ethnischen Gruppen und Religionen, die lange Zeit die Herausbildung einer übergreifenden eritreischen Identität erschwert haben, abgebaut und die Liberalisierung der Zivilgesellschaft im Sinne der Transformationsforschung erleichtern sowie in partizipative Demokratie umgesetzt werden.

---

[310] Vgl.: „No room for Arabic in Eritrea?“, Gedab investigative report, in: *Awate.com,* 06.03.2002, in: www.awate.com

# 5 Die Bedeutung der nicht-militanten zivilgesellschaftlichen Gruppen für den Demokratisierungsprozess aus Sicht des SKOG-Konzepts

## 5.1 Regierungsnahe strategische Gruppen als potenziell konfliktfähige Gruppen

### *5.1.1 Die Mitglieder der PFDJ als Teil der Zivilgesellschaft*

Die auf ca. 500 000 geschätzten Mitglieder der PFDJ und ihre Massenorganisationen in Eritrea und in der Diaspora können sich möglicherweise zu einer innerparteilichen Reformbewegung entwickeln, die die Rolle der Opposition übernehmen könnten. Das hängt aber von dem Rollenverständnis der Mitglieder und der Beteiligungsmöglichkeit am Entscheidungsprozess der Partei und der Regierung ab. Aber die politische Ausrichtung, die die EPLF während des Befreiungskampfes entwickelte, lässt keine Partizipationsmöglichkeit für die Basis zu. Alle policy-making-Verfahren wurden und werden von oben nach unten durchgeführt.

Auch innerhalb der Armee gab es bisher keine organisierte oppositionelle Bewegung. Lediglich kurz vor der Ausrufung der Unabhängigkeit im Mai 1993 kam es zu Protesten der EPLF-Kämpfer, die sich weigerten, ohne Gehalt zu arbeiten. Hauptgrund der Protestaktion war die Entscheidung der Regierung, dass die nur mit Verpflegung und Unterkunft entlohnten Kämpfer weitere vier Jahre materiellen Verzicht üben sollten. 1994 kam es zur Revolte einiger behinderte Kämpfer in Mai-Habar, die gegen ihre geplante Entlassung protestierten.

Die Protestaktion wurde allerdings von Sicherheitskräften der Regierung blutig niedergeschlagen.

Nach der verlustreichen militärischen Niederlage im Krieg gegen Äthiopien (1998-2000) kam es zwar zu einem innerparteilichen Diskussionsprozess und zu einer Reformbewegung, die sich in der personellen Umbesetzung der Regierungsämter, Verbot der freien Presse und Verhaftungen von Ministern und hochrangigen Parteifunktionären ausdrückte (Kapitel 6.1); die große Mehrheit der PFDJ-Mitglieder blieb aber der Regierungslinie treu. Zu beobachten ist allerdings, dass zurzeit das Ansehen und die Autorität der Parteiführung innerhalb der Mitglieder – abgesehen von der Person Issayas Afeworki – in Frage gestellt wird. Allerdings ist es schwierig, von außen festzustellen, ob eine interne Demokratiediskussion existiert. Inwieweit sich die PFDJ-Mitglieder als Teil der Zivilgesellschaft an der aktuellen Demokratiedebatte beteiligen und Teil der oppositionellen Reformbewegung werden, hängt wesentlich von der Glaubwürdigkeit, Mobilisierungskraft und Überzeugungsfähigkeit der oppositionellen Reformbewegung (Kapitel 6.1) ab.

### *5.1.2 Die ehemaligen Massenorganisationen der EPLF in Eritrea*

Die ehemaligen Massenorganisationen der EPLF existieren weiterhin als formal „eigenständige“ nationale Interessenorganisationen, die aber eng mit der Regierungspartei verbunden sind. Diese Interessenorganisationen können daher als Teil der eritreischen Zivilgesellschaft im Sinne der akteursorientierten Transformationsforschung interpretiert werden, da sie zumindest das Potenzial einer oppositionellen Bewegung darstellen.

Die ehemaligen Massenorganisationen der EPLF (Arbeiter, Jugend, Studenten und Frauen), die vor der Unabhängigkeit hauptsächlich in den befreiten Gebieten und im Ausland mit dem Ziel der Mobilisierung für den Befreiungskampf organisiert waren, haben sich nach der Unabhängigkeit als Interessenorganisationen reorganisiert und sie stehen der Regierungspartei PFDJ politisch sehr nahe. In diesem Zusammenhang stellt sich die Frage, inwieweit die ehemaligen Massenorganisationen die Rolle der oppositionellen Zivilgesellschaft in der Zukunft übernehmen können.

#### 5.1.2.1 National Union of Eritrean Women (NUEW)

Die 1979 gegründete National Union of Eritrean Women (NUEW) beschreibt sich als *"an autonomous non-governmental organization dedicated to improve the status of Eritrean women"*[311]. Ziel der Organisation ist "*to ensure that all Eritrean women confidently stand for their rights and equally participate in the political, economic, social, and cultural spheres of the country and share the benefits"*.[312] Die aus 200 000 Mitgliederinnen bestehende NUEW kämpft gegen die weit verbreitete weibliche Beschneidung, führt Bildungsmaßnahmen und Seminare zu Frauenrechten durch. Weiterhin organisiert die Union Kreditprogramme für Kleinprojekte.

Die NUEW steht zwischen der traditionellen eritreischen Gesellschaftsordnung und dem Ziel der „Emanzipation der Frau“, das während des Befreiungskrieges als Hauptaufgabe der Organisation formuliert wurde. Denn traditionelle und konservative Frauen fühlen sich von der Union nicht repräsentiert.[313] Hauptgründe der Ablehnung der NUEW, die in der Führungsebene von Ex-Kämpferinnen geleitet wird, sind die „radikale“ Emanzipationspolitik, das Fehlen der Trans-

311 http://www.nuew.org/aboutnuew/#back

312 Ebd.

313 Befragung d. Verfassers im September 1996 und Oktober 1998.

parenz in der Tradition der EPLF/PFDJ und die endlosen Veranstaltungen, die als uneffektiv gelten. Inwieweit die NUEW als potenzielle konfliktfähige Gruppe gegen die Regierung die demokratische Reformbewegung unterstützt, bleibt in der gegenwärtigen Situation fraglich.

### 5.1.2.2 National Union of Eritrean Youth and Students (NUEYS)

Die Jugend- und Studentenunion, die sich als eine regierungsunabhängige und demokratische Organisation beschreibt, hat als Ziel die Konsolidierung der nationalen Einheit und Vorbereitung der Jugend *„to become a potential resisting force against whosoever opposes the freedom and unity of the Eritrean people. It also works to become a creative front to develop the national culture and fights backward and obsolete values“.*[314] Die Organisation, die aus 150 000 Mitgliedern besteht[315], ist im kulturellen, sozialen, beruflichen und gesundheitlichen Bereich aktiv. Die NUEYS unterstützt zudem das Entwicklungsprogramm der Regierung, *„Warsai-Yikalo Development Campaign“* (vgl. Kapitel 4.2.5.2) und führt kulturelle Veranstaltungen in Eritrea und im Ausland durch, um eritreische Jugendliche und Studenten für den Wiederaufbau zu mobilisieren. Wie alle ehemaligen Massenorganisationen, ist auch die Jugendunion finanziell von der Regierung abhängig. Inwieweit ihr Selbstverständnis, dass die NUEYS *„is a platform open to any Eritrean youngster ambitious to build a prosperous and democratic nation“*[316], sei dahingestellt, denn sie vertritt die offizielle Meinung der eritreischen Regierung und ist weit davon entfernt, ein offenes Diskussionsforum für alle Jugendliche und Studenten zu sein, die keine Mitglieder der PFDJ sind.

---

314 http://www.nueys.org

315 Vgl.: http://www.grassrootsonline.org/erit-partners.html, 14.08.2003

316 Ebd.

#### 5.1.2.3 National Confederation of Eritrean Workers (NCEW)

Die aus der National Union of Eritrean Workers (NUEW) hervorgegangene Dachorganisation der Gewerkschaften NCEW begann erst nach der Unabhängigkeit die Interessen der Arbeitnehmer in Eritrea wahrzunehmen. Ein weiteres Ziel der Organisation ist es, die Partizipation der Arbeitnehmer an dem sozio-ökonomischen Entwicklungsprozess des Landes zu sichern. Die NCEW vertritt über 15 Arbeitnehmerorganisationen und hat über 25 000 Mitglieder. Bis zur Unabhängigkeit war die Gewerkschaft eine Sammelbewegung in der Diaspora, die den Unabhängigkeitskrieg aktiv unterstützte. Es ist schwierig einzuschätzen, inwieweit die Konföderation die Demokratisierung in Eritrea unterstützt. Es ist aber aufgrund ihrer Geschichte und Tradition zu vermuten, dass mit der Modernisierung und Entwicklung der eritreischen Zivilgesellschaft die Gewerkschaft eine bedeutende Rolle im Demokratisierungsprozess in der Zukunft spielen wird. Denn die Gewerkschaft war die erste zivilgesellschaftliche Organisation, die 1958 einen Generalstreik gegen die Einschränkung der Grundrechte, das Presseverbot und der Parteien sowie Aufhebung des eritreischen Föderationsstatus durch Äthiopien ausrief.

### *5.1.3 Die ehemaligen Massenorganisationen der EPLF in der Diaspora*

Die ehemaligen Massenorganisationen und Gruppen der EPLF wurden bereits zu Beginn der eritreischen Migration Anfang der 1970er Jahre im Sudan, den arabischen Staaten, West-Europa, Nord-Amerika und Australien gegründet. Die Organisationen für Studenten, Arbeitnehmer und Frauen sind noch heute Sammelbecken für politische Tätigkeiten sowie für Aktivitäten zur finanziellen Unterstützung der eritreischen Regierung. Die meisten Aktivitäten der ehemaligen Mitglieder der Massenorganisationen liegen jedoch im politischen Bereich, in dem die politische Richtung der PFDJ-Regierung ohne kontroverse Diskussion vertreten und umgesetzt wird.

Die wichtigsten und straffsten Organisationen sind die eritreischen Gemeinden *(„Mahbere-Koms Eritrea")*, die in vielen westeuropäischen Staaten als gemeinnützige Vereine (e.V.) organisiert sind und in einem engen Kontakt mit den eritreischen Konsulaten stehen. Formal sind die *Mahbere-Koms* zwar eine soziale Beratungsstelle für Exileritreer, doch auch Feste, informelle Veranstaltungen, jährliche Festivals, Vorträge, Ausstellungen und Berichte über die Regierungsarbeit werden im Auftrag der eritreischen Konsulate organisiert und durchgeführt.[317]

Ebenso haben die anderen Organisationen und Gruppen eine enge Verbindung zur eritreischen Regierung und sie richten ihre Aktivitäten an den politischen Vorgaben des PFDJ-Regimes aus. Die organisatorisch und inhaltlich am stärksten an die eritreische Regierung gekoppelten Verbindungen sind jedoch in den politischen Gruppen zu finden. Den in der Diaspora tätigen ehemaligen Massenorganisationen der EPLF, die *National Confederation of Eritrean Workers (NCEW)*, die *National Union of Eritrean Women (NUEW)* und die *National Union of Eritrean Youth and Students (NUEYS),* kam zu Beginn der 1990er Jahre noch eine große Bedeutung zu. Diese waren nach der de facto Unabhängigkeit 1991 von der EPLF aufgelöst worden und erst

[317] Der *Mahbere-Kom Eritrea Frankfurt e.V. (MKEFU)*, mit Sitz in Frankfurt am Main, der offiziell die Förderung der Selbsthilfe eritreischer Flüchtlinge und Eritreer mit dauerndem Aufenthalt, Verbesserung der Integration unter Wahrung der kulturellen Eigenständigkeit sowie die Förderung der Völkerverständigung zwischen Deutschen, Eritreern und anderen Völkern zum Ziel hat, hat eine enge Verbindung mit dem eritreischen Konsulat in Frankfurt am Main und mit der eritreischen Botschaft in Berlin. So werden politische Informationsveranstaltungen, Vor-

nach der de jure Unabhängigkeit 1993 wieder in der Diaspora aktiv. Die Organisationen verfügen in den wichtigsten west-europäischen, nord-amerikanischen und arabischen Städten über zentrale Büros, um ihre politische Tätigkeit zu koordinieren. Eine der wichtigsten Aufgaben ist die Information der in der Diaspora lebenden Eritreer über die aktuelle Situation in Eritrea und Unterstützung der Regierung beim „Wiederaufbau" des Landes.

Die während des Grenzkrieges mit Äthiopien 1999 gegründete Jugendorganisation *Warsay Youth and Students Movement* ist ein weiterer Verein, der sich zu den politischen Programmen der PFDJ bekennt. Die Jugendorganisation ist in West-Europa (besonders in Deutschland, Großbritannien, Niederlande) und in Nord-Amerika politisch sehr aktiv. Es werden Feste und Veranstaltungen organisiert, um „Informations- und Kommunikationsmöglichkeiten" zwischen eritreischen Jugendlichen in der Diaspora und in Eritrea zu ermöglichen. Dabei wird auch die eritreische Regierung bei der Verteidigung der „Souveränität", beim Wiederaufbau des Landes sowie in ihrer politischen Programatik finanziell und ideell unterstützt. Die eigens aus Eritrea anreisenden Regierungs- und Parteivertreter versuchen ihrerseits, in diversen Veranstaltungen und Festivals der Jugendorganisation, die Jugendlichen auf die Pflichten der eritreischen Diaspora als treue Patrioten einzuschwören. Dabei machen die Regierungsvertreter auch kein Hehl daraus, dass Proteste gegen den derzeitigen Regierungskurs auch für Menschen außerhalb der eritreischen Landesgrenzen Sanktionen nach sich ziehen können.

Dass die ehemaligen Massenorganisationen der EPLF, die faktisch ein Teil der PFDJ bilden, sich zu konfliktfähigen Gruppen und damit zur einer demokratischen Opposition gegen die PFDJ-Regierung entwi-

träge, Feste und das jährliche Eritrea-Festival in Frankfurt am Main in Abstimmung mit dem eritreischen Konsulat und der PFDJ organisiert.

ckeln werden, ist in naher Zukunft nicht zu erwarten. Denn die Regierungsnähe dieser Organisationen scheint – besonders nach dem Grenzkonflikt mit Äthiopien – größer zu sein.

## 5.2 Regierungsferne konfliktfähige Gruppen

### *5.2.1 Potenziell konfliktfähige Gruppen in Eritrea*

#### 5.2.1.1 Religionsgemeinschaften

Die Rolle der Religionsgemeinschaften ist im Religionsgesetz von 1995 definiert. Demnach ist eine strikte Trennung von Staat und Religion festgeschrieben und ihre Aufgaben sind auf religiöse Tätigkeiten beschränkt.[318] Als Folge des Gesetzes wurde die katholische Zeitschrift *„Birhan"* 1996 verboten. In der Kirchenzeitung wurde über die Verfassung und Demokratisierung des Landes diskutiert und die Regierungspolitik kritisch kommentiert, u.a. die Maßnahmen gegen die „Zeugen Jehovas", denen mit einem Dekret[319] 1994 die Bürgerrechte abgesprochen worden waren, nachdem sich diese nicht am Referendum über die Unabhängigkeit 1993 beteiligt hatten und den National Service verweigerten. Der Einfluss der Religionsgemeinschaften und ihrer Führungspersönlichkeiten – insbesondere in ländlichen Strukturen – ist groß. Über die Rolle der Vertreter und der geistlichen Führungspersönlichkeiten der islamischen Glaubensgemeinschaft im Hin-

---

[318] Vgl.: Eikenberg, Kathrin: Eritrea, in: Hofmann, Rolf (Hrsg.): *Afrika Jahrbuch 1995,* Opladen 1996, S.250-254, S. 251.

[319] Vgl.: Ministry of Interior, *"Statement on Jehovah's Witnesses",* 1 March 1995, abgdrückt in: *Eritrea Profile,* 4 March 1995.

blick auf eine Steuerung einer islamisch-fundamentalistischen Bewegung von außen zu urteilen, ist schwierig.

Von der christlich-orthodoxen Kirche in Eritrea ist in Bezug auf Demokratisierung der Gesellschaft und Unterstützung der Reformbewegung aufgrund ihrer Tradition wenig zu erwarten. Als ehemalige Staatsreligion in Äthiopien und Teilen Eritrea versuchte die christlich-orthodoxe Kirche seit jeher, gegen die Einflüsse von außen, Reformen und Modernisierung zu kämpfen. In ihrer Geschichte war sie immer systemtreu und ein ungerechtes System wurde nie kritisiert.

Eine bedeutende Rolle spielt dagegen die katholische Kirche im Bildungs-, Gesundheits- und Sozialbereich. Obwohl die Katholiken nur ca. 3,3% der eritreischen Gesamtbevölkerung ausmachen, werden ca. 100 Schulen von insgesamt 125 Privatschulen von katholischen Einrichtungen getragen. Im Jahre 2000 gab es in Eritrea insgesamt 824 Schulen (elementary, middle und secondary schools), 699 davon waren in staatlicher Verwaltung und die restlichen 125 Schulen wurden von den christlichen Missionsgemeinden (Katholiken, evangelische Missionsgemeinden und orthodoxe Kirche) und der islamischen Religionsgemeinschaft („Awkaf schools“) verwaltet[320].

Die römisch-katholische Kirche ist nicht nur im sozialen Bereich aktiv, sondern sie versucht, als kritische Instanz Kritik an der Regierung zu üben. In einer apostolischen Botschaft im Mai 2001 fordern die drei eritreischen Bischöfe die Fortsetzung des Demokratisierungsprozesses und der ökonomischen Liberalisierung. Sie kritisieren gleichzeitig die Kontrollbedürftigkeit der Regierung.[321] Die Bischöfe beto-

[320] Vgl.: Ministry of Education, *Eritrea: Basic Education Statistics and Essential Indicators 1999/2000,* Asmara 2000b, S. 26 und Recherche d. Verf.

[321] Katholische Bischöfe Eritreas: *„Hawariyawie melkti katholikawiyan papasat ertra: Neza hager egziabher yefkra eyu“*, (Apostolische Botschaft der römisch-

nen die besondere soziale und politische Verantwortung der katholischen Kirche in der Gesellschaft. Kritisiert werden die Haltung und die politische Entscheidung der PFDJ-Regierung in Bezug auf die Entwicklungszusammenarbeit und die Einschränkung der Arbeit der NGOs.[322] Weiterhin wird die Monopolisierung der Wirtschaft durch die Partei beanstandet und sie fordern eine Liberalisierung des ökonomischen Systems. Die zentralen Forderungen der Bischöfe nach Liberalisierung und demokratischen Reformen lauten:

- Die Partizipation der Bevölkerung an politischen Entscheidungsprozessen auf regionaler und nationaler Ebene.[323]
- Transparenz und Bekämpfung von Korreption.[324]
- Entwicklung und Implementierung einer sozialgerechten und liberal-demokratischen Verfassung. Dabei stehen Pluralismus, Rede- und Pressefreiheit, Menschenrechte sowie freie Wahlen im Mittelpunkt ihrer Forderung.[325]

Um den Einfluss der Religionsgemeinschaften auf die Bevölkerung zu kontrollieren, wird die Arbeit der Glaubensgemeinschaften von der Regierung überwacht und zensiert. Besonders die katholische Kirche – als Teil der Zivilgesellschaft – kann die Rolle einer kritischen Instanz übernehmen und bei der Entwicklung einer selbstbewussten demokratischen Zivilgesellschaft behilflich sein, ohne das Prinzip des säkularen Staats zu verletzen.

katholischen Bischöfe Eritreas - Übersetzung vom Autor, Original in Tigrinya), 24. Mai 2001.

322 Ebd., S. 6.

323 Ebd., S. 7.

324 Ebd.

325 Ebd., S. 17-22.

#### 5.2.1.2 Studenten

Die University of Asmara, die einzige Universität des Landes, ist auf Betreiben katholischer Missionare (Piae Madres Nigritiae / Camboni Sisters) 1958 als *„The Holy Family University Institute“* gegründet worden. 1989 wurde die Universität von dem äthiopischen Dergue-Regime geschlossen und erst im September 1991 nach der de facto Unabhängigkeit von der provisorischen eritreischen Regierung wieder eröffnet. Heute verfügt die Universität über fünf Colleges (alle nur in der Hauptstadt Asmara): College of Agriculture, College of Arts, College of Business & Economics, College of Science und College of Social Science. Zurzeit sind insgesamt 3700 Studierende an der Universität immatrikuliert.

Erste Protestaktionen kamen im Jahre 2001 von den Studenten der Universität Asmara. Sie kritisierten die obligatorische Teilnahme am Sommerarbeitsprogramm der Regierung, das jedes Jahr in den Sommerferien Schüler, Studenten und Lehrer zum Arbeitseinsatz im öffentlichen Dienst, Umweltschutzprogrammen und in landwirtschaftlichen Tätigkeiten abordnet. Semere Kesete, der Vorsitzender der Studentenvereinigung der Universität Asmara, wurde im Juli 2001 nach seiner öffentlichen Kritik an Bestandteilen des Arbeitsprogramms und der Einmischung der Regierung in Universitätsbelange festgenommen. Daraufhin protestierten Hunderte von Studenten gegen die Verhaftung Semere Kesetes. Die Polizei nahm ungefähr 400 Studenten fest und hielt sie mehr als 30 Stunden im Stadion von Asmara unter freiem Himmel fest. Später wurden sie in das Armeelager Wia bei Massawa gebracht, in dem sie bei extremer Hitze im Straßenbau arbeiteten. Zwei Studenten starben aufgrund der erlittenen Strapazen. Semere Kesete ist aber mittlerweile die Flucht aus der Haft gelungen und er befindet sich zurzeit im europäischen Exil. Im Umfeld des Studentenführers hat sich die Demokratiebewegung, *Eritrean Movement for Democratic Change (EMDC)* im Ausland zusammengeschlossen mit dem Ziel, die PFDJ-Diktatur abzusetzen und eine pluralistisch-demokratische Gesellschaftsordnung in Eritrea zu bilden.

Auch eritreische Studenten in Südafrika, *Eritrean Movement for Democracy and Human Rights – South Africa (EMDHR-SA),* die von der eritreischen Regierung zum Studium nach Südafrika entsandt sind, haben sich zu einer Bewegung zusammengeschlossen. Die Studenten wollen nach dem Ende ihres Studuims nicht mehr nach Eritrea zurückkehren und dort im Dienste des Staates arbeiten. Stattdessen fordern sie die Achtung der Menschenrechte und demokratische Reformen in Eritrea.

Aufgrund der politischen Repressionen haben die Studenten in Eritrea gegenwärtig kaum noch Möglichkeiten, einen Widerstand zu organisieren, mittelfristig sind sie jedoch – auch aufgrund ihrer intellektuellen Ressourcen – als konfliktfähige Gruppe durchaus vorstellbar.

#### 5.2.1.3 Die traditionelle ländliche Gesellschaft

Die traditionelle ländliche Gesellschaft Eritreas[326] besteht aus sesshaften Bauern und Hirtennomaden mit einem hohen Anteil halbnomadischer Bevölkerung. Diese Aufteilung gemäß der Existenzweise folgt im Groben der geographischen Teilung des Landes in das Hochland und das Tiefland: Sesshafte Landwirtschaft auf dem Hochland, Nomadentum im Tiefland.

[326] Ca. 70-80% der eritreischen Bevölkerung sind Bauern. Zu den vorkolonialen, vorkapitalistischen sozialen Formationen in Eritrea vgl. Jordan Gebre-Medhin, *Peasants and Nationalism in Eritrea: A Critique of Ethiopian Studies.* Trenton/New Jersey 1989, S. 38-53; Stephen H. Longrigg, *A Short History of Eritrea*, Oxford 1945, S. 135-167; François Houtart, Soziale Aspekte der Eritreischen Revolution, Giessen 1980, S. 10-15.

Die sesshafte bäuerliche Bevölkerung im Hochland wird von Dorfgemeinschaften gebildet, die sich aus einer unterschiedlichen Anzahl von Großfamilien zusammensetzen. Es herrscht das *diesa* genannte System kommunalen Landeigentums vor. Jedes Mitglied der Dorfgemeinschaft (Frauen waren ausgeschlossen) verfügt in Bezug auf die Landnutzung über die gleichen Rechte. Neben der Eigentumsform des *diesa* gibt es auch, wenngleich in geringerem Umfang, ein *meriet risti* genanntes familiäres Landeigentum. Nur die Mitglieder der Großfamilie verfügen über Nutzungsrechte am *meriet resti* – Land.

Die im eritreischen Tiefland lebende ländliche Gesellschaft der Nomaden und Halbnomaden besteht infolge von Wanderungen und Invasionen aus verschiedenen Volksgruppen. In Folge dessen entstanden unterschiedliche Landeigentumsformen.

Während des Befreiungskampfes waren die Bauern und Hirtennomaden in allen Regionen Eritreas in den Massenorganisationen der EPLF und ELF organisiert. Trotz einer aktiven Unterstützung des Befreiungskampfes und Mobilisierung in den Massenorganisationen fand jedoch keine grundlegende Transformation in Bezug auf Landeigentumsform und soziale Strukturen statt.

Die erste bedeutende Landeigentumsreform[327] wurde erst nach der Unabhängigkeit 1994 als Landgesetz[328] erlassen. Das Gesetz ist einerseits durch die langfristige Entwicklungsstrategie der Regierung, nämlich durch Intensivierung und Modernisierung der Landwirtschaft und damit verbunden die Selbstversorgungsfähigkeit des Landes zu si-

327 Zur Diskussion der Landreform vgl. Hirt, Nicole: *Eritrea zwischen Krieg und Frieden: Die Entwicklung seit der Unabhängigkeit*, Hamburg 2001, S. 143-146 und Kibreab, Gaim: *Displaced Communities and the Reconstruction of Livelihoods in Eritrea, Discussion Paper No. 2001/23,* United Nations University, World Institut for Development Economics Research (UNU/WIDER), Helsinki 2001.

chern, gekennzeichnet. Andererseits besteht die Gefahr, dass der soziale Frieden zwischen den ethnischen Gruppen durch die Um- und Ansiedlungenpolitik der Regierung gestört wird. Die Umsiedlungsaktionen dienen offiziell der Verbesserung des Zugangs zu Bildung, Gesundheit und Infrastruktur. Es werden Rückkehrer aus dem Sudan und Tigrinya aus dem Hochland in den westlichen Ansiedlungsgebieten der Moslems und anderen ethnischen Gruppen (Kunama und Nara) angesiedelt. Aufgrund des hohen Bevölkerungswachstums und Landknappheit in den traditionellen Siedlungsgebieten der Tigrinya sind viele Angehörige dieser Bevölkerungsgruppe gezwungen, sich in den Siedlungsräumen anderer ethnischen Gruppen niederzulassen, was häufig zu Spannungen, Ressentiments und Protesten führt.

Das Landgesetz, das den eritreischen Bürgern ein lebenslanges Nutzungsrecht von Grund und Boden zusichert, verfolgt das Ziel der Intensivierung und Modernisierung der Landwirtschaft. Die traditionelle Landeigentumsform behindert nach Meinung der Regierung die Kommerzialisierung der Landwirtschaft und sie beschloss die Verstaatlichung von Grund und Boden.

Kritikpunkt an der Landreform der eritreischen Regierung ist nicht nur die Nicht-Berücksichtigung der Weiderechte für Nomaden und Agropastoralisten, sondern auch die Rechtsunsicherheit in Bezug auf die Nutzung von Grund und Boden. Ob sich aus den Protesten gegen die Landreform eine oppositionelle Demokratiebewegung als konfliktfähige Gruppe formieren wird, ist kaum anzunehmen. Aber es ist anzunehmen, dass die Proteste gegen die PFDJ-Regierung in Bezug auf die Landreform sich ausweiten werden.

---

[328] Government of Eritrea, Land Commission: *Systems of Land Tenure and Land Use Policy,* Proclamation 58/1994.

#### 5.2.1.4 Eritreische NGO's

Der Sektor der Nichtregierungsorganisationen (NGOs) wird von der PFDJ-Regierung in seiner Arbeit behindert und kontrolliert. Nach dem Regierungsbeschluss von 1998, der die herkömmliche Entwicklungszusammenarbeit beendete (vgl. Kapitel 4.2.5.3), haben viele Nichtregierungsorganisationen in Eritrea ihre Arbeit eingestellt. Durch den Beschluß sind ebenfalls eritreische NGOs betroffen. Diese Entscheidung wurde damit begründet, dass die Regierung keine Entwicklungshilfe mehr braucht, die die Eigenständigkeit des Landes einschränkt und die Bevölkerung abhängig macht. Es ist aber der Versuch der Regierung, eine von der NGOs getragene gesellschaftliche Selbststeuerung zu verhindern. Nach dem Grenzkonflikt – und der daraus bewirkten humanitären Krise – hat zwar die Regierung ihre Haltung in Bezug auf die humanitäre Hilfe und somit auf die NGOs korrigiert, dennoch ist es aber bei dem Verbot für viele NGOs geblieben. 2002 waren 31 internationale Nichtregierungsorganisationen und 16 nationale NGOs in Eritrea registriert.[329] Die meisten zugelassen NGOs sind in den Bereichen Gesundheit und humanitäre Hilfe involviert. Nur die eritreische Menschenrechtsorganisation, *Citizens for Peace in Eritrea (CPE),* die auch nur mit der Betreuung der Kriegsopfer betraut ist, ist als Menschenrechtsorganisation tätig. Inwieweit diese im Prozess der Demokratisierung eine Rolle spielen werden, ist schwierig einzuschätzen.

[329] PolitInfo United States: *Eritrea:* Country Reports on Human Rights Practices 2002, March 31, 2003, S. 10. http://us.politinfo.com/Information/Human_Rights/country_report_016.html

### 5.2.1.5 Die freie Presse als Teil der Zivilgesellschaft

Die eritreische Presselandschaft besteht im Wesentlichen aus einer Zeitung, die von der PFDJ-Regierung kontrolliert wird. Die Tageszeitung *Hadas Ertra*, die nach der de facto Unabhängigkeit 1991 gegründet wurde, erscheint von Dienstag bis Samstag und wird in Tigrinya und Arabisch ausgegeben. Die englisch sprachige Wochenzeitung *Eritrea Profile* wird ebenfalls von der Regierung kontrolliert. Nicht nur die Printmedien sind unter Regierungskontrolle, sondern auch der einzige Rundfunksender *Dimtzi Hafash* sowie der einzige Fernsehsender *TV-ERE* gehören dem PFDJ-Regime.

Erst 1998 wurde die Gründung unabhängiger Zeitungen in Eritrea erlaubt. Daraufhin wurden 8 private Zeitungen (u. a. *Tsigenay, Zemen, Admas, Meqalih, Setit, Keste Debena* etc.) gegründet. Die Liberalisierungsphase der Pressefreiheit in Eritrea endete allerdings am 18. September 2001, als die Regierung alle unabhängigen Zeitungen verbot und zehn Journalisten inhaftieren ließ.[330]

Die unabhängigen Zeitungen haben einen offenen Brief der „G-15 Gruppe" (Kapitel 6.1.2) veröffentlicht, die dem Präsidenten und der Regierung vorgeworfen haben, rechtswidrig zu handeln und gegen die Verfassung verstoßen zu haben. Die inhaftierten Journalisten haben auch kritisch über die Regierungspolitik berichtet und den offenen Brief positiv kommentiert. Der freien Presse wurde offiziell vorgeworfen „gegen das Pressegesetz zu verstoßen" und „die Einheit und die Interessen des Landes zu gefährden". Es wurde aber angedeutet, dass sie wieder erscheinen dürften, wenn erkennbar werde, dass die

[330] Unter den inhaftierten Journalisten befinden sich u. a. der ehemalige Direktor des eritreischen Staatsfernsehens Seyoum Tsehaye, die Chefredakteure der Zeitungen *"Tsigenay"* (Yosuf Mohamed Ali), "*Setit*" (Aaron Berhane), *"Admas"* (Said Abdulkader), "*Keste Debena"* (Medhane Haile), Selayinghes Beyene und Dawit Habetemichael (*"Meqaleh"*-Reporter) sowie Emanuel Asrat ("*Zemen").* Vgl.: ebd., S. 7.

freie Presse sich künftig positiv über die Regierung äußern wird. Nach dem Verbot der freien Presse im September 2001 wurde eine Regierungskommission gegründet, die das Pressegesetz überprüfen soll. Das neue Pressegesetz erlaubt keinen privaten Besitz eines Informationsmediums.

Das Verbot der freien Presse wurde zu einem Zeitpunkt durchgeführt, an dem diese nicht nur mehr Exemplare (ca. 45 000) verkaufte als die regierungstreue Presse, sondern auch wesentlich die Demokratiedebatte, die Forderung nach Demokratisierung sowie die Kritik an die PFDJ-Regierung in Eritrea stark beeinflusste. Damit war auch die bis dahin lebhafte und offene Demokratiediskussion in der eritreischen Gesellschaft unterbrochen. In den Städten können sich zwar einige Privilegierte über das Internet informieren und an der Demokratiedebatte der eritreischen Diaspora teilnehmen, die anderen – vor allem auf dem Land – müssen sich aber mit der einseitigen Information und Agitation durch die Regierungsmedien begnügen.

### 5.2.2 *Konfliktfähige Gruppen in der Diaspora*

#### 5.2.2.1 Die Bedeutung der schweigenden Mehrheit in der Diaspora als Teil der Zivilgesellschaft

Die eritreische Zivilgesellschaft in der Diaspora[331] besteht aus unterschiedlichen und heterogenen Gesellschaftsgruppen, die in verschiedenen politischen, sozialen, ökonomischen, kulturellen sowie religiösen Gemeinschaften organisiert sind. Die Gruppierungen bestehen hauptsächlich aus sozio-kulturellen Vereinen *(Mahbere-Koms)*, Pro-Regierungsorganisationen (PFDJ und ihre Unterorganisationen der Jugend, Studenten, Frauen und Arbeiter), oppositionellen Organisationen (zivilgesellschaftliche und politische Antiregierungsorganisationen) und religiösen Gemeinschaften (christlich-orthodoxe, römisch-katholische, evangelische und islamische Gemeinschaften).

Zur eritreischen Diaspora gehört auch eine große schweigende Mehrheit, die sich zurzeit politisch neutral verhält. Zur ihr gehören u. a. die ehemaligen Mitglieder der Massenorganisation der ELF, die nach der militärischen Niederlage der ELF 1981 politisch nicht mehr aktiv sind sowie die ehemaligen Mitglieder der EPLF/PFDJ, die sich aus Enttäuschung über die Regierungspartei politisch neutral verhalten. Zur schweigenden Mehrheit in der Diaspora zählt ebenfalls die neue Dias-

---

[331] Die Anzahl der Eritreer in Europa, USA, Australien, Kanada und in den arabischen Staaten wird auf ca. 300 000 geschätzt. Allein in der Bundesrepublik Deutschland wird die Anzahl der Eritreer auf ca. 30 000 beziffert. Die meisten Eritreer in der Diaspora waren in den Massenorganisationen der ELF, EPLF und andere Gruppierungen organisiert. Sie waren politisch aktiv und hatten den Unabhängigkeitskampf finanziell unterstützt. Auch nach der Unabhängigkeit blieb die finanzielle Unterstützung der Diaspora nicht aus. Die eritreische Regierung verpflichtet die Auslands-Eritreer, 2% ihres Einkommens für den ökonomischen Wiederaufbau zu zahlen.

pora-Generation, die nach der Unabhängigkeit Eritrea verlassen hat, um ihr Glück im Ausland zu suchen. Das sind hauptsächlich Jugendliche und Studenten, die aufgrund einer repressiven Politik der Regierungspartei das Land verlassen mussten und keine Perspektive in Eritrea sehen. Denn fast alle Jugendlichen befinden sich seit 1995 ununterbrochen in einem Militärdienst und arbeiten für das Entwicklungssprojekt der Regierung *“Warsai-Yikaalo Development Campaign”* (Kapitel 4.2.5.2) unentgeldlich.

Obwohl die schweigende Mehrheit ihrem Heimatland sehr verbunden und patriotisch eingestellt ist, d.h. es werden regelmäßig Gelder an Familienangehörige überwiesen, regelmäßig werden Familien in Eritrea besucht und sie sind ebenso aktiv an Sammel- und Hilfsaktionen für Eritrea beteiligt, fühlt sie sich dennoch weder durch die Regierung noch durch die politische Opposition repräsentiert. Die Diaspora-Gruppe besucht zwar die politischen Veranstaltungen, Festivals und Seminare, die von der eritreischen Regierung und den politischen Oppositiongruppen organisiert und durchgeführt werden und sie ist auch an der politischen Entwicklung des Landes sehr interessiert, aber dennoch ist es keiner der Parteien gelungen, diese Gruppe politisch für sich zu gewinnen.

Besonders nach dem unerwarteten, unnötigen und verlustreichen Grenzkonflikt mit Äthiopien ist die Zahl der Auslandseritreer größer geworden, die sich politisch von der PFDJ-Regierung distanziert hat. Der Opposition ist es auch nicht gelungen, diese Gruppe für sich zu gewinnen und sie gegen die Regierung zu mobilisieren. Hauptgrund, weshalb die schweigende Diaspora-Mehrheit sich politisch neutral verhält, ist das Fehlen einer starken und geeinigten politischen Opposition, die bereit ist, den Demokratisierungsprozess nach der PFDJ-Ära fortzusetzen, ohne die politische Stabilität des Staates zu gefährden. Denn nach Auffassung vieler bereiten die politisch heterogenen und oft zerstrittenen Oppositionsgruppen kein einheitliches politisches Konzept, um eine Alternative gegen das PFDJ-Regime zu bieten. Damit verbunden ist auch die Befürchtung, dass die „eritreische Nation“ nach der PFDJ-Ära an der Uneinigkeit der jetzigen politischen Opposition auseinanderbricht. Besonders die traditionellen Exil-Oppositionsgruppen und die ethnisch motivierten Organisationen werden von vielen Auslandseritreern als von den Nachbarstaaten Äthiopien, Sudan und Jemen gesteuerte Bewegung angesehen. Von der christlichen Tigrinya-Bevölkerungsgruppe, die auch die Mehrheit der eritreischen Diaspora in den westlichen Staaten bildet[332], wird die *Eritrean National Alliance* (vgl. Kapitel 6.2.1), ein Zusammenschluss von 12 Oppositionsparteien, als Jihad- und ethno-regionale Bewegung bezeichnet, die die Einheit des Staates Eritrea gefährdet.

Zusammenfassend lässt sich feststellen, dass die schweigende Mehrheit in der Diaspora nicht nur die finanziellen Voraussetzungen, sondern auch die „intellektuellen“ Fähigkeiten besitzt, den Demokratisierungsprozess voranzutreiben, indem sie Druck auf die PFDJ-Regierung ausübt. Voraussetzung ist allerdings eine geeinigte demokratisch-politische Opposition, die eine Basis für Demokratiebewegung schafft, denn das Potenzial der eritreischen Diaspora in Bezug auf Demokratisierung des Landes ist enorm. Nicht nur die patriotische Verbundenheit mit der Heimat und die Bereitschaft, in Eritrea zu investieren, sondern auch die Bereitschaft vieler, im Demokratisierungsprozess zu partizipieren, ist immer noch sehr hoch. Diese Entwicklung war besonders zwischen 1991 und 1998 zu beobachten, indem viele Auslandseritreer in Eritrea investiert und am Aufbau des Landes mitgewirkt haben. Solange die politische Opposition über keine klaren Konzepte und Perspektiven in Bezug auf die politische Sta-

[332] Die Mehrheit der eritreischen Diaspora in den arabischen Staaten sind dagegen Moslems.

bilität und Demokratie verfügt, wird sie auch nicht in der Lage sein, die schweigende Mehrheit in der Diaspora politisch für sich zu gewinnen und sie gegen das PFDJ-Regime zu mobilisieren.

#### 5.2.2.2 Die neue zivilgesellschaftliche Demokratie-Bewegung in der Diaspora

Besonders nach dem Grenzkonflikt und der Blockierung des Demokratisierungsprozesses durch das PFDJ-Regime, sind zahlreiche zivilgesellschaftliche Basisbewegungen in der Diaspora entstanden. Die zivilgesellschaftlichen Gruppen sind zum Teil in einem Netzwerk für eritreische zivilgesellschaftliche Basisbewegung in Europa und Nordamerika organisiert.

##### *5.2.2.2.1 Network of Eritrean Civic Societies in Europe (NECS-Eurupe)*

Die *Eritrean Civic Societies in Europe („Bergesawi Mahber Merbeb")* wurde als ein Zusammenschluss folgender zivilgesellschaftlicher Gruppen im Juli 2002 gegründet:

- Eritreans for Justice and Democracy – Benelux (EJDB)
- Eritreans for Human- and Democratic Rights, United Kingdom (EHRD-UK)
- Eritrean League for National Reconciliation – Sweden
- Eritrean Association for Peace and Democracy – Sweden
- Popular Movement for Democracy in Eritrea – Sweden
- Unionen För Eritreanska Kultur Förening
- Eritreans for Peace and Democracy – Suisse (EFDP-CH)

- Eritreans for Peace and Democracy – Germany
- Coordination Committee for Eritrean Democrats in Italy

Zielsetzung der Bewegung ist es, ein internationales Netzwerk für eritreische zivilgesellschaftliche Organisationen zu schaffen, das Gerechtigkeit, Frieden, Demokratie, Menschenrechte sowie eine Nationalkonferenz zur Aussöhnung fördert.[333] Im Unterschied zu den politischen Oppositionsparteien, die sich auch mehrheitlich zur Demokratie bekennen, strebt die Dachorganisation der *Eritrean Civic Societies in Europe* keine politische Macht in Eritrea, sondern die Förderung der Demokratie an. Die Bewegung tritt für eine friedliche Transition Eritreas zur Demokratie ein. Um dieses Ziel zu erreichen, führen die Mitglieder der *Eritrean Civic Societies* Diskussionsveranstaltungen und Vortragsreihen zu den Themen Menschenrechte, Demokratie sowie Perspektiven der eritreischen demokratischen Ordnung durch; sie organisieren ebenfalls Protestdemonstrationen gegen das PFDJ-Regime in den westlichen Hauptstädten.

Die zivilgesellschaftliche Basisbewegung versteht und bietet sich als Alternative zu den politisch eher heterogenen Oppositionsparteien an, um die schweigende Mehrheit in der Diaspora für sich zu gewinnen und sie gegen die Diktatur in Eritrea zu mobilisieren.[334]

#### *5.2.2.2.2 Eritrean Public Forum*

Das *Eritrean Public Forum* in Nordamerika verfolgt ebenfalls die gleichen Ziele wie die *Eritrean Civic Societies in Europe.* Im Mittelpunkt der Aufgaben des Forums stehen allerdings: Die Implementie-

[333] Vgl.: Eritrean Civic Societies in Europe, Fedesheim, Steenwijk, July 19-21, 2002 The Netherlands.

[334] Vgl.: Ebd.

rung der eritreischen Verfassung von 1997, die Schaffung einer politischen Atmosphäre, in der die Demokratie-Elemente gefördert werden, sowie die Förderung eines offenen politischen Dialogs zwischen allen Eritreern und Eritrea-Freunden.[335] Von der Bewegung werden ebenfalls regime-kritische Vortragsreihen, Diskussionsveranstaltungen zum Thema Demokratie und politische Systemdebatten nach der PFDJ-Ära sowie Festivals in den nordamerikanischen Städten organisiert.

### *5.2.2.2.3 Eritrean Movement for Democracy and Human Rights*

Die hauptsächlich aus Studenten in Südafrika offziell im Juli 2004 gegründete Bewegung *Eritrean Movement for Democracy and Human Rights – South Africa (EMDHR-SA)* [336] verfolgt das Ziel *"a sovereign democratic Eritrea that values and protects the rights of its citizens in the forefront. The proposed civic movement is a neutral society that strives for the achievement of the above and other related objectives"*[337] und unterstützt alle Oppositionsparteien und Basisbewegungen, die für Demokratie und Gerechtigkeit in Eritrea eintreten.

### *5.2.2.2.4 Eritrean Unity Forum*

Das im August 2002 in Bremen (Deutschland) gegründete *Eritrean Unity Forum ("Baito Hadnet Ertra")* hat sich zum Ziel gesetzt: *"to [...] mobilise and awaken the awareness, in the various Eritrean eth-*

335 Vgl.: Eritrean Public Forum, July 25, 2002.

336 Die Bewegung wurde schon im Jahre 2002 unter dem Namen *Eritrean Students Movement in South Africa (ESM)* gegründet.

337 Eritrean Students and Refugees - South Africa, Interim Committee, Pretoria – Republic of South Africa, 4 May 2004.

*nic forces, the need to identify, prioritise and advance their basic socio-traditional and cultural values and demands, both at the ethnic as well as at the national levels, so that each and all ethnic-group members be acquainted with each other's values and aspirations and work together to build a common ground of unity and peaceful coexistence."*[338]

Mit dieser Zielsetzung möchte die Bewegung die Gefahr einer Spaltung der eritreischen Nation verhindern. Die nach eigenen Angaben aus allen ethnischen Gruppen Eritreas formierte Bewegung, die die ethnisch-regionale und religiöse Heterogenität des Landes repräsentieren soll und sich als Teil der unabhängigen Basisdemokratiebewegung versteht, möchte die Demokratiebewegung in der Diaspora vermittelnd koordinieren, den Einigungsprozess der politischen Oppositionsgruppen fördern und den nationalen Dialog für Aussöhnung durch Symposien begleiten.[339]

Die zivilgesellschaftlichen Gruppen in Europa und Nordamerika sind erst nach dem Grenzkonflikt und der Blockierung des Demokratisierungsprozesses durch das PFDJ-Regime entstanden. Die Anfang der 1970er Jahre in Europa, Nordamerika und in arabischen Staaten existierenden zivilgesellschaftlichen Organisationen (hauptsächlich Studenten und Arbeitnehmer), die autonom von den Befreiungsorganisationen in Eritrea die Unabhängigkeitsbewegung stark unterstützt haben, haben ihren Autonomiestatus verloren, nachdem sie 1975 von der EPLF und ELF als Teil der Massenorganisationen einverleibt wurden. Dadurch haben sie zwar den Unabhängigkeitskampf als Teil der EPLF und ELF finanziell und moralisch motiviert unterstützt, auf der anderen Seite aber ihre politische Unabhängigkeit verloren, um

[338] The Eritrean Unity Forum Meeting: Kassel, Germany, September 27, 2003.

[339] Vgl.: Eritrean Unity Forum *(Baito Hadnet Ertra):* Bremen, Germany, 22.08.2002 (in Tigrinya).

eine kritische Haltung gegenüber den Befreiungsfronten zu entwickeln. Folge dieser Entwicklung war es, dass die Zivilgesellschaft in der Diaspora – besonders die Massenorganisationen der EPLF – nicht in der Lage waren, demokratische Grundsätze zu entwickeln, die für eine demokratische Basisbewegung notwendig sind. Durch diese Kooptierung hat die eritreische Zivilgesellschaft in der Diaspora ihre wie in der akteursorientierten Transformationsforschung angenommene vermittelnde Rolle und demokratiefördernde Funktion[340] verloren. Erst nach der Enttäuschung von der Regierungspartei war die Zivilgesellschaft in der Diaspora bereit, sich als Basisbewegung für Demokratie und Menschenrechte einzusetzen.

Zurzeit ist zu beobachten, dass die zivilgesellschaftlichen Gruppen in der Diaspora mit den politischen Oppositionsparteien zusammenarbeiten, die für eine demokratische politische Ordnung in einem zukünftigen Eritrea eintreten. Die Zivilgesellschaft braucht zwar einen demokratischen Partner, um das PFDJ-Regime abzulösen, dennoch sollte sie ihre politische Neutralität bewahren, um als kritische Instanz gegenüber politischen Organisationen zu agieren. So, wie in der akteursorientierten Transformationsforschung angenommen wird, dass erst durch eine unabhängige und kritische Zivilgesellschaft die Demokratie sich festigt, wird sich ebenfalls in einem künftigen Eritrea erst durch eine autonome zivilgesellschaftliche Basisbewegung die Demokratie konsolidieren. Denn das Fehlen einer kritischen und eigenständigen Zivilgesellschaft während des Befreiungskampfes innerhalb der EPLF hat dazu geführt, dass die EPLF sich zu einer diktatorischen Organisation entwickelte.

[340] Vgl.: Diamond 1994, S. 7.

## 5.3 Die Demokratiedebatte in der eritreischen Zivilgesellschaft und Bevölkerung

Die Demokratiedebatte in der eritreischen Bevölkerung und in der Zivilgesellschaft ist mit dem Verlauf des Grenzkonflikts (1998-2000) eng verbunden. Der Krieg verursachte nicht nur humanitäre und materielle Schäden, sondern hat auch zu einer Blockierung des Demokratisierungsprozesses geführt. Dies verursachte ebenfalls die Spaltung der PFDJ und der Regierung in Reformer *(Softliner)* und Anti-Reformer *(Hardliner)*, wobei sich die *Hardliner* um Issayas Afeworki durchsetzten. Diese wiederum beeinflussten die Demokratiedebatte innerhalb der eritreischen Bevölkerung und der Zivilgesellschaft.

Die Reformer haben ihre Forderung nach Implementierung der Verfassung und Fortsetzung des Demokratisierungsprozesses zunächst in der freien Presse diskutiert, weil sie keinen Zugang zu den staatlich kontrollierten Medien fanden. Die freie Presse hat nicht nur die Beiträge der Reformer zur Demokratie veröffentlicht, sondern auch selbst die Fortsetzung des demokratischen Transformationsprozesses verlangt. Es war zu beobachten, dass sich in dieser Phase (Januar 2000 – September 2001) die regierungsnahen zivilgesellschaftlichen Gruppen in der Demokratiedebatte deutlich auf die Seite der Regierung stellten, während die „Mehrheit“ der Bevölkerung eine schweigende Sympathie für die Reformer empfand. Die kurze Blütezeit der offenen Demokratiedebatte endete allerdings mit dem Verbot der freien Presseorgane und Inhaftierung der Reformkräfte.[341]

---

[341] Vg.: PolitInfo United States: *Eritrea:* Country Reports on Human Rights Practices 2002, March 31, 2003, S. 10 ff. http://us.politinfo.com/Information/Human_Rights/country_report_016.html

Nachdem die Demokratiedebatte innerhalb Eritreas im September 2001 ihr abruptes Ende fand, hat sich die Demokratiedebatte in der Diaspora fortgesetzt. Da die traditionellen Medien in Eritrea von der PFDJ-Regierung kontrolliert werden und die Pressefreiheit nicht mehr existiert, ist das Internet das wichtigste Medium für Demokratiedebatte und regierungskritische Nachrichten geworden. Die eritreische Regierung ist nicht in der Lage, das Internet zu kontrollieren und somit die regierungskritische Diskussion von der eritreischen Bevölkerung innerhalb Eritreas fernzuhalten. Die Oppositionsgruppen und die regierungskritische Zivilgesellschaft in der Diaspora haben die Möglichkeiten des Internet-Diskussionsforums genutzt, um ihre nicht nur regierungskritischen Informationen zu verbreiten, sondern auch die Forderung nach einer pluralen und demokratischen Gesellschaftsordnung in Eritrea zu verdeutlichen.

Die aktuelle Demokratiedebatte innerhalb der eritreischen Bevölkerung und der Zivilgesellschaft verläuft unter zwei Aspekten. Die regierungsnahen zivilgesellschaftlichen Gruppen und Anhänger des PFDJ-Regimes verbinden die Demokratiefrage mit der Grenzfrage, d. h. sie verlangen die Fortsetzung des Demokratisierungsprozesses erst nach Beilegung des Grenzkonflikts mit dem „Erzfeind“ Äthiopien. Diese Gruppen sehen die politische Stabilität und die Souveränität des Landes durch den Krieg gefährdet. Von den regierungsfernen zivilgesellschaftlichen Gruppen und der regierungskritischen Bevölkerung wird dagegen die sofortige Implementierung der Verfassung von 1997 und die Fortsetzung des demokratischen Transformationsprozesses mit einer Beteiligung der politischen Opposition verlangt.

*Abbildung 2: Liste der zivilgesellschaftlichen Gruppen in der Diaspora*

| Association of Eritrean Journalists in Exile (AEJA) |
|---|
| Coordination Committee for Eritrean Democrats in Italy |
| Eritrean Alliance Involvement Movement (EAIM) |
| Eritrean Association for Peace and Democracy – Sweden |
| Eritrean Civic Society Organisations in Sweden |
| Eritrean Democratic Association (EDA) |
| Eritrean League for National Reconciliation – Sweden |
| Eritrean Medical Association |
| Eritrean Movement for Democracy and Human Rights – South Africa (EMDHR-SA) |
| Eritrean National League |
| Eritrean Public Forum DC |
| Eritrean United Opposition Community Activities in Sweden |
| Eritrean Unity Forum (EUF) |
| Eritreans for Human- and Democratic Rights, United Kingdom (EHRD-UK) |
| Eritreans for Justice and Democracy – Benelux (EJDB) |
| Eritreans for Peace and Democracy – Germany |
| Eritreans for Peace and Democracy – Suisse (EFDP-CH) |
| Eritrea's Political Watch Group (EPWG) |
| Popular Movement For Democracy (Action Group), |
| Popular Movement for Democracy in Eritrea – Sweden |
| Representatives of the Kunama People at Home and Abroad (RKPHA) |
| Snit Selam Eritreische Gemeinschaft e.V. |
| The League of Eritrean Intellectuals and Professionals |
| Unionen För Eritreanska Kultur Förening |
| „Mahber Simret Ertrawiam" ማሕበር ስምረት ኤርትራውያን ካሰልን ከባቢኣን |
| Freier Eritreischer Diskussionsverein e.V. ማሕበር ንዘተን ልዝብን - ባደንቩርተምበርግ |

Quelle: Eigene Darstellung

# 6 Die Bedeutung der politischen Opposition als konfliktfähige Gruppe für den Demokratisierungsprozess aus Sicht des SKOG-Konzepts

## 6.1 Die oppositionelle Demokratie-Bewegung innerhalb der PFDJ

### *6.1.1 „Group-13 Berliner Manifest“ (G-13)*

Die innerparteiliche und eritreische Demokratiedebatte wurde durch einen Brief von 13 „eritreischen Intellektuellen“ an den eritreischen Staatspräsidenten Issayas Afeworki eingeleitet. Das Treffen wurde von der Heinrich-Böll-Stiftung gefördert und fand vom 23. – 27. September 2000 in Berlin statt. Die Gruppe verfasste das „Berliner Manifest“ und geht mit der als *„One Man Show“* bezeichneten Regierung von Issayas Afewerki sehr kritisch um. Kritisiert wurde, dass die Regierung zur Entwicklung demokratischer Institutionen nicht bereit wäre und Mechanismen der Rechenschaftslegung sowie der Transparenz nicht beachte.

Die Mehrheit der Unterzeichner[342], die auch als „G-13“ bekannt wurde, gehören zu den einflussreichsten Anhängern der eritreischen Regierungspartei PFDJ. Bereket Habte Selassie war Beobachter der

---

[342] Die Unterzeichner des Briefes Waren: Araya Debessay, Assefaw Tekeste, Bereket Habte Selassie, Dawit Mesfin, Haile Debas, Kassahun Checole, Khaled Beshir, Miriam M. Omar, Mohammed kheir Omar, Mussie Misghina, Paulos Tesfagiorgis, Reesom Haile und Lula Ghebreyesus. Lula Ghebreyesus hat später ihre Unterschrift widerrufen.

EPLF bei der UNO während des Unabhängigkeitskampfes und nach der Unabhängigkeit Vorsitzender der Verfassungskommission. Paulos Tesfagiorgis war ebenfalls ein Mitglied der Verfassungskommission. Der Brief gelangte in die Öffentlichkeit und löste eine kontroverse Diskussion in Bezug auf den Demokratisierungsprozess in der Bevölkerung aus.

Die Kritik der Gruppe richtete sich gegen die Innen- und Außenpolitik der eritreischen Regierung. Kritisiert wird insbesondere, dass die eritreische Regierung von der internationalen Gemeinschaft als „aggressiv und unverantwortlich" wahrgenommen wird. Auch die Politik der *self-reliance*, die von der internationalen Gemeinschaft anerkannt und gelobt wurde, wird zurzeit – so die Autoren – als ein Zeichen der Arroganz wahrgenommen. Die Autoren haben auch Selbstkritik an ihrer Zurückhaltung und ihrem Schweigen geübt.

Beanstandet wird weiterhin das Versäumnis der PFDJ-Regierung, eine nationale Aussöhnungskonferenz mit allen eritreischen Oppositionsgruppen durchzuführen. Dem Präsidenten wird diktatorisches Führungsverhalten vorgeworfen und das – so die Autoren – habe eine Partizipation der Bevölkerung verhindert.

Die sofortige Implementierung der 1997 verabschiedeten Verfassung ist eine zentrale Forderung der Verfasser. Die intransparenten wirtschaftlichen Betätigungen und Verflechtungen der PFDJ werden als Vertrauensmissbrauch der eritreischen Bevölkerung dargestellt.

Hiermit hat sich eine Reformbewegung herausgebildet, die nicht nur den Dialog zwischen der Regierungspartei, der eritreischen Zivilgesellschaft sowie den Oppositionsparteien fordert, sondern welche auch die Fortsetzung des Demokratisierungsprozesses verlangt. Präsident Issayas Afewerki hat die Verfasser des Briefes zu einer Aussprache eingeladen, die Ende November 2000 stattfand. Das Gespräch blieb jedoch ohne Ergebnis. Aber die Demokratiediskussion hat sich mit der Spaltung des PFDJ-Regimes in zwei Lager (Reformer und Ant-Reformer) fortgesetzt und die Unterzeichner des Briefes sind Teil der demokratischen Reformbewegung in der Diaspora geworden.

### *6.1.2 „Group-15" (G-15)*

Die Demokratisierungsdebatte in Eritrea fand am 18. und 19. September 2001 ein plötzliches Ende, nachdem die eritreische Regierung elf hochrangige und prominente Regierungs- und Parteifunktionäre verhaftete und die freie Presse verboten hatte. Auch unabhängige Journalisten, die kritisch über die Regierungspolitik berichtet haben, wurden verhaftet. Die freie Presse ist immer noch verboten, weil die PFDJ-Regierung sie als „Bedrohung für die nationale Sicherheit" betrachtet. Ebenfalls von der Verhaftungswelle betroffen sind eine Vielzahl von Führungspersonen der Regierungspartei, die die Reformer unterstützt haben sowie traditionelle Notable, die zwischen beiden Lagern schlichten wollten. Sie wurden ebenso mit der Begründung verhaftet, Anhänger der Reformer zu sein. Als der Vertreter der Europäischen Union (EU), der italienische Botschafter in Eritrea, eine Beschwerde der EU gegen die Verhaftung und das Verbot der freien Presse zum Ausdruck brachte, wurde er ausgewiesen. Daraufhin haben alle EU-Staaten ihre Botschafter aus Protest für einen Monat abzogen.

In einem offenen Brief an andere Parteimitglieder hatte eine unter dem Namen „G-15"[343] bekannt gewordene Gruppe aus hochrangigen Mi-

[343] Die Unterzeichner des offenen Briefes an die Mitglieder der PFDJ waren: Mahmud Ahmed Sheriffo (Vizepräsident Eritreas), Haile Woldensae (Drue), Mesfin Hagos, Ogbe Abrha, Hamid Hmd, Saleh Kekya, Estifanos Seyoum, Berhane Ghebreeghzabiher, Astier Fesehatsion, Mohammed Berhan Blata, Petros Solomon, Germano Nati, Beraki Ghebreslassie, Adhanom Ghebremariam und Haile Menkerios. Die Un-

nistern, Militärs und Gründungsmitgliedern der EPLF/PFDJ im März 2001 der Regierung vorgeworfen, rechtswidrig zu handeln und gegen die Verfassung zu verstoßen. Der offene Brief hat eine tiefe Spaltung in der politischen Elite der PFDJ im Präsidenten- und Reformerlager verursacht. Sie verlangten eine offene Diskussion, die Implementierung der Verfassung sowie die Einführung eines Mehrparteiensystems. Die Gruppe beschreibt die Krise:

*„The problem is that the President is conducting himself in an illegal and unconstitutional manner, is refusing to consult, and the legislative and executive bodies have not performed their oversight functions properly. The confidence of the general membership of the front as well as the general public in the leadership and the party has been reduced. The phenomenon has come as a result of alienation that accumulated over time, and it was highlighted as a result of war [Krieg zwischen Äthiopien und Eritrea 1998-2000, d. Verf.] and its disastrous consequences. People want a transparent, accountable, institutionalized and legal administration."*[344]

Drei Mitglieder der G-15 befanden sich zu der Zeit, als der Haftbefehl erlassen wurde, im Ausland, darunter Mesfin Hagos, einer der sieben Gründungsmitglieder der EPLF und ehemaliger Gouverneur der Verwaltungsregion Debub, Haile Menkerios, ehemaliger UNO-Botschafter Eritreas sowie Adhanom Ghebremariam, ehemaliger Botschafter Eritreas in Nigeria.

Alle befanden sich zurzeit der Ausfertigung dieser Arbeit noch ohne Anklageerhebung oder Gerichtsverfahren und ohne Kontakt zur Außenwelt in Haft. Von Regierungsseite her wurde ihnen Fehlverhalten

terzeichner waren alle Mitglieder des Central Council der PFDJ und der Nationalversammlung.

344 *Open Letter to all members of the PFDJ*, 27. Mai 2001, in: http://news.asmarino.com/PFDJ_Membership/Type_of_Crisis.asp.

während des Grenzkrieges mit Äthiopien, Verbrechen gegen die „Souveränität, Sicherheit und den Frieden der Nation“ sowie die Bildung geheimer „Strukturen“ vorgeworfen.[345] Besonderes in der Diaspora wird aber diese Gruppe als eine demokratische Reformbewegung wahrgenommen.

### *6.1.3 Eritrean Democratic Party (EDP)*

Im Umfeld der G-15 Gruppe hat sich die Reformbewegung im Ausland am 10. Januar 2002 zur einer Partei, *Eritrean People's Liberation Front – Democratic Party (EPLF-DP)* zusammengeschlossen mit dem Ziel, eine pluralistisch-demokratische Gesellschaftsordnung in Eritrea zu bilden. Die neue Partei beschuldigt den Präsidenten und seinen „inneren Kreis“, die demokratische Transformation des Landes bewusst blockiert zu haben.

*„The President and his party are beyond redemption in their anti-democratic politics and are determined to establish a one-party dictatorship, contrary to all past resolutions and promises. It is time to stop this trend to autocratic rule — this dangerous politics of domination and exclusion. It is time to help realize our people's dream of freedom, justice and prosperity. It is time to create a party dedicated to the principles and practice of democracy and committed to transition to constitutional government."*[346]

Mesfin Hagos, der provisorische Vorsitzender der EPLF-DP, beschreibt die Vision und die Ziele der neuen Partei:

---

345 Hierzu vgl. zum Beispiel das Interview von Präsident Issayas Afeworki mit dem libanesischen Sender *New-Sat TV* vom 31.08.2003, abgedrückt in: *shaebia.org* (in Tigrinya), www.shaebia.org, 02.09.2003.

346 Eritrean People's Liberation Front – Democratic Party (EPLF–DP), *Program,* February 2002, in: http://www.eritrea1.org/home/news/EPLF-DPprogramp1.htm

*„We want an organization that embraces the divergence of the nation. [...] We would like to build a nation in which human rights were respected, to bring about a free press as well as create a conducive economic climate for all Eritreans, including those in the most remote regions".*[347]

Nach einer Organisierungs- und Strukturierungsphase hat die EPLF-DP im August 2003 alle Oppositionsgruppen und zivilgesellschaftlichen Organisationen zu einem runden Tisch aufgerufen, um eine gemeinsame Plattform zur Formulierung von Politikansätzen zu etablieren.[348]

Im Februar 2004 fand eine Gründungskonferenz der EPLF-DP in Tübingen (Deutschland) statt. Nach einer Übergangsphase von mehr als zwei Jahren hat sich die Partei offiziell in *Eritrean Democratic Party (EDP)* umbenannt. Ziel ist es, eine klare Alternative zur „PFDJ-Diktatur" zu bilden, um so den demokratischen Transformationsprozess Eritreas fortzusetzen.[349]

Seit der Gründung der EPLF 1970/71 hat sich zum ersten Mal eine Reformbewegung in der Geschichte der Organisation öffentlich für Transparenz, Rechenschaftsverpflichtung und Demokratie eingesetzt und eine offene Diskussionskultur in der zentralistisch geführten Partei angestoßen. Aber inwieweit die EDP die Anhänger und Mitglieder der PFDJ in der Diaspora als auch in Eritrea gegen ihre Partei mobilisieren kann, bleibt abzuwarten.

---

[347] Mesfin Hagos zitiert in: http://www.meskerem.net/rm327.html, 13.05.2002. Hierzu vgl. auch das Interview von Mesfin Hagos in der Zeitschrift: *„Netzebrak" (መጽሔት ነጻብራቐ)*, April-Juni 2003, Nr. 36 (in Tigrinya).

[348] EPLF-DP: "ጻውዒት ንምፍጣር መድረኽ ሓባራዊ ስራሕ፡ *Tz'awit n'mftar medreh habarawi s'rah"* ("Aufruf zu einer gemeinsamen Plattform" – Übersetzung vom Autor, Original in Tigrinya), in: www.eritrea1.org/home/news/082203eplfdp.htm, 28.08.2003.

[349] Vgl.: Eritrean Democratic Party: *Resolutions of party congress*, March 8, 2004.

### *6.1.4 Eritrean Popular Movement (EPM)*

Gleich nach der Tübingener Konferenz spaltete sich die *Eritrean Popular Movement (EPM)*[350] von der *Eritrean Democratic Party (EDP)* ab. Im April 2004 etablierte sie sich als Partei. Gründungsmitglied ist Adhanom Ghebremariam, ein Mitglied der *„G-15"* und ehemaliger Botschafter Eritreas in Nigeria. Er war nicht nur Mitbegründer und stellvertretender Vorsitzender der *Eritrean Democratic Party* bis Februar 2004, sondern spielte auch eine bedeutende Rolle beim Aufbau der Partei. Als Grund für sein Ausscheiden aus der Partei gibt Adhanom Ghebremariam das Fehlen einer vertrauensvollen Zusammenarbeit mit der Führungsebene der EDP an.[351] Die *Eritrean Popular Movement* bekennt sich ebenfalls – wie die EDP – zu einer säkularen pluralistisch-demokratischen Gesellschaftsordnung in Eritrea und versucht, eine Partei aufzubauen, die die traditionellen Differenzen und Rivalitäten der EPLF und ELF überwinden soll. Die Partei ist Mitglied des am 31. Juli 2004 gegründeten neuen Oppositionsblocks. Ziel der sog. *„four plus one"*[352] Koalition ist die Bildung einer Oppositionsorganisation, um das PFDJ-Regime abzulösen.

[350] Die *Eritrean Popular Movement* wird auch als *Eritrean People's Movement* bezeichnet.

[351] Hierzu vgl. auch das Interview von Adhanom Ghebremariam in der Zeitschrift: *„Netzebrak" (መጽሔት ነጻብራቕ)*, April-Juni 2004, Nr. 40 (in Tigrinya).

[352] Die Koalition des *four plus one* besteht aus folgenden Organisationen: Eritrean Liberation Front - National Congress (ELF-NC), Eritrean Revolutionary Democratic Front, Democratic Movement For The Liberation Of Eritrean Kunama (DMLEK), Red Sea Afar Democratic Movement (RSADO) und Eritrean Popular Movement (EPM).

## 6.2 Die traditionelle Exil-Opposition

Nach der Unabhängigkeit haben die Splittergruppierungen der ehemaligen ELF die Beteiligung an der provisorischen Regierung und Durchführung einer nationalen Versöhnungskonferenz gefordert. Diese Forderung wurde jedoch von der EPLF ignoriert. Fast alle Mitglieder und die Führungsebene (ca. 400)[353] der ELF-United Organisation und der ELF-National Council haben den Aufruf der provisorischen Regierung von 1992, sich der EPLF anzuschließen, mit der Begründung angenommen, dass die EPLF die Einführung eines Mehrparteinsystems und politische Aktivitäten nach dem Referendum versprochen habe. Die ELF-RC (Revolutionary Council), die größte Gruppe der ELF-Fraktionen, hat die Zusammenarbeit mit der EPLF-Regierung von einer nationalen Versöhnungskonferenz und Beteiligung an der Regierung abhängig gemacht.

### *6.2.1 Eritrean Liberation Front – RC (ELF-RC)*

Die Eritrean Liberation Front – Revolutionary Council (ELF-RC), die für ein liberales Mehrparteiensystem eintritt und den religiösen Extremismus ablehnt, hat ihre meisten Mitglieder in Deutschland, Nordamerika, Schweden und im Sudan.

Das politische Programm der ELF-RC, das in dem fünften Nationalkongress (2001) der Organisation beschlossen wurde, hat das Ziel: *„Bringing ihe downfall of the dictatorial regime, and replacing it by a*

353 Gespräch d. Verf. mit Salih Iyay im Oktober 1996, Vorsitzender der ELF-United Organisation und Mitbegründer der Eritrean Liberation Movement / ELM, *„Mahber Shewate"* im Jahre 1958.

*multiparty democracy that ensures basic rights".*[354] Neben der Respektierung und Einhaltung der Menschenrechte, demokratischen und zivilen Freiheiten, wird auch die Meinungs- und Versammlungsfreiheit garantiert.[355] Es soll ein demokratisch-parlamentarisches Regierungssystem etabliert werden, das die Gewaltenteilung zwischen Legislative, Exekutive und Judikative vorsieht.[356] Weiterhin wird ein säkulares Staatswesen vorgesehen, das die Trennung von Staat und Religion garantiert. Im Hinblick auf die sprachliche und ethnische Heterogenität des Landes werden Tigrinya und Arabisch als offizielle Sprachen definiert. Die ethnischen Gruppen in Eritrea sollen *„the right to use their mother tongue in teaching and practicing their cultural heritages besides the official languages"*[357] haben.

Die einzige politische Exil-Oppositionsgruppe, die ELF-RC, die ein alternatives und demokratisches Politikprogramm zu der PFDJ-Regierung anbieten kann, ist auf der Führungsebene (und in der Basis) seit Anfang des Jahres 2003 in zwei Lager gespalten. Offizielle Gründe der Spaltung sind Verhältnis und Form der Zusammenarbeit der Organisation zu und mit dem Exil-Oppositionsbündnis der *"Eritrean National Alliance (ENA)"*. Die Mehrheit der ELF-RC-Führung ist mit der Charta der ENA nicht einverstanden, die durch das Recht auf eine Sharia-Gesetzgebung (islamische Gesetzgebung) und einen ethnoregionalen Föderalismus, der ein Selbstbestimmungs- und Sezessionsrecht der föderierten Gebiete beinhaltet, in einem zukünftigen Eritrea ergänzt wurde.[358] Seyum Ogbamichael, der Vorsitzender der ELF-RC,

---

354 Eritrean Liberation Front - Revolutionary Council, E.L.F.-R.C: *The 5th General National Congress: Political Programme, Resolutions, Final Statement,* August 2001, S. 20.

355 Ebd., S. 21.

356 Ebd.

357 Ebd., S. 33.

358 Vgl.: Eritrean National Alliance: *National Charter of the Eritrean National Alliance,* October 22, 2002 Addis Abeba. In Artikel 3 dieser Charta wird das Selbst-

beschreibt das Verhältnis seiner Organisation zur ENA auf einem Festival der ELF-RC in Frankfurt am Main am 02.08.2003:

*"Now that the ENA has failed to deliver, and has instead embarked on missions of sponsoring internal problems and splits in the arena, the ELF-RC may once again shoulder its rightful responsibility and step forward; we could well be poised to put forth a new draft national charter for consideration by all opposition forces, a charter that would possibly constitute the basis for an all-inclusive broad coalition of the opposition, including the now allied organizations; the draft charter would remove all potential threats to the aspirations of our people in social harmony, national unity and democratic and civic rights in future Eritrea. The new draft would revive the spirit and vision of the founding charter of 1999 and elaborate on the provisions and principles that had constituted its bedrock."*[359]

Hauptursache der Spaltung ist aber m. E. der interne Machtkampf in der Führungsebene zwischen dem Vorsitzenden der Organisation Seyum Ogbamichael und dem ehemaligen Vorsitzenden der ELF Ahmed Mohammed Naser, der die Fortsetzung der Zusammenarbeit mit der ENA befürwortet sowie die politische Konkurrenz der Provinzen Akkele-Guzai und Seraye. Damit hat sich die traurige Spaltungsgeschichte der ELF seit 1982 fortgesetzt und die Hoffnung vieler auf eine starke demokratische Opposition gegenüber der PFDJ-Regierung wurde enttäuscht.

bestimmungsrecht der ethnischen Gruppen wie folgt beschrieben: "*[...] and the rights of nationalities to self-determination, within the framework of equality, and mutual respect."* Das Recht einer Sharia-Gesetzgebung (islamische Gesetzgebung) in einem zukünftigen Eritrea wird in Artikel 4 definiert: *"Moslems have the right to apply Sharia' Law in matters that guide their lives, as Christians have the right to order their daily lives in accordance to their religious beliefs. Citizenship shall be based on the principles of rights and duties."*

Die Ahmed Nasser-Gruppe hat sich offiziell von der ELF-RC abgespalten und seit Juni 2004 nennt sie sich *Eritrean Liberation Front – National Congress (ELF-NC).* Damit hat die größte Exil-Oppositionsgruppe, die potenziell eine demokratische Alternative zum PFDJ-Regime darstellen kann, ihre politische Glaubwürdigkeit in der Bevölkerung verloren.

### *6.2.2 Eritrean National Alliance (ENA)*

Die im März 1999 in Khartoum (Sudan) zusammengeschlossene eritreische Oppositionsallianz der *Eritrean National Forces Alliance (ENFA)*[360] verfolgt das Ziel, die Regierung (auch militärisch) zu stürzen. Die Exil-Opposition, die sich seit ihrer Konferenz im Oktober 2002 in Addis Abeba (Äthiopien) *Eritrean National Alliance (ENA)* nennt, besteht aus 13 politischen Organisationen, Parteien und „unabhängigen" Individuen.[361]

---

359 "ELF-RC Chairman Seyum Ogbamichael Addresses 18th Festival, 02.08.2003", in: *nharnet.com*, http://www.nharnet.com/18festival/nesfrankfurt_3.htm, 04.08.2003.

360 Die politische Charta der Allianz wurde am 6. März 1999 von folgenden politischen Organisationen unterschrieben: Eritrean Liberation Front, Eritrean Peoples' Conference, Eritrean Islamic Salvation Movement, Eritrean Liberation Front (Revolutionary Council), Eritrean Liberation Front (National Council), Eritrean peoples' Democratic Liberation Front, Eritrean Revolutionary Democratic Front, Democratic Movement for the Liberation of Kunama/Eritrea, Eritrean Democratic Resistance Movement Gash-Setit, Eritrean Initiative Group, Ali Mohamed Said Berahtu (Individuum, d. Verf.). Vgl. Eritrean National Forces Alliance: *Political Charter of the Alliance of Eritrean National Forces*, March 6, 1999.

361 Die Eritrean National Alliance besteht aus folgenden Organisationen: Eritrean Liberation Front (die Gruppe um Abdella Idris, d. Verf.), Eritrean People's Congress (Eritrean Islamic Jihad Movement, d. Verf.), Eritrean Islamic Salvation Movement, Eritrean Liberation Front - Revolutionary Council (Vorsitzender: Seyum Ogbamichael. Sie hat die "National Charta" der Allianz nicht unterschrieben, d. Verf.), People's Democratic Front for the Liberation of Eritrea (SAGGIM, Vorsitzender: Tewolde Ghebresellasie, d. Verf.), Eritrean Revolutionary Democratic Front, De-

Der General-Sekretär der ENA, Herui Tedla Bairu, beschreibt die Ziele der Allianz in einem Interview:

- *"To enhance democratic consciousness by opening a national debate centered on the national charter, to encourage the spirit of positive criticism, and cultivate civic courage so that our people relearn to reject the dictatorship in unison.*
- *To cultivate the notion that power belongs to the people and not to interest groups. It is only when the Eritrean nation grasps the centrality of this concept that the life span of existing and future dictatorships may be cut short.*
- *To prepare the ground for building a powerful social movement by creating a political fit between a body of democratic cadres and a politically conscious mass movement."*[362]

Die Zusammensetzung der Allianz, die mit der Unterstützung der Nachbarstaaten Äthiopien, Sudan und Jemen während des Grenzkonfliktes 1999 mit dem Ziel zustande kam, eine „Marionetten-Regierung" nach der PFDJ-Ära aufzubauen, macht deutlich, dass die Handlungsfähigkeit der Gruppe eingeschränkt ist, denn die verschiedenen Fraktionen verfolgen unterschiedliche Ziele und Programme im Hinblick auf ein politisches System in Eritrea. Während die multiethnische *People's Democratic Front for the Liberation of Eritrea (Saggim)*, die ethnische Bewegung *Democratic Movement for the Li-*

mocratic Movement for the Liberation of Eritrean Kunama, Eritrean Democratic Opposition Movement (Gash Setit), Eritrean Initiative Association (Jema't Al-mubadera Al Eritrea), Eritrean National Democratic Front (Vorsitzender: Osman Abubeker, d. Verf.), Eritrean Cooperative Party (Vorsitzender: Hurui Tedla Byru, d. Verf.), Red Sea Afar Democratic Organization, Ato Eyob Ma'asho (Individuum). Vgl.: Eritrean National Alliance (ENA): *National Charter of the Eritrean National Alliance,* October 22, 2002, Addis Abeba.

362 Eritrean National Alliance, Public Information Division : *Interview with Herui Tedla Bairu,* 01.03.2003, www.meskerem.net

*beration of Eritrean Kunama (DMLEK)*, die eine Autonomie der Kunama-Volksgruppe verlangt, die ethnische Gruppe *Red Sea Afar Democratic Organization (RSADO),* die für eine Vereinigung der Afar in Eritrea, Äthiopien und Djibuoti kämpft sowie die regionale Organisation *Eritrean Democratic Opposition Movement (Gash-Setit),* die ebenfalls für eine regionale Autonomie eintritt, einen ethnisch-regionalen Föderalismus, der ein Selbstbestimmungs- und Sezessionsrecht vorsieht, vertreten, vertritt die islamische Bewegung in der Allianz die Implementierung einer Sharia-Gesetzgebung (islamischer Gesetzgebung) in einem zukünftigen Eritrea.[363] Die *Eritrean Islamic Jihad Movement* z. B. hat als politisches Ziel die Errichtung eines islamischen Staats in Eritrea.[364] Inwieweit die Jihad-Bewegung als verlässlicher Allianzpartner für Demokratie, Menschenrechte und Religionsfrieden in Eritrea dient, ist fraglich, denn die ca. 50 % der Christen und „Demokraten" werden die Ziele der *Eritrean Islamic Jihad Movement* nicht tolerieren. Im April 2003 erklärte die Eritrean National Alliance, dass sie den bewaffneten Kampf gegen die „Diktatur von Präsident Issayas Afewerki" aufnehmen will und Anfang Mai 2003 folgte dann ein Beschluss der Oppositionsgruppen in Khartoum, dass sie eine gemeinsame Armee des Widerstands aufstellen wollen. Ziel sei ein Sturz der „Diktatur" in Eritrea.

Die eritreische Exil-Opposition, die hauptsächlich vom Ausland her operiert und die Legitimität der PFDJ-Regierung in Frage stellt, dürfte nicht nur aufgrund ihrer „Allianz mit Äthiopien" während des Grenzkonflikts, sondern auch aufgrund ihrer eingeschränkten Handlungsfä-

363 Vgl.: Eritrean National Alliance (ENA): *National Charter of the Eritrean National Alliance,* October 22, 2002, Addis Abeba.

364 Vgl. Interview with the Deputy Amir of the Eritrean Islamic Jihad Movement – Abul Bara' Hassan Salman, in: *Nida'ul Islam magazine*, February-March 1998, http://www.islam.org.au

higkeit innerhalb des Landes vorläufig keine breite Bevölkerungsunterstützung in Eritrea haben.

## 6.3 Die eritreische islamische Jihad-Bewegung

Eine erste organisierte Islam-Bewegung erschien im November 1981 unter dem Namen *Eritrean Pioneer Moslem Organization (Munezemet Arrewad Almuslimeen AlErtrrya).*[365] Die Gründungsmitglieder der Organisation waren ehemalige Kämpfer der ELF, die wegen einer geheimen islamistischen Bewegung innerhalb der ELF bis 1981 inhaftiert waren. Im Jahre 1983 entstand ebenfalls eine weitere Gruppe, die *Eritrean National Islamic Liberation Front* in Sudan. Bis 1988 formierten sich noch weitere drei Bewegungen *(Islamic Defense Committee, Movement Of Oppressed Eritreans, Islamic Uprising)*. Die fünf Gruppen haben 1988 die *Islamic Jihad Movement (IJM)* gegründet. Seit 1988 ist die Jihad-Bewegung in Eritrea militärisch aktiv.

Die Entstehung und Formierung der Jihad-Bewegung in Eritrea ist nicht nur auf die Tatsache zurückzuführen, dass der Einfluss der Moslemeliten in den Befreiungsfronten (EPLF und ELF) durch die Dominanz der christlichen Tigrinya geringer geworden ist, sondern muss auch im Zusammenhang mit der Stärkung und der Popularität der Jihad-Bewegung im Sudan und in den arabischen Nachbarstaaten betrachtet werden. Folglich wurde die eritreische Jihad-Bewegung auch von einigen arabischen Staaten (u.a. Saudi Arabien) unterstützt.

Die Jihad-Bewegung ist Gründungsmitglied der Oppositionsallianz der *Eritrean National Forces Alliance (ENFA)*. Während Mohammed

[365] Für eine ausführliche Darstellung der eritreischen Jihad-Bewegung vgl. Idris Aba-Arre: *"Die Geschichte der eritreischen Jihad-Bewegung"* (in Arabisch), o. O. 1998.

Taher Shengeb, Vorsitzender des *Eritrean People's Congress* (Eritrean Islamic Jihad Movement, d. Verf.), 2002 als stellvertretender Generalsekretär der *Eritrean National Alliance* gewählt wurde, wurde Hamid Turki von der *Eritrean Islamic Salvation Movement* als Leiter der politischen Abteilung der Allianz gewählt. Damit wird der starke Einfluß der Bewegung in der Oppositionsallianz deutlich.

Die eritreischen Islam-Bewegungen beschreiben sich als nicht nur als religiöse Bewegungen, die die islamische Identität, Kultur und Sprache verteidigen, sondern auch als politische Organisationen, die für die Fortsetzung des Widerstands der eritreischen Moslems gegen Unterdrückung sowie für gesellschaftliche Fragen politisch-programmatische Lösungsansätze bieten.[366] Für die Umsetzung ihrer politisch-islamischen Programme in Eritrea wird von der Bewegung ein föderales System vorgeschlagen, das auch die Möglichkeit einer islamischen Gesetzgebung (*Sharia*) ermöglicht.[367]

Ein Grund für die fehlende Sympathie und politische Glaubwürdigkeit seitens der eritreischen Bevölkerung gegenüber der Eritrean National Alliance und den einzelnen Organisationen in der Allianz, ist sicherlich die Mitgliedschaft und die politische Dominanz der islamischen Jihad-Organisationen in der Oppositionsallianz. Das hat zur Folge, dass die Allianz nicht als eine politisch-demokratische Alternative zum PFDJ-Regime anerkannt wird, denn die islamischen Organisationen werden nicht als verlässliche Partner für Demokratie und Menschenrechte betrachtet.

---

[366] Vgl. Interview mit dem Generalsekretär der Islamic Rectification Movement (Eritrean People's Congress) Mohammed Taher Shengeb, erschienen in der sudanesischen Zeitung *Al-Hayat* am 5. August 2004 (in Arabisch).

[367] Vgl.: Ebd.

## 6.4 Die neue politische Bewegung

### *6.4.1 Eritrean Federal Democratic Movement*

Die Eritrean Federal Democratic Movement (EFDM) wurde im Dezember 2002 unter dem Motto *„National Unity in Divirsity"* in Stockholm (Schweden) gegründet. Die Bewegung versteht sich als Basisbewegung für soziale Gerechtigkeit und verfolgt das Konzept eines „demokratischen Föderalismus". Das Konzept des „ethno-regionalen Föderalismus" wird von der EFDM als ein geeignetes und tragfähiges Konzept für Eritrea betrachtet, das die Dominanz einer Bevölkerungsgruppe (Tigrinya) verhindert und ethnische Konflikte reguliert.[368]

*„EFDM seeks to establish justice and democracy and make it the prevailing culture on all the individual, community, local states and federal government levels. Justice has to be reflected in the political, social, and economics aspects of Eritrean daily life. Justice can only be realized through a viable social contract that secures the legitimate rights for all through a federal system of governance that realizes the social, economic, administrative and cultural rights of all Eritrean social and cultural entities. Federal Democracy has to be enshrined into the Eritrean constitution."*[369]

Um dieses föderales Modell umzusetzen, werden von der EFDM drei föderative Regionen vorgeschlagen, die nach ethnisch-regionalen, sprachlichen und kulturellen Kriterien differenziert werden:

- Die Region *„Nord-Sahel"*, die von den ehemaligen Provinzen Barka, Gash-Settit, Sahel, Senhit und Semhar gebildet werden soll.

[368] Vgl.: Eritrean Federal Democratic Movement: *Concluding Statement of the Founding Conference*, December 13-15, 2002, Stockholm, Sweden.

Hier leben die Volksgruppen Tigre, Blin, Kunama, Nara, Hedareb, Rashaida. Die Region ist sprachlich und kulturell heterogen.

- Die Region *„Hochland"*: Diese wird aus den Provinzen Seraye, Akkele-Guzay, Hamassen zusammengesetzt. Hier lebt nur die Tigrinya-Volksgruppe und daher ist die Region sprachlich und ethnisch-kulturell homogen.
- Die Region *„Süd-Sahel"(Denkalia)*: Hier leben ausschließlich die sprachlich und kulturell verwandten und homogenen Volksgruppen der Afar und Saho.[370]

Die Eritrean Federal Democratic Movement, die eine gewaltfreie demokratische Transition vertritt, diskutiert mit allen politischen Oppositionsgruppen und zivilgesellschaftlichen Organisationen, um ihr föderales Demokratiekonzept als Alternative darzustellen und Bündnispartner zu gewinnen. Die Bewegung ist Mitglied des im August 2004 gegründeten Bündnisblocks aus ELF-RC, ELF, EDP und EMDC.

Inwieweit das vorgeschlagene Föderalismusmodell die Dominanz einer Volksgruppe verhindern und folglich auch bei der Beseitigung potenzieller ethnischer Konflikte in Eritrea behilflich sein kann, bleibt fraglich, denn auch in der Region *„Nord-Sahel"*, in der fünf Volksgruppen leben, ist eine deutliche Dominanz der Tigre-Volksgruppe vorhanden. Damit wären besonders die kleinen Volksgruppen der Blin, Nara und Kunama benachteiligt.

---

369 Ebd.

370 Hierzu vgl. Eritrean Federal Democratic Movement: *A political and social analyses* (a conference paper), December 13-15, 2002, Stockholm, Sweden.

### *6.4.2 Eritrean Movement for Democratic Change*

Die *Eritrean Movement for Democratic Change (EMDC)* ist ebenfalls als eine neue politische Bewegung zu bezeichnen. Sie wurde im Umfeld des Studentenführers der Universität Asmara Semere Kesete (vgl. Kapitel 5.2.1.2) in der Diaspora gegründet. Die aus Intellektuellen und ehemaligen EPLF-Mitgliedern in der Diaspora im November 2002 zusammengeschlossene Bewegung verfolgt das Ziel, die PFDJ-Diktatur abzusetzen und eine säkulare pluralistisch-demokratische Gesellschaftsordnung in Eritrea zu bilden. Die Bewegung tritt für eine „liberale parlamentarische Demokratie" ein.

Die EMDC hat im August 2004 in einer gemeinsamen Erklärung mit der Eritrean Democratic Party (EDP) bekannt gegeben, dass beide Parteien sich zu einer Partei geeinigt haben mit dem Ziel, eine klare politische Alternative zu bieten und das PFDJ-Regime abzulösen.[371] Hierzu haben sich beide Organisationen bereiterklärt, mit anderen demokratischen Oppositionsgruppen zusammenzuarbeiten und eine Koalition zu bilden.

## 6.5 Eritrean Democratic Alliance (EDA)

Die im Januar 2005 in Khartoum (Sudan) gegründete Eritrean Democratic Alliance (EDA) vereinigt die 16 wichtigsten Oppositionsparteien.[372] Die neue Dachorganisation der eritreischen Oppositionsgruppen

---

[371] Vgl.: „*Nai Habar Megletzi*" (Gemeinsame Erklärung der *Eritrean Movement for Democratic Change* und der *Eritrean Democratic Party* - Übersetzung vom Autor, Original in Tigrinya), 11. August 2004.

[372] Die Mitglieder der Eritrean Democratic Alliance sind: Afar Red Sea Democratic Organization, Democratic Movement for the Liberation of Eritrean Kunama, Eritrean Cooperation Party, Eritrean Democratic Party, Eritrean Democratic Resistance Movement-Gash Setit, Eritrean Federal Democratic Movement, Eritrean Is-

ist als Nachfolge Allianz der bisherigen Bündnisblöcke (vgl. Abbildung 5) zu verstehen. Die Allianz hat eine gemeinsame politische Führung, die proportional aus allen Mitgliedern der Dachorganisation besetzt ist. Die politische Führung besteht aus einer Legislative und Exekutive.[373]

Das Hauptziel der Eritrean Democratic Alliance ist die Ablösung des PFDJ-Regimes und die Bildung einer provisorischen Regierung in Eritrea. In der politischen Charta der EDA wird neben der Respektierung und Einhaltung der Menschenrechte, demokratischen und zivilen Freiheiten, wird auch die Meinungs- und Versammlungsfreiheit garantiert. Es soll ein plurales demokratisch-parlamentarisches Regierungssystem etabliert werden, das die Gewaltenteilung der Legislative, Exekutive und Judikative vorsieht. Ob ein säkulares Staatswesen vorgesehen ist, das die Trennung von Staat und Religion garantiert, wird in der politischen Charta nicht eindeutig geklärt. Im Hinblick auf die sprachliche und ethnische Heterogenität des Landes werden Tigrinya

lamic Party for Justice and Development, Eritrean Liberation Front, Eritrean Liberation Front - National Congress, Eritrean Liberation Front-United National Organization, Eritrean Liberation Front-Revolutionary Council, Eritrean Democratic National Front, Eritrean People's Congress, Eritrean Popular Democratic Front, Eritrean People's Movement, Eritrean Democratic Revolutionary Front, vgl. "*Ertrawi Demokrasiawi Kidan: Demdami megletzi mimsrat Ertrawi Demokrasiawi Kidan*" (Eritrean Democratic Alliance: Erklärung zur Gründung der Eritrean Democratic Alliance – Übersetzung vom Autor, Original in Tigrinya), 22 Januar 2005.

373 Die Mitglieder der Exekutive sind: Hussein Khalifa (Eritrean Liberation Front, Chairman), Adhanom Ghebermariam (Eritrean People's Movement, deputy Chairman), Ahmed Nasser (Eritrean Liberation Front-National Congress, foreign relations department), Hamed Turki (Islamic Party for Justice & Development, department of finance), Ibrahim Haroun (Red Sea Afar Democratic Organization, department of military and security affairs), Mengestab Asmerom (Eritrean Liberation Front-Revolutionary Council, department of information), Mohammed Nur Ahmed (Eritrean Democratic Party, department of refugee & social affairs), Qernelios Osman (Democratic Movement for the Liberation of Eritrean Kunama

und Arabisch als offizielle Sprachen definiert. Die ethnischen Gruppen in Eritrea sollen aber das Recht auf die Ausübung ihrer eignen Sprache haben. Die Allianz tritt für eine ethnisch-regionale Autonomie ein, die ein Selbstbestimmungs- und Sezessionsrecht vorsieht.[374]

## 6.6 Demokratieverständnis, politische Ziele und Struktur der eritreischen politischen Oppositionsgruppen

In diesem Abschnitt werden das Demokratieverständnis, die Struktur und die politischen Ziele der eritreischen Oppositionslandschaft diskutiert, um so ein Gesamtbild der Opposition darzustellen und gleichzeitig ihre Bedeutung in Bezug auf Demokratisierung als auch perspektivisch den Demokratisierungsprozess Eritreas einschätzen zu können. Im Mittelpunkt stehen dabei die Demokratievorstellung, politische Zielsetzung, Bündnisfähigkeit, Konfliktstrategien sowie Umsetzungskonzepte der einzelnen Organisationen.

Für ein besseres Verständnis der eritreischen Oppositionslandschaft wird zwischen fünf unterschiedlichen Gruppen von Opposition differenziert. Unterscheidungskriterien sind Demokratieverständnis, Struktur und politische Ziele, wobei eine klare Unterscheidung zwischen Demokratieverständnis und politischen Zielen nicht einfach ist und die Übergänge zum Teil fließend sind. Die fünf unterschiedlichen Gruppen von Opposition sind:

1. Die oppositionellen Demokratie-Bewegungen innerhalb der PFDJ;

---

People, secretary of the executive office), Taher Shengeb (Popular Congress, department of organizational affairs).

[374] Vgl.: „*Ertrawi Demokrasiawi Kidan: Poletikawi Charter* (Politische Charta der Eritrean Democratic Alliance – Übersetzung vom Autor, Original in Tigrinya), 5. März 2005, S. 3.

2. Die traditionellen Exil-Oppositionsgruppen;
3. Die islamische Jihad-Bewegung;
4. Die ethnisch-regionalen Organisationen;
5. Die neue politisch-demokratische Bewegung.

### *6.6.1 Die oppositionellen Demokratie-Bewegungen innerhalb der PFDJ*

Die *oppositionellen Demokratie-Bewegungen innerhalb der PFDJ* werden als die politischen Gruppen verstanden, die sich nach der Verhaftungswelle der Reformer im Jahre 2001 als Parteien formierten. Ihre Mitglieder sind meist ehemalige EPLF-Anhänger, die sich der Reformbewegung angeschlossen haben. Zu diesen politischen Gruppen gehören die *Eritrean Democratic Party (EDP)* und die *Eritrean Popular Movement (EPM).*

Die EDP, die für eine pluralistisch-demokratische politische Gesellschaftsordnung und für ein zentrales Regierungssystem eintritt, fordert soziale Gerechtigkeit und Chancengleichheit aller Bevölkerungsgruppen. Sie schlägt zur Überwindung der PFDJ-Diktatur und zur Fortsetzung der demokratischen Transformation Eritreas eine nationale Konferenz aller Eritreer (auch mit der Beteiligung der PFDJ) vor. Im Unterschied zu einigen politischen Oppositionsgruppen betrachtet die EDP die 1997 von der eritreischen Nationalversammlung verabschiedete Verfassung als Grundlage, um ein pluralistisch-demokratisches und sozialgerechtes System in Eritrea aufzubauen.

Die Partei, die durch einen friedlichen nationalen Dialog einen demokratischen Systemwechsel in Eritrea herbeiführen möchte, hat im August 2004 bekannt gegeben, dass eine Einigung mit der *Eritrean Movement for Democratic Change (EMDC)* stattgefunden hat.[375]

Am 12. August 2004 wurde ebenfalls bekannt, dass zurzeit ein Bündnisprozess zwischen der *Eritrean Democratic Party*, *Eritrean Liberation Front (Abdella-Gruppe)* und *Eritrean Liberation Front-Revolutionary Council (ELF-RC)* läuft, mit dem Ziel, ein geeintes Oppositionsplattforum zu bilden. Die drei Oppositionsgruppen bekräftigen in ihrer gemeinsanen Erklärung, dass sie bereit sind *„to remove the dictatorship, and to replace it with a participatory democratic system of governance and to defend the country from all threats that endanger its sovereignty".*[376]

Die *Eritrean Popular Movement (EPM)* definiert sich als eine liberale Demokratiebewegung. Sie fordert die Wiederherstellung der alten Provinzstrukturen und verlangt mehr Chancengleichheit für die ethnischen Gruppen. Im Gegensatz zur EDP fordert die EPM eine neue Verfassung, die von allen Gesellschaftsgruppen akzeptiert wird.[377] Die Partei ist Gründungsmitglied des am 31. Juli 2004 gegründeten neuen Oppositionsblocks *„four plus one"* (vgl. Abbildung 5).

### *6.6.2 Die traditionellen Exil-Oppositionsgruppen*

Unter die *traditionellen Exil-Oppositionsgruppen* werden die politischen Organisationen verstanden, die am Unabhängigkeitskampf militärisch teilgenommen haben. Darunter sind die Splittergruppen der ehemaligen ELF zu finden, die auch den Kern der heutigen Exil-

---

375 Vgl.: *Nai Habar Megletzi* (Gemeinsame Erklärung der *Eritrean Movement for Democratic Change* und *Eritrean Democratic Party* - Übersetzung vom Autor, Original in Tigrinya), 11. August 2004.

376 Statement of Common Understanding: By ELF, EDP and ELF-RC, 12 August 2004.

377 Vgl.: Eritrean Popular Movement: *Draft Program*, May 23, 2004.

Oppositionsgruppen bilden. Damit ist der Konflikt zwischen den alten rivalisierenden Befreiungsorganisationen der ELF und der EPLF (vgl. Kapitel 3) in Form einer „Allianz gegen die PFDJ-Diktatur“ erhalten geblieben. Ursache hierfür ist das Fehlen eines nationalen Versöhnungsprozesses nach der Unabhängigkeit. Nach der militärischen Niederlage der ELF gegen die EPLF 1981 gingen drei größere Splittergruppen der ELF hervor, die jeweils unterschiedliche politisch-ideologische Richtung vertraten (vgl. Abbildung 3).

Die *Eritrean Liberation Front– Revolutionary Council (ELF-RC „Teyar“)* tritt für eine liberal-demokratische politische Ordnung mit einem parlamentarischen Regierungssystem (vgl. Kapitel 6.2.1) ein. Die Organisation verfügt über Massenbasis aus allen Bevölkerungsgruppen Eritreas in West-Europa, Nord-Amerika, Sudan und in den arabischen Staaten. Die Gruppe veranstaltet Festivals, politische Seminare und Protestaktionen gegen die eritreische Regierung. Besonders zu erwähnen ist das jährliche Festival der Organisation in Deutschland (Kassel und Frankfurt), zu dem alle politische Oppositionsgruppen und zivilgesellschaftliche Organisationen eingeladen werden, um über ihre politischen Ziele, ihre Demokratievorstellungen sowie ihre Konflikt- und Umsetzungsstrategie zu diskutieren.

Die heute zahlenmäßig unbedeutenden kleinen Fraktionen der Saggim-Gruppe *(Eritrean Liberation Front–Central Leadership (Saggim)* vertreten eine marxistisch-leninistisch orientierte politische Ideologie. Die Mitglieder der Saggim-Gruppe stammen hauptsächlich aus dem christlichen Hochland (Tigrinya). Nach 1982 hat sich der Spaltungsprozess der Saggim-Gruppe fortgesetzt. Während sich ein Teil 1982 der EPLF anschloss[378], blieb eine Kern-Gruppe *(People's Democratic*

378 Prominente Mitglieder dieser Bewegung sind: Yohannes Zemihret (Leiter des Cultural Affairs der PFDJ) und Dr. Girgish Teclemichael (Minister für Trade & Industry).

*Front for the Liberation of Eritrea)* als exil-politische Opposition bestehen, die hauptsächlich von Äthiopien aus operiert. Die Bewegung steht für einen ethnischen Föderalismus nach dem äthiopischen Vorbild mit der Möglichkeit eines Selbstbestimmungs- und Sezessionsrechts aller Volksgruppen in Eritrea. Die Gruppe ist Gründungsmitglied der Eritrean National Alliance (ENA). Die *Eritrean Revolutionary Democratic Front („Se.De.Ge.E")* ist ebenfalls eine weitere Splitterorganisation der Saggim-Gruppe mit ähnlichen politischen Zielen.

Die 1982 nach dem Zusammenbruch der ELF entstandene *Eritrean Liberation Front* (Abdella Idris-Gruppe) vertritt hingegen eine islamisch-konservative politische Haltung. Ihr Vorsitzender Abdella Idris stellte den islamisch-traditionellen Flügel in der ehemaligen Führung ELF dar. Die Gruppe kämpft hauptsächlich gegen die kulturelle und politische Dominanz der christlichen Tigranya in Eritrea. Ihre Mitglieder in der Diaspora befinden sich im Sudan und einigen arabischen Staaten und stammen überwiegend aus dem moslemischen Tiefland (Barka-Region). Die Organisation ist ebenfalls Mitglied der ENA und hat eine enge Kooperation mit der eritreischen islamischen Jihad-Bewegung.

### *6.6.3 Die islamische Jihad-Bewegung*

Zu den wichtigsten eritreischen islamistischen Gruppierungen[379] gehören die *Eritrean People's Congress,* die *Eritrean Islamic Jihad Movement*, die *Eritrean Islamic Salvation Movement („Alkhalas")* und die *Eritrean Islamic Movement (EIM).* Politisches Ziel aller islamistischen Organisationen ist die Bildung eines islamischen Staates in Eritrea oder in Teilregionen des Landes, in denen die Moslems die Mehrheit

[379] Hierzu vgl. auch Kapitel 6.3.

der Bevölkerung bilden. Folglich betrachten die islamischen Gruppen die möglichen „freien“ und „demokratischen Wahlen“ nach der PFDJ-Ära in Eritrea und somit die Demokratie als Mittel zur Machtergreifung, um ihre politischen Ziele zu verwirklichen.

Die *Eritrean Islamic Salvation Movement („Alkhalas“)* hat die Bildung eines islamischen Staates (Sharia-Gesetzgebung) als politisches Ziel in ihrem Kongress, der im August 2004 in Khartoum (Sudan) stattfand, aufgegeben. Die Bewegung, die sich in *Eritrean Islamic Party for Justice & Development („AlHezb AlIslami AlEritree LilAdalah Wetenmiya“)* umbenannt hat, verfolgt nun als politisches Ziel die Bildung eines „gerechten“ Staates.[380] Ob der Paradigmenwechsel der Organisation als Bekenntnis zur Demokratie oder doch nur ein politisches Kalkül ist, um Bündnispartner in der Oppositionslandschaft zu finden, wird die Zukunft zeigen.

### *6.6.4 Die ethnisch-regionalen Organisationen*

Als *ethnisch-regionale Gruppen* sind die *Afar Liberation Democratic Movement In Eritrea (ALDME)* die *Red Sea Afar Democratic Movement (RSADO),* die *Democratic Movement For The Liberation Of Eritrean Kunama (DMLEK)* und die *Eritrean Democratic Opposition Movement (EDPO Gash-Setit)* zu definieren.

Das politische Programm der *Afar Liberation Democratic Movement In Eritrea (ALDME)* beinhaltet die politische und soziale Emanizipation der Afar-Volksgruppe innerhalb einer föderalen demokratischen Gesellschaftsordnung in Eritrea. Die Organisation bekennt zwar, dass ihre Region Dankalia ein Bestandteil Eritreas ist, dennoch verfolgt sie als politisches Ziel:

*"[...] to eliminate national domination, restore the national rights of the Afar people and reunite them inside one Dankalia. [...] ALDME struggles also for Regional federal arrangement in Eritrea; there the human and democratic rights of the Afar people are respected. [...] ALDME recognizes the right of self-determination up to and including secession for all nationalities and regions in Eritrea. ALDME believes that casting ballots on boxes alone does not solve the dilemma of justice. We believe the only solution that promotes justice and democracy is the federal system and decentralization of power. [...] In the event that this is not the case the Afar People will opt for secession and thereby realize their rights."*[381]

Die im April 1995 gegründete *Democratic Movement For The Liberation Of Eritrean Kunama (DMLEK)*, die *Eritrean Democratic Opposition Movement (EDPO/Gash-Setit)* und die *Red Sea Afar Democratic Organization (RSDAO)* verlangen ebenfalls – wie die ALDME – eine regionale Autonomie. Diese kämpfen nicht nur um die "Befreiung" der Kunama-Volksgruppe und ihrer Regionen, die sich von der PFDJ-Regierung benachteiligt und diskriminiert fühlen, sondern auch gegen die Ansiedlungspolitik und Landreform der Regierung. Es werden Rückkehrer aus dem Sudan und Tigrinya aus dem Hochland in den westlichen Ansiedlungsgebieten der Kunama und Nara angesiedelt.

### *6.6.5 Die neue politisch-demokratische Bewegung*

Zu der neuen politisch-demokratischen Bewegung zählen u.a. die *Eritrean Federal Democratic Movement (EFDM)*, die *Eritrean Mo-*

380 Vgl.: Gedab News: *Eritrea's Opposition: Changing Names, Platforms, Directions,* August 26, 2004, www.awate.com

381 Afar Liberation Democratic Movement In Eritrea (ALDME): *Political objectices of the ALDME,* Affara Garrayto, 12th September 2002.

*vement for Democratic Change (EMDC)* sowie die neue zivilgesellschaftliche Demokratie-Bewegung in der Diaspora (vgl. Kapitel 5.2.2.2). Die Gruppen verstehen sich als Basisbewegung für Demokratie, soziale Gerechtigkeit und Menschenrechte. Gemeinsames Ziel ist die Förderung eines nationalen Dialogs aller Eritreer, um eine friedliche demokratische Transformation zu erreichen.

Insgesamt lässt sich festhalten, dass die Demokratie- und Systemdebatten als auch die politischen Ziele der unterschiedlichen politischen Oppositionsgruppen verschieden sind. Während ein Teil einen säkularen pluralistisch-demokratischen zentralen Staat vorschlägt, wird auf der anderen Seite ein ethnisch-regionaler demokratischer Föderalismus gefordert. Die islamische Jihad-Bewegung hingegen hat als politisches Ziel die Gründung eines islamischen Staats in Eritrea. Die unterschiedlichen politischen Richtungen stellen zum Teil die Einheit Eritreas in Frage oder zielen auf Dezentralisierung des Staates ab. Es sind zwar einige Bündnisversuche (vgl. Abbildung 5) innerhalb der Oppositionsgruppen zu beobachten, dennoch bleiben die konfliktfördernden unterschiedlichen politischen Ziele, die einen tragfähigen Bündnisblock gegen das PFDJ-Regime erschweren. Daher hat die politische Opposition kein Gesamtkonzept und keine Umsetzungs- und Handlungsstrategie gegen die PFDJ entwickeln können. Wie die politische Opposition angesichts der politischen und programmatischen Unterschiede in Bezug auf eine Demokratisierung einen positiven Beitrag leisten kann, ist zurzeit fraglich.

**Abbildung 3: Entwicklung der Befreiungsorganisationen in Eritrea: 1961-2004**

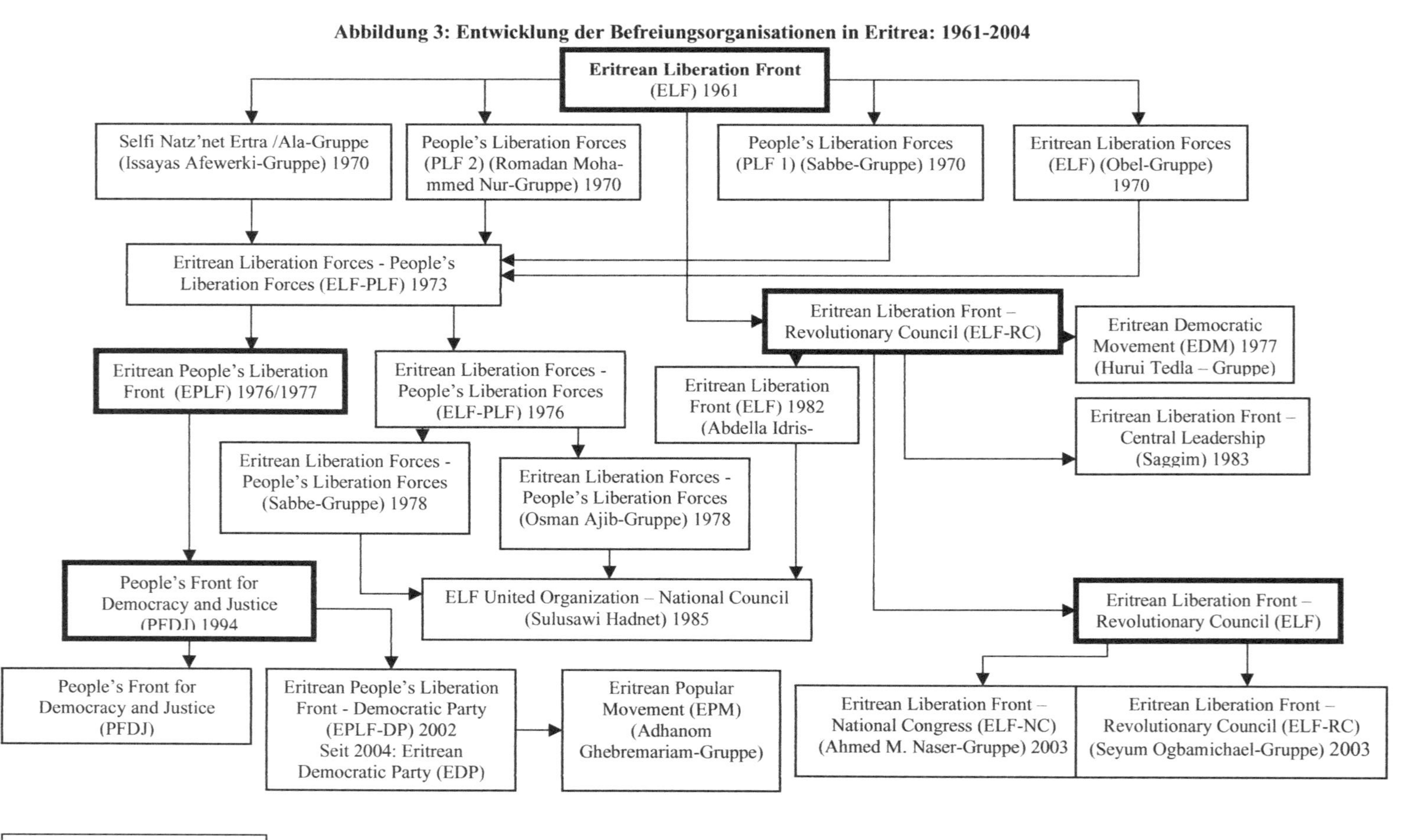

**Abbildung 4: Die aktuellen politischen Oppositionsparteien**

| Die von der Reformbewegung innerhalb der PFDJ etablierten Parteien | Die Nachfolge Organisationen der ehemaligen ELF | Die islamischen Organisationen | Die ethnisch-regionalen Organisationen | Die neue politische Bewegung | Sonstige Organisationen |
|---|---|---|---|---|---|
| • Eritrean Democratic Party (EDP Vorsitzender: Mesfin Hagos)<br>• Eritrean Popular Movement (EPM / Führung: Adhanom Ghebremariam, Abdella Adem) | • Eritrean Liberation Front (ELF / Abdella Idris-Gruppe / Vorsitzender: Abdella Idris)<br>• Eritrean Liberation Front-National Congress (ELF-NC / Führung: Ahmed Nasser & Dr. Beyene Kidane)<br>• Eritrean Liberation Front-Revolutionary Council (ELF-RC / Vorsitzender: Seyum Ogbamichael)<br>• Eritrean Revolutionary Democratic Front (ERDF / Se.De.Ge.E.)<br>• People's Democratic Front for the Liberation of Eritrea (PDFLE / Saggim Vorsitzender: Tewelde Ghebreselassie) | • Committee for Eritrean Unity (CEU / Vorsitzender: Shiach Adem Mugawurai)<br>• Eritrean Initiative Association (EIA / Jema't Al Mubadera Al Eritrea)<br>• Eritrean Islamic Movement (EIM / Vorsitzender: Idris Geishem)<br>• Eritrean Islamic Party for Justice & Development (EIPJD/Alkhalas / Vorsitzender: Khalil M. Amer)<br>• Eritrean Islamic Salvation Movement (EISM)<br>• Eritrean People's Congress<br>• Eritrean Islamic Jihad Movement | • Afar Liberation Democratic Movement In Eritrea (ALDME)<br>• Democratic Movement for the Liberation of Eritrean Kunama (DMLEK/ Vorsitzender: Kernelius Isman)<br>• Eritrean Democratic Opposition Movement (EDPO / Gash-Setit / Vorsitzender: Ismael Nada)<br>• Red Sea Afar Democratic Organization (RSDAO / Vorsitzender: Ibrahim Haroun) | • Eritrean Federal Democratic Movement (EFDM)<br>• Eritrean Movement for Democratic Change (EMDC / Vorsitzender: Semere Kesete)<br>• Eritrean People's Liberation Movement For Human Rights | • Eritrean Alliance Involvement Movement (EAIM)<br>• Eritrean Cooperative Party (ECP / Vorsitzender: Hurui Tedla)<br>• Eritrean Independent Democratic Movement (EIDM)<br>• Eritrean National Democratic Front (ENDF / Vorsitzender: Dr. Mohammed Osman Abubeker)<br>• Eritrean People's Party (EPP)<br>• Eritrean National Democratic Party<br>• Eritrean Social Democratic Party (ESDP)<br>• United Front (UF / Vorsitzender: Ali Berahtu) |

Quelle: Eigene Darstellung

**Abbildung 5: Aktuelle Bündnisblocke der politischen Oppositionsparteien**

| Bündnisblocke | Politische Oppositionsparteien und -organisationen | |
|---|---|---|
| **Eritrean National Alliance (ENA)**<br><br>Gegründet: März 1999 | ▪ Eritrean Liberation Front (Abdella Idris-Gruppe)<br>▪ Eritrean Liberation Front-National Council (ELF-NC)<br>▪ Eritrean People's Congress (die Eritrean People's Congress ist der politische Arm der Eritrean Islamic Jihad Movement , d. Verf)<br>▪ Eritrean Islamic Salvation Movement (EISM)<br>▪ People's Democratic Front for the Liberation of Eritrea<br>▪ Democratic Movement for the Liberation of Eritrean Kunama (DMLEK) | ▪ Eritrean Revolutionary Democratic Front (ERDF)<br>▪ Eritrean Democratic Opposition Movement (EDOM / Gash Setit)<br>▪ Eritrean Initiative Association (EIA)<br>▪ Eritrean National Democratic Front (ENDF)<br>▪ Eritrean Cooperative Party (ECP)<br>▪ Red Sea Afar Democratic Organization (RSADO) |
| **Four Plus One** (Bündnisblock 1)<br><br>Gegründet: 31.07.2004 | ▪ Eritrean Liberation Front-National Congress (ELF-NC)<br>▪ Eritrean Revolutionary Democratic Front (ERDF)<br>▪ Democratic Movement for the Liberation of Eritrean Kunama (DMLEK) | ▪ Red Sea Afar Democratic Organization (RSADO)<br>▪ Eritrean Popular Movement (EPM) |
| **Bündnisblock 2** (Patriotischer Block)<br><br>Gegründet: August 2004 | ▪ Eritrean Liberation Front (Abdella Idris-Gruppe)<br>▪ Eritrean Liberation Front-Revolutionary Council (ELF-RC)<br>▪ Eritrean Democratic Party (EDP / Mesfin Hagos) | ▪ Eritrean Movement for Democratic Change (EMDC)<br>▪ Eritrean Federal Democratic Movement (EFDM) |
| **Bündnisblock 3**<br><br>Gegründet: August 2004 | ▪ United Front (UF /Ali Berahtu)<br>▪ Eritrean Democratic Opposition Movement (EDOM / Gash Setit)<br>▪ Eritrean National Democratic Front (ENDA) | ▪ Eritrean Islamic Movement (EIM / Idris Geishem)<br>▪ Committee for Eritrean Unity (CEU / Shiach Adem Mugawurai) |
| **Eritrean Democratic Alliance (EDA)**<br><br>Gegründet: Januar/März 2005 | ▪ Afar Red Sea Democratic Organization<br>▪ Democratic Movement for the Liberation of Eritrean Kunama<br>▪ Eritrean Cooperation Party<br>▪ Eritrean Democratic Party<br>▪ Eritrean Democratic Resistance Movement-Gash Setit<br>▪ Eritrean Federal Democratic Movement<br>▪ Eritrean Islamic Party for Justice and Development<br>▪ Eritrean Liberation Front<br>▪ Eritrean Liberation Front - National Congress | ▪ Eritrean Liberation Front- United National Organization<br>▪ Eritrean Liberation Front- Revolutionary Council<br>▪ Eritrean Democratic National Front<br>▪ Eritrean People's Congress<br>▪ Eritrean Popular Democratic Front<br>▪ Eritrean People's Movement<br>▪ Eritrean Democratic Revolutionary Front |

Quelle: Eigene Darstellung

# 7 Schlussbemerkungen

## 7.1 Der „Demokratisierungsprozess“ in Eritrea: Zusammenfassung

In der vorliegenden Arbeit wurde zunächst der politische Wandel in Geschichte und Gegenwart untersucht. Vor diesem Hintergrund wurde dann die Bedeutung der politischen Opposition und der zivilgesellschaftlichen Gruppen für den Demokratisierungsprozess des Landes herausgearbeitet. Dabei waren Demokratievorstellung und Umsetzungsstrategie der PFDJ-Regierung auf der einen Seite und auf der anderen Seite Struktur, politische Ziele und Demokratieverständnis der politischen Parteien und zivilgesellschaftlichen Gruppen entscheidende Aspekte bei der Analyse.

Hinsichtlich der Gründe für die Blockierung der demokratischen Transformation durch das PFDJ-Regime ist festzuhalten, dass die Ursachen zum Teil in der historisch gewachsenen religiösen und regionalen Spaltung der eritreischen Gesellschaft liegen.

Der Kolonialismus legte den Grundstein für den politischen Wandel Eritreas. Er schuf nicht nur Eritrea als politisch territoriale Einheit, sondern es fand gleichzeitig auch eine sozio-ökonomische Modernisierung in der eritreischen Gesellschaft statt. Folglich entstanden moderne zivilgesellschaftliche Interessengruppen und politische Parteien, die sowohl ethnisch-religiös als auch regional begründet waren und unterschiedliche politische Ziele verfolgten.

Nach einer kurzen Demokratiephase (1952-1962) und Annexion Eritreas durch Äthiopien, begann im Umfeld der Moslem League, die für die Unabhängigkeit Eritreas eintrat, der Befreiungskampf. Die christlichen Tigrinya, die mehrheitlich die Vereinigung mit Äthiopien befürworteten, blieben hingegen bis Anfang der 1970er Jahre Äthiopien treu. Die latente ethnisch-religiöse Spaltung der eritreischen Gesellschaft wurde nie überwunden.

Mit der militärischen Niederlage der ELF im Jahre 1981 verschwand gleichzeitig eine stärker muslimisch geprägte Organisation. Viele Moslems identifizieren sich immer noch mit der ELF und haben diese Niederlage nicht überwunden. Nach der Unabhängigkeit haben die Splittergruppierungen der ehemaligen ELF die Beteiligung an der provisorischen Regierung und Durchführung einer nationalen Versöhnungskonferenz gefördert. Diese Förderung wurde jedoch von der EPLF ignoriert.

In Bezug auf den Prozess des State- und Nation-Building in Eritrea ist festzuhalten, dass die Reformversuche der PFDJ-Regierung zwischen 1991-1997 vor allem auf der politischen Ausrichtung der EPLF basierten, die während des Befreiungskampfes entwickelt worden ist. Diese beinhaltete eine „überethnische", säkulare und nationale Identität bei gleichzeitiger Respektierung kultureller Unterschiede *(unity in diversity)*. Dazu gehörte auch der Anspruch der Regierungspartei, ein eigenständiges Demokratieverständnis zu entwickeln, das nicht unbedingt auf dem Konzept westlich-liberaler Mehrparteiensysteme basieren sollte, jedoch eine Partizipation der verschiedenen Bevölkerungsgruppen vorsah. Hinzu kommt, dass die Partei sich als eine Demokratisierungsbewegung beschreibt und den Anspruch erhebt, die gesamte eritreische Bevölkerung zu vertreten.

Der Versuch der PFDJ-Regierung, ihre Befreiungskampf-Ideologie, ihre politische Ausrichtung und das Prinzip der Self-Reliance in den Prozess des State-Building zu implantieren war zwar für den infrastrukturellen Wiederaufbau von Vorteil, daraus erfolgten aber neopatrimoniale staatliche Herrschaftsstrukturen, die für die Demokratisierung Eritreas das Hauptproblem bilden.

Der Demokratisierungsprozess in Eritrea ist seit 1997 blockiert. In diesem Jahr wurde eine liberal-demokratische Verfassung verabschiedet, die nicht implementiert wurde. Hier sind zwei Ursachen zu nennen: Zum einen der Grenzkonflikt mit Äthiopien und zum anderen, dass die Hardliner um Präsident Issayas Afeworki sich im internen Machtkampf in der PFDJ gegen die Softliner (Reformer) um Mohammed „Sherifo“ und Mesfun Hagos durchsetzen konnten und gleichzeitig die Reformer durch Verhaftung oder Einschüchterung ausgeschaltet wurden. Eine Fortsetzung des demokratischen Transformationsprozesses ist von der PFDJ-Regierung zurzeit nicht zu erwarten.

Eine Pressefreiheit in Eritrea existiert nicht. Die Liberalisierungsphase der freien Presse im Sinne einer akteursorientierten Transformationsforschung dauerte nur bis zum September 2001. Zu diesem Zeitpunkt wurden alle freien Organe der Presse mit der Begründung, dass sie die nationale Einheit des Landes gefährden würden, verboten.

Die ehemaligen Massenorganisationen der EPLF können die Rolle einer konfliktfähigen Gruppe in Eritrea aufgrund ihrer politischen Nähe zur PFDJ und finanziellen Abhängigkeit von der Regierung nicht übernehmen. Auch von den Mitgliedern der PFDJ, die als Teil der Zivilgesellschaft zu bezeichnen sind, sowie von den ehemaligen Massenorganisationen der EPLF in der Diaspora, sind keine oppositionellen Reformbewegungen in naher Zukunft zu erwarten, denn die Nähe diese Gruppen zum PFDJ-Regime hat sich – besonders nach dem Grenzkonflikt mit Äthiopien – verstärkt.

Die Rolle der aktiven und motivierten eritreischen Diaspora ist nicht nur in ihrem Investitionspotenzial zu sehen, sondern vielmehr in ihrer

Bedeutung für den Demokratisierungsprozess, denn sie hat nach dem Ende der Demokratiedebatte in Eritrea die Diskussion um Demokratie lebhaft fortgesetzt und einen positiven Beitrag für Demokratiebewusstsein geleistet. Inwieweit die Diaspora die „Allianz gegen die Diktatur" unterstützt, hängt allerdings davon ab, ob sich die politische Opposition als glaubwürdige Alternative zum PFDJ-Regime bietet.

Die nach dem Grenzkonflikt und der Blockierung des Demokratisierungsprozesses in der Diaspora entstandene neue zivilgesellschaftliche Demokratiebewegung ist eine bedeutende oppositionelle Basisbewegung, die auch für die Zukunft als Alternative zu den politisch eher heterogenen Oppositionsorganisationen gelten kann. Sie ist vielleicht strukturell und politisch geeigneter als die politische Opposition, die schweigende Mehrheit in der Diaspora für sich zu gewinnen und sie gegen die PFDJ-Diktatur zu mobilisieren.

In Bezug auf die Reformbewegung innerhalb der PFDJ ist festzustellen, dass die Kritik der G-13 („Berliner Manifest") am deutlichsten war. Die Regierungsführung von Issayas Afeworki wurde unter anderem als „autoritär" bezeichnet und der Dialog zwischen der Regierungspartei und der eritreischen Zivilgesellschaft gefordert. In der Demokratisierungsdebatte innerhalb der Partei politisch explosiver ist aber der offene Brief der 15 hochrangigen und prominenten Regierungs- und Parteifunktionäre. Dem Präsidenten wird vorgeworfen, rechtswidrig zu handeln und gegen die Verfassung zu verstoßen. Sie verlangten eine offene Diskussion, die Implementierung der Verfassung sowie die Einführung eines Mehrparteiensystems. Aus dieser Reformbewegung haben sich oppositionelle Parteien (EDP, EPM) in der Diaspora entwickelt, die sich als Demokratiebewegung verstehen.

Die Exil-Opposition, die hauptsächlich vom Ausland her operiert und der PFDJ-Regierung die Legitimität abspricht, dürfte nicht nur aufgrund ihrer „Allianz mit Äthiopien" während des verlustreichen

Grenzkonflikts, sondern auch aufgrund ihrer eingeschränkten Handlungsfähigkeit und Abstinenz in Eritrea vorläufig keine breite Bevölkerungsunterstützung haben. Die aus 13 politischen Organisationen, Parteien und „unabhängigen" Individuen bestehende *Eritrean National Alliance (ENA)* verfolgt nicht nur unterschiedliche Ziele und Programme im Hinblick auf ein politisches System nach der PFDJ-Ära in Eritrea, sondern sie ist auch zum Teil regional und religiös orientiert, denn die Mehrheit der Allianz wird von den islamisch orientierten Gruppierungen dominiert, die als politisches Ziel die Errichtung eines islamischen Gottesstaates in Eritrea haben. Dieses Ziel der Islamisten werden aber die Christen und „Demokraten" in Eritrea niemals tolerieren.

Obwohl sich viele eritreische politische Gruppierungen, Organisationen und Oppositionsparteien im Ausland gebildet haben, die zum Teil religiös, ethnisch und regional begründet sind, bieten sie teilweise kaum inhaltlich-programmatische und politische Alternativen zu der PFDJ-Regierung. Häufig handelt es sich um Protestgruppierungen, die mit der Unfähigkeit, Korruption, *„Kriegslust"* und diktatorische Führung der Issayas-Regierung argumentieren und beanspruchen, selber demokratischer zu sein. Die reine Ablösung der eritreischen Regierung ist mitunter das einzig klare Ziel der eritreischen Exil-Opposition. Handlungsleitend sind in vielen Fällen weniger öffentliche und demokratische Interessen, als vielmehr die Ausprägung neopatrimonialer Methoden und Strukturen in den verschiedenen Organisationen und Parteien, die auch für den politischen Spaltungsprozess verantwortlich sind.

Die eritreische Oppositionslandschaft befindet sich zurzeit in einer Differenzierungs- und Transformationsphase, die durch die Entstehung der demokratischen Reformbewegung G-13 und G-15 eingeleitet wurde. Diese historische Spaltung der PFDJ war gleichzeitig der Beginn einer neuen Demokratiedebatte und eines Demokratiebewußtseins in der eritreischen Gesellschaft und in den politischen Oppositionsparteien. Zu beobachten ist, dass die ca. 29 politischen Parteien in der Wahrnehmung der PFDJ in zwei große Lager gespalten sind. Der *patriotische Block* u. a. (vgl. Abbildung 5) befürwortet prinzipiell einen Dialog mit der PFDJ-Regierung, um die Gemäßigten in der Partei zu beeinflussen und zu gewinnen. Die Bewegung lehnt die Einmischung der äthiopischen Regierung in eritreische Angelegenheiten strikt ab. Der Bündnisblock *four pus one* u.a. (vgl. Abbildung 5) betrachtet hingegen die PFDJ als eine homogene politische Einheit, die für politische Reformen nicht bereit ist und lehnt einen Dialog mit ihr kategorisch ab. Mit Unterstützung Äthiopiens will die Bewegung das Regime in Eritrea stürzten. Im Gegensatz zum *patriotischen Block* tritt die Bewegung für eine Föderalisierung Eritreas für ein sprachlich, religiös-kulturell oder ethnisch begründetes Modell von Regionen ein.

## 7.2 Die Bedeutung des Beispiels Eritrea für die Transformationsforschung

Trotz der nur schwach entwickelten zivilgesellschaftlichen Strukturen und des Fehlens einer politischen Opposition innerhalb des Landes, gab es in Eritrea eine Liberalisierungsphase in den 1990er Jahren. Sie endete allerdings mit der Zerschlagung der demokratischen Reformbewegung im Jahre 2001. Der Träger dieser Demokratiebewegung war in der Anfangsphase die sogennante „G 13-Gruppe“, die sich aus einflussreichen und intellektuellen Mitgliedern der Partei zusammensetzte. Eine weitere Gruppe, die sich für eine Demokratisierung einsetzte, war die G-15. Sie bestand aus Gründungsmitgliedern der EPLF, Ministern, höheren Funktionären der Partei, Botschaftern, Staatsbeamten und Generälen. In diesem Zusammenhang ist auch die freie Presse zu erwähnen, die die Demokratisierungsbewegung aktiv unterstützte.

Die Autoren der akteursorientierten Transformationsansätze vertreten die These, dass die politische Öffnung Folge einer Spaltung des autoritären Regimes in *Hardliner* und *Softliner* ist[383]. Die Spaltung der Regimeeliten wird als notwendig für einen Regimewandel erachtet, da ein in sich geschlossenes und stabiles Regime über das (militärische) Potenzial und die Entschlossenheit verfügt, gegebenenfalls aufkommenden gesellschaftlichen Widerstand gegen die Herrschenden niederzuschlagen. Ökonomische oder außenpolitische (z.B. eine militärische Niederlage) Krisen oder aber auch Erfolge können der Grund für die Eliten sein, über die Frage nach der Notwendigkeit bzw. der Mög-

[383] O'Donnell/Schmitter 1991. S. 16; Schubert et al. 1994, S. 100, Przeworski 1992, S. 108, Diamond 1992, S. 6.

lichkeit der Ausweitung der Legitimationsgrundlage in Dissens zu geraten.[384]

Das Beispiel Eritrea hat gezeigt, dass trotz der 2001 erfolgten Spaltung des autoritären Regimes in Hardliner und Softliner keine politische Öffnung stattgefunden hat und somit der Demokratisierungsprozess blockiert wurde. Die ökonomische Krise des Landes sowie die militärische Niederlage des PFDJ-Regimes gegen Äthiopien waren die entscheidenden Gründe für die Softliner der Regierung und dem Präsidenten, die Legitimität abzusprechen. Sie forderten die Wiederbelebung des Demokratisierungsprozesses. Der Konflikt zwischen Hardlinern und Softlinern ist eindeutig zugunsten der Präsidentengruppe (Hardliner) ausgegangen.

Welche Gründe sind für die Blockierung des Demokratisierungsprozesses und somit für das Scheitern der Reformer verantwortlich? Nach dem SKOG-Konzept ist die Konfliktfähigkeit von oppositionellen konfliktfähigen Gruppen abhängig von einem hohen Institutionalisierungsgrad der politischen Opposition (Parteien, Gewerkschaften, Verbände etc.), ihre politische Glaubwürdigkeit in der Bevölkerung und dem Mobilisierungspotenzial in der Bevölkerung.[385]

Das Fehlen einer formierten und organisierten Opposition, so die grundsätzliche These der SKOG-Autoren, führt lediglich zu einer begrenzten *„Liberalisierung“* oder nur zu einer *„Scheindemokratisierung“*[386]. *„Dadurch würde aber eine veritable Demokratisierung von Politik und Gesellschaft verzögert und im negativen Falle blockiert“*[387]. In Eritrea sind zwar institutionalisierte Verbände (u. a. Frauen-, Jugend-, und Arbeiterorganisationen) vorhanden, aber sie

[384] O'Donnell/Schmitter 1991, S. 20.
[385] Schubert/Tetzlaff/Vennewald 1994, S. 69.
[386] Ebd., S. 58.
[387] Ebd., S. 58.

sind zu sehr regimeabhängig, um sich für eine demokratische Transformation des Landes einzusetzen und die Softliner zu unterstützen.

Ebenfalls ist der Krieg mit Äthiopien als ein weiterer Grund für das Scheitern der Reformbewegung anzusehen, denn während und nach Beendigung des Grenzkrieges versuchte das PFDJ-Regime unter dem Motto *„hade hisbi hade libi"* (ein Volk, ein Herz), den eritreischen Nationalismus zu beleben, um die demokratische Reformbewegung politisch zu isolieren. Von den Hardlinern wurden die Softliner als eine pro-äthiopische Bewegung dargestellt, die die Souveränität des Landes gefährdet. Dadurch waren die politischen Rahmenbedingungen nicht gegeben, um die regierungsnahen zivilgesellschaftlichen Gruppen als auch die breite Bevölkerungsmasse für eine Demokratisierungsbewegung zu gewinnen.

Die politische Opposition in der Diaspora, die keine Möglichkeit zur politischen Aktivität innerhalb des Landes hat, besteht aus politisch-heterogenen zivilgesellschaftlichen Gruppen und politischen Organisationen. Besonders die ethno-regionalen Gruppen, die islamische Jihad-Bewegung sowie einige Organisationen der ehemaligen ELF, verfügen kaum über politische Glaubwürdigkeit in der Bevölkerung in Eritrea, weil sie während des Grenzkrieges mit Äthiopien eine „Allianz mit dem Feind" eingingen sind.

In diesem Kontext ist auch die Rolle der Armee zu erwähnen, die die Handlungsoptionen des Diktators Issayas Afeworki gestärkt haben, was nicht verwundern mag, da die Streitkräfte in afrikanischen Diktaturen eher als Bastion des Regimes fungieren. *„Die mehrfach gescheiterten Versuche zur Demokratisierung Nigerias weisen auf die entscheidende Rolle der Militärs in der afrikanischen Politik hin. Oftmals haben sie sich als das größte institutionelle Hindernis auf dem Weg zur Demokratie erwiesen. Aufgrund ihrer ressourcengestützten Repressions- und Interventionsmacht sind sie in der Lage, einen vom* *städtischen Bürgertum dringend benötigten und von vielen unterdrückten Gruppen gewünschten Zivilisierungsprozess auszuhalten und [...] abzublocken"*[388]. Die eritreische Armee war zwar nicht direkt in den Konflikt zwischen Hardlinern und Softlinern involviert, dennoch gilt sie als die eindeutige Gewinnerin der Blockierung des Demokratisierungsprozesses. Durch eine Entscheidung Präsident Issayas Afeworkis übernahm das Militär seit 2001 die de facto Kontrolle und politische Macht über die Verwaltungsregionen. Die ökonomischen Aktivitäten der Armee sind ebenfalls seit der Zerschlagung der demokratischen Reformbewegung weiter ausgebaut worden.

Eine Destabilisierung im Sinne des SKOG-Konzepts[389], wonach am Anfang einer Demokratisierung die Destabilität des Staates steht, ist zurzeit nicht zu beobachten. Trotz massiver Fluchtbewegungen der Jugend, Studenten, Intellektuellen und Militärangehörigen ins Ausland sowie Mobilisierung weiter Teile der Bevölkerung im leistungsfähigen Alter zur Armee und zum Entwicklungsprogramm der Regierung (Warsai-Yikaalo), blieb die politische Lage stabil und Tendenzen von Staatszerfall sind derzeit nicht zu sehen. Die kleine städtische Mittelschicht und die Bildungselite sind zu schwach, sich gegen das Regime aufzulehnen. Die Annahme der SKOG-Autoren, wonach die Bauern und die städtischen Bevölkerungsmassen (Lohnarbeiter und Kleinhändler) sich zu strategischen Gruppen entwickeln können, wenn sie eine kollektive Identität entwickeln und damit die Basis für gemein-

---

[388] Tetzlaff, Rainer: Demokratisierung unter Bedingungen von Armut und Unterentwicklung: Probleme und Perspektiven der demokratischen Transition in Afrika. Das Beisspiel Äthiopien – das erzwungene Experiment einer verfrühten Demokratie, in: Schubert, Gunter/Tetzlaff, Rainer/Vennewald, Werner (Hrsg.): *Demokratisierung und politischer Wandel. Theorie und Anwendung des Konzepts der strategischen und konfliktfähigen Gruppen (SKOG)*, Hamburg und Münster 1994, S. 351-408, S. 361.

[389] Schubert/Tetzlaff/Vennewald 1994, S. 100.

sames strategisches Handeln legen[390], ist in Eritrea zurzeit aufgrund eines geringen Organisations- und Konfliktpotenzials dieser Gruppen nicht eingetreten. Somit stellen sie derzeit keine ernsthafte Bedrohung für das Regime dar. Ob es zurzeit eine interne Opposition innerhalb der PFDJ gibt, die in der Lage ist, die demokratische Reformbewegung von 2001 fortzusetzen und den Konflikt mit den Hardlinern erneut austragen kann, ist schwierig einzuschätzen.

Die dem SKOG-Konzept zugrundeliegende Annahme, wonach das Entstehen eines Gruppenbewusstseins potenziell konfliktfähiger Gruppen als Hauptmotor für den Zusammenbruch autoritärer Regime fungiere, ist für Eritrea anzunehmen. Denn zu beobachten ist, dass die Entwicklungskampagne *(Warsai-Yikaalo)* und die Wirtschaftspolitik der Regierung innerhalb der Bevölkerung auf breite Ablehnung stößt, wodurch eine politische Destabilisierung nicht ausgeschlossen erscheint. Ebenfalls ist die Mehrheit der Diaspora, die bis zum Kriegsausbruch als regierungstreu galt, von der politischen Linie der PFDJ enttäuscht und fordert nun die Fortsetzung des Demokratisierungsprozesses. Diese Gruppe ist für die Zukunft als ernstzunehmende „konfliktfähige Gruppe“ zu bezeichnen, die den Demokratisierungsprozess in Eritrea vorantreiben kann. Auch die vielen zivilgesellschaftlichen Gruppen in der Diaspora, die für eine demokratische Transformation des Landes eintreten, sind Zeichen für das Entstehen eines Gruppenbewusstseins potenziell konfliktfähiger Gruppen, um die Diktatur abzulösen.

In diesem Zusammenhang stellt sich die Frage, ob die institutionalisierte eritreische Zivilgesellschaft die Rolle der fehlenden politischen Parteien in Eritrea übernehmen und somit auch als Plattform zur Formulierung und Artikulierung der Interessen der Gesellschaft dienen kann. Sicherlich sind die zivilgesellschaftlichen Gruppen in Eritrea

[390] Schubert/Tetzlaff/Vennewald 1994, S. 62.

erst noch in der Entstehung, auch zu regierungsnah, aber in Zukunft könnten sie wohl die Rolle der fehlenden politischen Opposition übernehmen, um die Interessen der Gesellschaft zu artikulieren. Hierfür sind die Protestaktionen der Studenten der Universität Asmara zu nennen. Auch in vielen afrikanischen Staaten haben Studenten, Hochschullehrer und andere Intellektuelle eine wichtige Rolle im Demokratisierungsprozess gespielt und die Interessen der Gesellschaft artikuliert.[391]

Die von den SKOG-Autoren Schubert/Tetzlaff/Vennewald idealtypisch als *„autoritäre Ära"*[392] bezeichnete Vorphase der Liberalisierung ist zurzeit in Eritrea als „Nachphase" der Liberalisierung in den 1990er Jahren zu beobachten, die aber ihrerseits zur Vorphase einer erneuten Liberalisierung werden könnte. Demnach scheint das PFDJ-Regime relativ stabil zu sein. Das Land wird durch einen innerhalb Eritreas und im Ausland perfekt funktionierenden Sicherheitsapparat überwacht, der auch für die Ausschaltung und Verhaftung der demokratischen Reformbewegung innerhalb der Partei („G 15") verantwortlich ist. Die Herrschaftslegitimation des Regimes basiert auf dem Versprechen, das Land wirtschaftlich schnell wiederaufzubauen sowie die außenpolitische Bedrohung durch den „Erzfeind" Äthiopien und den damit verbundenen Souveränitätsverlust Eritreas auszuschalten.

Die Erfahrungen der bisherigen Demokratisierungsprozesse in Afrika haben gezeigt, dass auch Oppositionsgruppen und Zivilgesellschaft in

[391] Vgl.: Tetzlaff, Rainer: Demokratisierung unter Bedingungen von Armut und Unterentwicklung: Probleme und Perspektiven der demokratischen Transition in Afrika. Das Beispiel Äthiopien – das erzwungene Experiment einer verfrühten Demokratie, in: Schubert, Gunter/Tetzlaff, Rainer/Vennewald, Werner (Hrsg.): *Demokratisierung und politischer Wandel. Theorie und Anwendung des Konzepts der strategischen und konfliktfähigen Gruppen (SKOG)*, Hamburg und Münster 1994, S. 351-408, S. 359-360.

[392] Schubert/Tetzlaff/Vennewald 1994, S. 99.

der Lage sind, die Bevölkerung zu mobilisieren und die Interessen der Gesellschaft in Form von konkurrierenden Politikprogrammen zu organisieren. Auch die Erfahrungen der eritreischen Befreiungsfronten während des Unabhängigkeitskrieges haben gezeigt, dass nur der Druck der Opposition innerhalb der Befreiungsfront (vgl. Kapitel 3.3.3) zur internen „Demokratisierung" der Befreiungsbewegung (ELF) führte und die Partizipation der Gesamtgesellschaft ermöglichte. Auch im heutigen Eritrea sind Oppositionsparteien und die Zivilgesellschaft als Plattform zur Formulierung von demokratischen Politikansätzen und als Bindeglied zwischen Gesamtgesellschaft und Staat unentbehrlich und weiterhin aktiv.

Eine Gemeinsamkeit mit anderen „vordemokratischen Phasen" (*„autoritäre Ära")* in Afrika ist zurzeit festzustellen: Das Zentrum der politischen Aktivitäten befindet sich in den wenigen Städten und in der Diaspora. Die Demokratiedebatten und die Demokratiebewegungen werden fast ausschließlich von politischen und gesellschaftlichen Akteuren, die der Bildungselite oder Mittelschicht in Eritrea und in der Diaspora anzurechnen sind, durchgeführt und unterstützt. Die Masse der Landbevölkerung hingegen bleibt weitgehend marginalisiert und von der Demokratiebewegung ausgeschlossen.

Natürlich sind eine politische Stabilität, verstanden als Überwindung ethnischer Konflikte, und eine möglicht ausgeprägte Zivilgesellschaft, die zu einer Machtbalance zwischen Regime und Gesellschaft führen soll, für die Einführung eines demokratischen Systems von großer Bedeutung – wie Tetzlaff ausführt. In Äthiopien ist das Demokratisierungsexperiment nach Ansicht Tetzlaffs gescheitert, weil es zu früh implantiert wurde, ohne dass die Vorbedingungen wie politische Kultur, ethnische Befriedung und eine starke Zivilgesellschaft gegeben waren.[393] In Eritrea hingegen scheinen die Vorbedingungen wie politische Kultur (Demokratiephase Eritreas 1952-1962), ethnische Befriedung und eine starke Zivilgesellschaft in der Diaspora für eine Demokratisierung gegeben zu sein.

Trotz des Fehlens einer organisierten Oppositionsbewegung innerhalb des Landes befindet sich Eritrea dennoch in einer „Inkubationsphase"[394] (Vorphase der Liberalisierung), denn das Bewusstsein für Demokratisierung – besonders in der städtischen Mittelschicht und in der Bildungselite – hat sich verstärkt. In der Diaspora hingegen sind viele demokratische zivilgesellschaftliche Organisationen und Oppositionsparteien entstanden, die teils durch einen Dialog, teils militärisch einen Regimewechsel in Eritrea anstreben. Trotz ihrer derzeitigen Uneinigkeit in Bezug auf ein Gesamtkonzept, haben sie durchaus das Potenzial, einen positiven Beitrag in Bezug auf die Demokratisierung des Landes zu leisten.

## 7.3 Ausblick

Vierzehn Jahre nach der De-facto-Unabhängigkeit bestimmt noch immer die PFDJ das politische, sozio-ökonomische und gesellschaftliche Geschehen in Eritrea.

393 Tetzlaff, Rainer: Demokratisierung unter Bedingungen von Armut und Unterentwicklung: Probleme und Perspektiven der demokratischen Transition in Afrika. Das Beispiel Äthiopien – das erzwungene Experiment einer verfrühten Demokratie, in: Schubert, Gunter/Tetzlaff, Rainer/Vennewald, Werner (Hrsg.): *Demokratisierung und politischer Wandel. Theorie und Anwendung des Konzepts der strategischen und konfliktfähigen Gruppen (SKOG)*, Hamburg und Münster 1994, S. 351-408, S 393.

394 Tetzlaff, Rainer: Demokratisierung – eine Universalie von Entwicklung, in: Peter J. Opitz (Hrsg.): *Grundprobleme der Entwicklungsregionen. Der Süden an der Schwelle zum 21. Jahrhundert,* München 1997, S. 30-54, S. 44 f.

Bei einer möglichen Fortsetzung des Demokratisierungsprozesses und der damit verbundene Zulassung von politischen Parteien und freien Wahlen, hat die PFDJ offensichtlich die Befürchtung, ihr Machtmonopol zu verlieren, denn offiziell wird die Anzahl der Moslems und Christen jeweils mit 50% der Gesamtbevölkerung angegeben, inoffiziell wird aber eine Mehrheit der Moslems in Eritrea vermutet. Viele Moslems betrachten die PFDJ immer noch als eine christliche Organisation.

Das Misstrauen der PFDJ gegen die eigene Bevölkerung ist das größte Hindernis für die Fortsetzung des Demokratisierungsprozesses, obwohl eine überwältigende Mehrheit des eritreischen Volkes der EPLF/PFDJ ein Vertrauensvotum gegeben hat und ihre Machtlegitimation nicht in Frage gestellt hat.

Ideen- und Parteienpluralismus sowie Presse- und Diskussionsfreiheit sind Bestandteile einer Demokratie und sie gefährden keinesfalls die nationale Einheit, wie das von der PFDJ behauptet wird. Die Argumentation der PFDJ-Regierung, dass das eritreische Volk in Eritrea für Demokratie noch nicht reif sei, ist eine Alibi-Behauptung, um ihr Machtmonopol zu verfestigen, denn der Weg der Demokratie ist langwierig und schwierig und verläuft – wie in anderen Teilen der Welt – nicht ohne Rückschläge. Dies wird auch in Eritrea nicht anders sein.

Wenn von Mechanismen zur gewaltfreien Lösung, von gesellschaftlichen Konflikten gesprochen wird, ist an erster Stelle die Partizipation der Bevölkerung am politischen Prozess zu nennen. Eine Gesellschaftsordnung, die es allen Individuen, Ethnien und Gruppen ermöglicht, ihre Interessen zu artikulieren, und die über Mechanismen des Ausgleichs zwischen diesen Interessen verfügt, besitzt die besten Voraussetzungen für eine Demokratisierung.

Die PFDJ-Regierung muss begreifen, dass eine Opposition legitim und für eine demokratische Gesellschaftsordnung unverzichtbar ist; aber auch die Opposition muss lernen, ihre Kräfte zu bündeln und ihre Bedeutung für den Demokratisierungsprozess auszufüllen. Eritrea braucht politische Toleranz, ein Klima des Vertrauens auf demokratische Institutionen und eine starke und lebendige Zivilgesellschaft. Schon einmal hat das eritreische Volk gegen Ungerechtigkeit erfolgreich Widerstand geleistet und das sollte gerade der PFDJ und ihrer Anhänger bewusst sein.

Inwieweit die Opposition als Plattform zur Formulierung von Politikansätzen und zur Mobilisierung der Gesamtgesellschaft gegen das Einparteiensystem der PFDJ fähig ist, ist fraglich. Nicht nur die institutionelle Behinderung durch die eritreische Regierung, sondern auch die gegensätzlichen und unterschiedlichsten Systemdebatten sowie Demokratievorstellungen (ethnisch-regionaler Föderalismus vs. zentralen Staat; islamischer Gottesstaat vs. säkularen Staat) zwischen den verschiedenen Parteien und Gruppierungen beschränken und schwächen die Handlungsfähigkeit der Exil-Opposition. Deshalb ist die politische Opposition zurzeit nicht fähig, ein Gesamtkonzept und eine Handlungsstrategie gegen die Diktatur in Eritrea zu entwickeln und einen positiven Beitrag in Bezug auf demokratische Transformationen des Landes zu leisten.

Das Konzept des „ethno-regionalen Föderalismus", das von einigen Oppositionsgruppen als geeignetes und tragfähiges Instrument für Eritrea betrachtet wird, ist nicht im Sinne einer Beseitigung potenzieller ethnischer Konflikte und einer nationalen Einheit in Eritrea. Eine Föderalisierung sollte sich nicht auf ein sprachlich, religiös-kulturell oder ethnisch begründetes Modell von Region stützen, sondern vielmehr auf ein solches der funktionalen und sozio-ökonomischen Integration seiner Gebiete.

Die eritreische Jihad-Bewegung, die in der Allianz der Opposition eine wichtige Rolle spielt, ist sicherlich kein verlässlicher Partner für Demokratie, Menschenrechte, Religions- und Pressefreiheit. Denn eine Bewegung, die Demokratie und freie Wahlen nur als Mittel zur Machtergreifung betrachtet, mit dem Ziel einen islamischen Gottesstaat Eritrea zu errichten, ist wahrlich noch schlimmer als jede erdenkliche Einparteien-Diktatur.

Der Versuch der islamisch, ethnisch und regional orientierten oppositionellen Organisationen mit Unterstützung Äthiopiens das Regime in Eritrea zu stürzten und die politische Macht zu übernehmen, ist als Irrtum dieser Gruppierungen einzuschätzen. Denn die Annahme der christlichen Tigrinya (Unionisten) Anfang der 1940er, dass ihre Interessen bei Äthiopien besser aufgehoben sein würden, hat sich im Laufe der Geschichte als Irrtum erwiesen. Die Aufhebung der Autonomie Eritreas, die Aufhebung der demokratischen Grundrechte und die ökonomische Demontage waren die Folgen dieser Annahme. Auch der jetzige Versuch der islamischen, ethnischen und regionalen Organisationen, mit Hilfe Äthiopiens die politische Macht in Eritrea zu übernehmen, wird nicht nur den Nation-Building-Prozess einen erheblichen Schaden zufügen, sondern auch den Demokratisierungsprozess der eritreischen Gesellschaft blockieren.

Eine demokratisch legitimierte und sozial gerechte politische Ordnung zu schaffen, ist nicht nur eine hypothetische Frage. Sie ist eine Herausforderung der pluralen eritreischen Gesellschaft. Nur auf der Basis eines breiten, säkularen und demokratischen Systems kann ein multinationaler Staat, wie Eritrea, Konflikte vermeiden und den sozialen Frieden bewahren.

## Literatur

### Quellen und Primärliteratur

Afar Liberation Democratic Movement In Eritrea (ALDME): *Political objectices of the ALDME,* Affara Garrayto, 12th September 2002.

Constitution of the State of Eritrea: *Ratified by the Constituent Assembly*, on May 23, 1997.

Constitutional Commission of Eritrea (CCE): *Constitutional Proposals for Public Debate,* Asmara 1995.

Constitutional Commission of Eritrea (CCE): *Information on Strategie, Plans and Activities,* Asmara 1995.

Delegation of The European Commission: *Co-Operation between The European Union and The State of Eritrea,* Annual Report 2000.

EPLF/PFDJ, *PFDJ National Charter: Adopted by the 3rd Congress of the EPLF/PFDJ,* Nakfa, February 10-16, 1994.

"*Ertrawi Demokrasawi Kidan: Demdami megletzi mimsrat Ertrawi Demokrasiawi Kidan*" (Eritrean Democratic Alliance: Erklärung zur Gründung der Eritrean Democratic Alliance – Übersetzung vom Autor, Original in Tigrinya), 22 Januar 2005.

„*Ertrawi Demokrasiawi Kidan: Poletikawi Charter*" (Politische Charta der Eritrean Democratic Alliance – Übersetzung vom Autor, Original in Tigrinya), 5. März 2005.

Eritrean Civic Societies in Europe, Fedesheim, Steenwijk, July 19-21, 2002, The Netherlands.

Eritrean Democratic Party: *Resolutions of party congress*, March 8, 2004.

Eritrean Federal Democratic Movement: *Concluding Statement of the Founding Conference*, December 13-15, 2002, Stockholm, Swe-den.

Eritrean Liberation Front - Revolutionary Council, E.L.F.-R.C: *The 5th General National Congress: Political Programme, Resolutions, Final Statement,* August 2001.

Eritrean National Alliance: *National Charter of the Eritrean National Alliance,* October 22, 2002 Addis Abeba.

Eritrean National Forces Alliance: *Political Charter of the Alliance of Eritrean National Forces*, March 6, 1999.

Eritrean People's Liberation Front – Democratic Party (EPLF–DP), *Program,* February 2002.

Eritrean Popular Movement: *Draft Program*, May 23, 2004.

Eritrean Students and Refugees - South Africa, Interim Committee, Pretoria – Republic of South Africa, 4 May 2004.

Government of the State Eritrea: *Development Action Plan for the Years 2001-2005*, Asmara 2001.

Government of the State Eritrea: *National Economic Policy Framework for 1998-2000,* Asmara 1998.

Government of The State of Eritrea: *Macro-Policy*, November 1994.

Katholische Bischöfe Eritreas: *„Hawariyawie melkti katholikawiyan papasat ertra: Neza hager egziabher yefkra eyu"*, (Apostolische Botschaft der römisch-katholischen Bischöfe Eritreas - Übersetzung vom Autor, Original in Tigrinya), 24. Mai 2001.

Ministry of Education, Eritrea: *Basic Education Statistics and Essential Indicators 1999/2000,* Asmara 2000b.

Ministry of Education, Eritrea: *Essential Education Indicators 1999/2000*, Asmara 2000a.

Ministry of Education, Eritrea: *Education for all in Eritrea: Policies, Strategies and Prospects,* Preliminary draft report, Asmara 1999.

Ministry of Education, Eritrea: *Basic Education Statistics and Essential Indicators 1996/97,* Asmara 1997.

Report of the Referendum Commissioner of Eritrea: *Referendum 1993: The Eritrean People Determine Their Destiny,* Trenton/NJ., August 1993.

U.S. Department of State, *Eritrea: Country Reports on Human Rights Practices – 2001,* The Bureau of Democracy, Human Rights, and Labor, March 4, 2002.

World Bank 1994, *Report No, 12930-ER: Eritrea. Options and Strategies for Growth* (In Two Volumes), Washington D.C.

**Sekundärliteratur**

Abraha, Desalegn: *Command Economy as Failed Model of Development: Lessons not yet learned: The Case of Eritrea.* Paper presented at the thirteenth Business World Congress, Maastricht School of Management, Maastricht, The Netherlands, July 14-18, 2004.

Adam, Erfried: "Democracy in Africa – A New Beginning?", in: Friedrich-Ebert-Stiftung (Hrsg.): *International Conference,* Bonn 1992.

Adam, Hussein M.: "Formation and recognition of new States: Somaliland in contrast to Eritrea", in: *Review of African Political Economy*, Vol. 29, No. 59, 1994, S. 21-38.

Aké, Claude: „Wo ist die Substanz? Über die Dürftigkeit von Modellen der Demokratisierung für den Süden", in: *Der Überblick,* 3/1992, S. 14-15.

Aké, Claude: Die Demokratisierung der Machtlosigkeit in Afrika, in: Hippler, Jochen (Hrsg.): Demokratisierung der Machtlosigkeit, Hamburg 1994, S. 59-82.

Altvater, Elmar: „Von möglichen Wirklichkeiten. Hindernisse auf der Entwicklungsbahn", in: *E+Z,* 37(1996)2, S.44-49.

Ammar, Wolde-Yesus: *Eritrea: Root Causes of War and Refugees,* Baghdad 1992.

Ansprenger, Franz: *Versuch der Freiheit. Afrika nach der Unabhängigkeit.* Stuttgart 1972.

Anyang' Nyongo', Peter (Hrsg.): *Popular Struggles for Democracy in Africa,* London 1987.

Arat, Zehra F.: "Democracy and economic Development. Modernization Theory Revisited", in: *Comparative Politics,* October 1988, Vol. 20, S. 21-36.

Arat, Zehra F.: *Democracy and Human Rights in Developing Countries,* Boulder 1991.

Araya, Mesfin: "The Eritrean Question: an Alternative Explanation", in: *Journal of Modern African Studies*, Vol. 28, No. 1, 1990.

Babu, Abdulrahman Mohamed: "The Eritrean Question in the Context of African Conflicts and Superpower Rivalries", in: Cliffe/Davidson (Hrsg.), *The Long Struggle of Eritrea*, Nottingham 1988, S. 47-63.

Bähler, Rainer: Partizipation und Demokratisierung als Entwicklungserfordernis oder: Wenn jeder einzeln auf der Fährte des Fuchses geht, uns allen gesamt aber nur ein hohler Verstand innewohnt, in: Sülberg, Walter (Hrsg.): *Demokratisierung und Partizipation im Entwicklungsprozess - Entwicklungspolitische Notwendigkeit oder Ideologisierung?* Pädagogik: Dritte Welt, Jahrbuch 1987, Frankfurt am Main, S. 39-75.

Bayart, Jean-Francois: The State in Africa, The Politics of the Belly, London 1993.

Bendel, Petra/Croissant, Aurel/Rüb, Friedbert W. (Hrsg.): *Zwischen Demokratie und Diktatur: Zur Konzeption Empirie demokratischer Grauzonen,* Opladen 2002.

Berg-Schlosser, Dirk: „Zu den Bedingungen von Demokratie in der Dritten Welt“, in: Nuscheler, Franz (Hrsg): *Dritte Welt-Forschung. Entwicklungstheorie und Entwicklungspolitik,* PVL Sonderheft 16/1985. Opladen 1985, S.232-266.

Berg-Schlosser, Dirk: Messungen und Indices von Demokratie: Leistungsfähigkeit, Kritikpunkte, Probleme, in: Lauth/Pickel/Welzel (Hrsg.): *Demokratiemessung,* Opladen 2000, S. 298-311.

Beyme, Klaus von: Parteien im Prozess der demokratischen Konsolidierung, in: Merkel, Wolfgang/Sandschneider, Eberhard (Hrsg.): *Systemwechsel 3. Parteien im Transformationsprozess,* Opladen 1997, S. 23-57.

Bitima, T./Steuber, J.: *Die ungelöste nationale Frage in Äthiopien. Studie zu den Befreiungsbewegungen der Oromos und Eritreas.* (= Berliner Studien zur Politik in Afrika und Asien, 6), Frankfurt am Main 1983.

Bliss, Frank/Gaesing, Karin/Neumann, Stefan: Die sozio-kulturellen Schlüsselfaktoren in Theorie und Praxis der deutschen staatlichen Entwicklungszusammenarbeit, in: *Forschungsberichte des Bun-*

*desministeriums für Wirtschaftliche Zusammenarbeit und Entwicklung,* Bd. 22, München/Köln/London 1997, S. 223-254.

Bobbio, Norberto: Gramsci and the Concept of Civil Society, in: Keane, John (Hrsg.): *Civil Society and the State,* London/New York 1988, S. 73-99.

Bos, Ellen: Die Rolle von Eliten und kollektiven Akteuren in Transitionsprozessen, in: Merkel, Wolfgang (Hrsg.): *Systemwechsel 1. Theorien, Ansätze und Konzepte der Transitionsforschung,* 2. Auflage, Opladen 1996, S. 81-111.

Bratton, Michael/Walle, Nicolas van de: "Popular Protest and Political Reform in Africa", in: *Comparative Politics*, July 1992, Vol. 24, S. 419-442.

Bratton, Michael/Walle, Nicolas van de: *Democratic Experiments in Africa: Regime Transitions in Comparative Perspepektive,* Cambridge 1997.

Bratton, Michael: Civil Society and Association Life in Africa, in: *World Politics,* 1989, Vol. XLI, Nr.3, S.407-430.

Brock, Lothar: *Nation-Building: Prelude or Belated to Ethnic Conflict?*, Frankfurt am Main, Peace Research Institute 2001.

Brüne, Stefan/Heinrich, Wolfgang: Der äthiopisch-eritreische Krieg, in: Betz, Joachim (Hrsg.): *Jahrbuch Dritte Welt 2000,* München 1999, S. 145-163.

Brüne, Stefan/Matthies, Volker (Hrsg.): *Krisenregion Horn von Afrika*, Hamburg 1990.

Brüne, Stefan: Demokratie und Einparteienstaat in Afrika. Ein internationales politikwissenschaftliches Symposium, in: *Afrika Spectrum 22* (1987) 1, S. 371-372.

Cammack, Paul/Pool, David/Tordoff, William: *Third World Politics. A Comparative Introduction,* Basingstoke 1993.

Campbell, J.F.: "Background to the Eritrean conflict", in: *Africa Report*, Mai 1971.

Chaliaud, Gérard: "The Horn of Africa's Dilemma", in: *Foreign Policy*, No. 30, Spring 1978.

Chole, Eshetu: *Ethiopia at the Crossroads: Reflections on the Economics of the Transition Period.* Symposium on Rehabilitating the Ethiopian Economy, organized by the Inter-Africa Group, 15-18 January 1992, Addis Abeba.

Christen, Anton: Demokratiedefizite am Horn von Afrika – Anmerkungen zu den Hintergründen des eritreisch-äthiopischen Krieges, in: Reiter, Erich (Hrsg.): *Jahrbuch für internationale Sicherheitspolitik 2001*, Hamburg 2001, S. 733-746.

Christmann, Stefanie: “Machterhalt oder Demokratie in Eritrea?”, in: *Aus Politik und Zeitgeschichte,* B21(1998), S. 16-26.

Christmann, Stefanie: Die Freiheit haben wir nicht von den Männern. Frauen in Eritrea, Unkel/Rhein, Bad Honnef 1996.

Cliffe, L./Davidson, B. (Hrsg.): The Long Struggle of Eritrea for Independence and Constructive Peace, Nottingham 1988.

Colomer, Josep M.: Transition by Agreement: Modeling the Spanish Way, in: *American Political Science Review*, 85(1991)4 S. 1283-1302.

Connell, Dan: "Eritrea. A Revolution in Process", in: *Monthly Review*, July/August 1993.

Connell, Dan: "The Birth of the Eritrean Nation", in: *Horn of Africa*, Vol. 3, No. 1, January/March 1980.

Croissant, Aurel/Thiery, Peter: Defekte Demokratie. Konzept, Operationalisierung und Messung, in: Lauth, Hans-Joachim/Pickel, Gert/Welzel, Christian (Hrsg.): *Demokratiemessung. Konzepte und Befunde im internationalen Vergleich,* Wiesbaden 2000, S. 89-111.

Dahl, Robert A.: *Polyarchy. Participation and Opposition,* New Haven/London 1971.

Dahl, Robert A: *Democracy and its Critics,* New Haven/London 1989.

Dahl, Robert A: *On Democracy,* New Haven/London 1998.

Davidson, B./Cliffe, L./Habte Selassie, B. (Hrsg.): *Behind the War in Eritrea*, Nottingham 1980.

Deutsch, W. Karl: *Nationenbildung – Nationalstaat – Integration*, Düsseldorf/Gütersloh 1972.

Deutsch, W.K./Foltz, W.J. (Hrsg.): *Nation-Building*, New York 1966.

Diamond, Larry/Linz, Juan J./Lipset, Seymour Martin: Preface, in: Diamond/Linz/Lipset (Hrsg.): *Democracy in Developing Countries, Vol. II Africa,* Boulder/Colorado 1988, S. IX-XXV.

Diamond, Larry/Plattner, Marc F. (Hrsg.): *Economic Reform and Democracy*, Baltimore/London 1995.

Diamond, Larry: *Developing Democracy: Toward Consolidation,* Baltimore 1999.

Diamond, Larry: Eine Welle ohne Ende? Die weltweite Ausbreitung der Demokratie, in: *Der Überblick,* (1992)3, S. 5-10.

Diamond, Larry: *Is the Third Wave of Democracy Over?* Baltimore 1997.

Diamond, Larry: Rethinking Civil Society – Toward Democratic Consolidation, in: *Journal of Democracy,* Bd. 5 (1994)3, S. 4-17.

Doornbos, M./Cliff, L./Ahmed, A.G.M./Markakis (Hrsg.): Beyond conflict in the Horn: prospects for peace, recovery and development in Ethiopia, Somalia & the Sudan, London 1992.

Doornbos, Martin/Tesfai, Alemseged (Hrsg.): *Post Conflict Eritrea: prospects for Reconstruction and Development,* New Jersey 1999.

Duffield, M./Prendergast, J.: *Without Troops & Tanks: Humanitarian Intervention in Ethiopia and Eritrea*, Lawrenceville/N.J. 1994.

Eikenberg, Kathrin: "Der Eritrea-Konflikt", in: Brüne/Matthies (Hrsg.), *Krisenregion Horn von Afrika*, Hamburg 1990, S. 107-152.

Eikenberg, Kathrin: Eritrea 1997, in: Hofmeier, Rolf (Hrsg.): *Afrika Jahrbuch 1997,* Opladen 1998, S. 251-255.

Eikenberg, Kathrin: Eritrea, in: Hofmann, Rolf (Hrsg.): *Afrika Jahrbuch 1995,* Opladen 1996, S. 250-254.

Eikenberg, Katrin: *Eritrea*, in: Hofmeier, Rolf (Hrsg.): *Afrika Jahrbuch 1993,* Opladen 1994, S. 243-247.

Ekeh, Peter P.: „Colonialism and the Two Publics in Africa: A Theoretical Statement", in: Lewis, Peter (Hrsg.): *Africa. Dilemmas of Development and Change,* Boulder 1998, S. 87-109.

Ekpo, S.A.: "Eritrea: the OAU and the secession issue", in: *Africa Report*, Vol. 20, November 1975, S. 33-36.

Ellingson, Lloyd: "The Emergence of Political Parties in Eritrea, 1941-1950", in: *Journal of African History*, Vol. 18, No. 2, 1977, S. 261-281.

Ellingson, Lloyd: *The Emergence of Eritrea 1958-91*, London 1992.

Emerson, Rupert/Kilson, Martin (Hrsg.): *The Political Awakening of Africa*, New Jersey 1964.

Emerson, Rupert: *From Empire to Nation: The Rise of Self-Assertion of Asian and African People*, Cambridge/Massachusetts, 1960.

Entner, Michaela: *Der eritreisch-äthiopische Krieg 1998-2000,* Freiburg 2001.

Erdmann, Gero: Neopatrimoniale Herrschaf – oder: Warum es in Afrika so viele Hybridregime gibt, in: Bendel, Petra/Croissant, Aurel / Rüb, Friedbert W. (Hrsg.): *Zwischen Demokratie und Diktatur: Zur Konzeption Empirie demokratischer Grauzonen,* Opladen 2002, S. 323-342.

Erdmann, Gero: Apokalyptische Trias: Staatsversagen, Staatsverfall und Staatszerfall – strukturelle Probleme der Demokratie in Afrika, in: Bendel, Petra/Croissant, Aurel/Rüb, Friedbert (Hrsg.): *Demokratie und Staatlichkeit, Systemwechsel zwischen Staatlichkeit und Staatskollaps*, Opladen, 2003, S. 267-292, S. 278.

Erdmann, Gero: *Demokratie und Demokratieförderung in der Dritten Welt. Ein Literaturbericht und eine Erhebung der Konzepte und Instrumente.* Wissenschaftliche Arbeitsgruppe für weltkirchliche Aufgaben der Deutschen Bischofskonferenz. Zentralstelle Weltkirche der Deutschen Bischofskonferenz, Bonn 1996.

Erklärung zu Afrika: „Für Demokratie, für Entwicklung, für Einheit“, abgedrückt in: *Der Überblick,* 3(1986), S. 70-71.

Erlich, Haggai: *The Struggle Over Eritrea 1962-1978*, Stanford 1983.

Eshebe, Aleme: *The Carving of Eritrea out of Ethiopia (1885-1908).* (The ever-expanding Italian colonial Border at the expense of

Ethiopia – a survey of eighteen border projects and treaties), Rome, May 28, 1992.

Ethier, Diane: “Processes of Transition and Democratic Consolidation: Theoretical Indicators”, in: dies. (Hrsg.): *Democratic Transition and Consolidation in Southern Europe, Latin America and Southeast Asia,* Basingstoke/Hamphire 1990. S. 3-21.

Ethiopiawi: "The Eritrean-Ethiopian Conflict", in: Astri Suhrke/L.G. Noble (Hrsg.), *Ethnic Conflict in International Relations*, New York/London 1977.

Fabian Society: *The Fate of Italy's Colonies. A Report of the Fabian Colonial Bureau*, London, 1948.

Farer, T.J.: *War Clouds on the Horn of Africa*, New York 1976.

Fengler, Wolfgang: *Politische Reformhemmnisse und ökonomische Blockierung in Afrika: Die Zentralafrikanische Republik und Eritrea im Vergleich,* Baden Baden 2001.

Fessehatzion, Tekie: "The Eritrean Struggle for Independence and National Liberation", in: *Horn of Africa,* Vol. 1, No. 2, April/June 1978.

Firebrace, James/Holland, Stuart: *Never Kneel Down: Drought, Development and Liberation in Eritrea*, Trenton/New Jersey 1985.

Fre, Zeremariam: "Pastoralists and agropastoralists loosing ground: a Horn of Africa perspective", in: Anders Hjort af Ornäs (Hrsg.), *Se-*

*curity in African drylands: research, development and policy,* Uppsala 1992, S. 159-182.

Friedrich, Carl J.: “Nation-Building?”, in: Karl W. Deutsch and William J. Foltz (Hrsg.), *Nation-Building*, New York 1966.

Friedrichs, Hans-Joachim: Strukturanpassung in Zimbabwe. Perspektiven für Formelle Ökonomie und Schattenwirtschaft, in: *Africa Spectrum*, 27(1992), S. 159-185.

Fukui, K./Markakis, J. (Hrsg.): *Ethnicity & Conflict in the Horn of Africa*, London/Athens 1994.

Furrer-Kreski, Elisabeth u.a.: *Handbuch Eritrea. Geschichte und Gegenwart eines Konfliktes*, Zürich 1990.

Gamst, Frederick C.: "Conflict in the Horn of Africa", in: Mary le Cron Foster and Robert A. Rubinstein (Hrsg.), *Peace and War*, New Brunswick 1986.

Gebre-Medhin, Jordan: "Nationalism, Peasant Politics and the Emergence of a Vangard Front in Eritrea", in: *Review of African Plitical Economy,* No. 30, 1984, S. 48-57.

Gebre-Medhin, Jordan: *Peasants and Nationalism in Eritrea. A Critique of Ethiopian Studies*, Trenton/N.J. 1989.

Gellar, Sheldon: “State-Building and Nation-Building in West Africa”, in: Eisenstadt, S.N./Stein Rokkan (Hrsg.): *Building States and Nations*, (Vol. II: Analyses by Reion), Beverly Hills London 1973, S. 384-426.

Gilkes, Patrick: "The effects of secession on Ethiopia and Somalia", in: Charles Gurdon (Hrsg.), *The Horn of Africa (The SOAS/ GRC Geopolitics Series 3),* London 1994.

Greenfield, Richard: *Ethiopia. A New Political History*, London 1965.

Gurdon, Charles (Hrsg.): *The Horn of Africa. The SOAS/GRC Geopolitics Series 3*, London 1994.

Habte Selassie, Bereket: "From British rule to Federation and Annexation", in: Davidson/Cliffe/Habte Selassie (Hrsg.), *Behind the War in Eritrea*, Nottingham 1980, S. 32-50.

Habte Selassie, Bereket: "Review of the Struggle over Eritrea, by Haggai Erlich", in: *Journal of Eritrean Studies*, Vol. 1, No. 1, 1986.

Habte Selassie, Bereket: "The American Dilemma on the Horn", in: *The Journal of Modern African Studies*, Vol. 22, No. 2, 1984, S. 249-272.

Habte Selassie, Bereket: *Conflict and Intervention in the Horn of Africa*, New York/London 1980.

Hadenius, Axel: *Democracy and Development*, Cambridge 1992.

Haggard, Stephan/Kaufman, Robert R.: The Challenges of Consolidation, in: *Journal of Democracy*, Vol. 5, No. 4, October 1994, S. 5-16, S. 11 ff.

Halliday, F./Molyneux, M.: *The Ethiopian Revolution*, London 1981.

Halliday, F.: "US policy in the Horn of Africa", in: *Review of African Political Economy*, No. 10, Sept.-Dec. 1977.

Hanf, Theodor: Überlegungen zu einer demokratieorientierten Dritte-Welt-Politik, in: *Aus Politik und Zeitgeschichte.* Beilage, B 23/80, 7. Juni 1980, S. 11-23.

Hansohm, Dirk/Kappel, Robert: *Schwarz-weiße Mythen. Afrika und der entwicklungspolitische Diskurs*, 2. Auflg. Münster 1994.

Hartmann, Rainer: *Eritrea: Neubeginn mit Tourismus. Ein integratives Planungs- und Entwicklungskonzept,* Hamburg 1998.

Healey, John/Robinson, Mark: "Democracy, Governance and Economic Policy. Sub-Saharan Africa", in: *Comperative Perspective,* London 1992, S. 126.

Henze, Paul: "The primacy of economics for the future of the Horn of Africa", in: Charles Gurdon (Hrsg.), *The Horn of Africa*, London 1994.

Henze, Paul: *Rebels and Separatists in Ethiopia. Regional Resistance to a Marxist Regime*, Santa Monica 1985.

Henze, Paul: *The United States and the Horn of Africa: History and Current Challenge*, Santa Monica, October 1990.

Hillebrand, Ernst: Zivilgesellschaft und Demokratie in Afrika, in: *Internationale Politik und Gesellschaft 1*: 1(1994), S. 57-71.

Hirt, Nicole: *Eritrea zwischen Krieg und Frieden: Die Entwicklung seit der Unabhängigkeit*, Hamburg 2001.

Hodgkin, Thomas: *Nationalism in Colonial Africa*, London 1956.

Horowitz, Donald L.: *Ethnic Groups in Conflict*, Berkeley 1985.

Houtart, François: *Soziale Aspekte der Eritreischen Revolution*, Reihe Internationalismus-Informationen Nummer 8, Initiative für ein Sozialistisches Zentrum – Giessen, September 1980.

Human Rights Watch: *Evil Days. Thirty Years of War and Famine in Ethiopia, An African Watch Report*, New York/Washington/Los Angeles/London, September 1991.

Huntington, Samuel P.: After twenty Years: The Future of the Third Wave, in: *Journal of Democracy*, Vol. 8, No. 4, October 1997, S. 3-12.

Huntington, Samuel P.: *The Third Wave. Democratization in the Late Twentieth Century,* Norman 1991.

Hyden, Goran: *No Shortcuts to Progress: African Development in Perspective,* London 1983.

Ichilov, Orit (Hrsg.) : *Political Socialization, Citizenship Education, and Democracy,* New York / London 1990.

Illy, Hans F.: „Afrika: Freiheit mit gesenktem Kopf", in: ders., Sielaff, Rüdiger und Nikolaus Werz: *Diktatur – Staatsmodell für die Dritte Welt?* Freiburg 1980, S. 13-64.

International Commission of Jurists: "Eritrea's Claim to Self-Determination", in: *Review of International Commission of Jurists,* No. 26, Juni 1981, S. 8-14.

Iyob, Ruth: "Regional hegemony: domination and resistance in the Horn of Africa", in: *The Journal of Modern African Studies,* Vol. 31, No. 2, 1993, S. 257-276.

Iyob, Ruth: *The Eritrean Struggle for Independence,* Cambridge 1995.

Iyob, Ruth: The Ethiopian-Eritrean conflict. Diasporic vs. hegemonic states in the Horn of Africa, 1991-2000, in: *Journal of Modern African Studies,* 38/2000 4, S.659-682.

Jaggers, Keith/Gurr, Ted Robert: *Transitions to Democracy: Tracking the Third Wave with Polity III Indicators of Democracy and Autocracy,* in: Journal of Peace Research, November 1995, S. 469-482.

Johnson, Trish and Michael: "Eritrea: The National Question and The Logic of Protracted Struggle", in: *African Affairs. The Journal of the Royal African Society*, Vol. 80, No. 319, April 1981, S. 181-195.

Kabou, Axelle: *Weder arm noch ohnmächtig. Eine Streitschrift gegen schwarze Eliten und weiße Helfer,* Basel 1993.

Kautsky, J.H. (Hrsg.): *Political Change in underdeveloped Countries*, New York 1962.

Keller, Edmond J.: "Drought, War, and the Politics of Famine in Ethiopia and Eritrea", in: *The Journal of Modern African Studies*, Vol. 30, No. 4, Dec. 1990, S. 609-624.

Keller, Edmond J.: "Eritrean Self-Determination Revisited", in: *Africa Today*, An Emerging New Nation in Africa's Troubled Horn?, Vol. 38, No. 2, 1991, S. 7-13.

Keller, Edmond J.: "The United States, Ethiopia and Eritrean Independence", in: Amare Tekle (Hrsg.) *Eritrea and Ethiopia. From conflict to cooperation*, Lawrenceville/N.J. 1994, S. 169-185.

Kibreab, Gaim: *Displaced Communities and the Reconstruction of Livelihoods in Eritrea*, Discussion Paper No. 2001/23, United Nations University, June 2001.

Kibreab, Gaim: *Refugees and Development in Africa, Case Study Eritrea,* New Jersey 1987.

Klein, Ansgar: Civil Society – Zwischenbilanz und Perspektiven einer Diskussion - Zum Themenheft, in: *Neue Soziale Bewegungen. Zivilgesellschaft und Demokratie*, Heft 1, März 1994, S. 4-14.

Kößler, Reinhart/Melber, Henning: *Chancen einer internationalen Zivilgesellschaft,* Frankfurt am Main 1993.

Kühne, Winrich: Demokratisierung in Vielvölkerstaaten unter schlechten wirtschaftlichen Bedingungen. Ein Diskussionsbeitrag am Beispiel Afrikas, *Stiftung Wissenschaft und Politik (SWP)*, SWP – IP 2734, Februar 1992.

Lauth, Hans-Joachim/Merkel, Wolfgang (Hrsg.): *Zivilgesellschaft im Transformationsprozeß. Länderstudien zu Mittelost- und Südeuropa, Asien, Afrika, Lateinamerika und Nahost*, Politikwissenschaftliche Standpunkte Band 3, Universität Mainz 1997.

Lauth, Hans-Joachim/Merkel, Wolfgang: Einleitung: Zivilgesellschaft und Transformation, in: Lauth, Hans-Joachim/Merkel, Wolfgang (Hrsg.): *Zivilgesellschaft im Transformationsprozeß. Länderstudien zu Mittelost-und Südeuropa, Asien, Afrika, Lateinamerika und Nahost*, Politikwissenschaftliche Standpunkte Band 3, Universität Mainz 1997b, S. 1-15.

Lauth, Hans-Joachim/Merkel, Wolfgang: Zivilgesellschaft und Transformation, in: Lauth, Hans-Joachim/Merkel, Wolfgang (Hrsg.): *Zivilgesellschaft im Transformationsprozeß. Länderstudien zu Mittelost- und Südeuropa, Asien, Afrika, Lateinamerika und Nahost*, Politikwissenschaftliche Standpunkte Band 3, Universität Mainz, 1997a, S. 15-50.

Lauth, Hans-Joachim: Dimensionen der Demokratie und das Konzept einer defekten Demokratie, in: Pickel, Gert/Pickel, Susanne/Jacobs, Jörn (Hrsg.): *Demokratie – Entwicklungsformen und Erscheinungsbilder im interkulturellen Vergleich,* Frankfurt/Oder 1997, S. 33-54.

Legum, Colin: "Eritrea: Building Democracy in a New State", in: *Third World Reports*, (West Sussex), November 17, 1993.

Legum, Colin: *Eritrea and Tigray, Minority Rights Group*. Report No. 5, London 1983.

Lewis, I.M. (Hrsg.): *Nationalism and Self-Determination in the Horn of Africa*, Ithaca/London 1983.

Lins, Jaun J./Stefan, Alfred: „Toward Consolidated Democracies", in: *Journal of Democracy,* 7, 1999, S. 14-33.

Lins, Jaun J./Stefan, Alfred: *Problems of Democratic Transition and Consolidation. Southern Europe, South America and Post-Communist Europe,* Baltimore 1996.

Lipset, Martin Seymour 1981: *Political Man. The Social Bases of Politics,* Expanded Edition, Baltimore/Maryland 1981.

Lipset, Martin Seymour: Some Social Requisites of Democracy: Economic Development and Political Legitimation, in: *American Political Science Review*, 53(1959), S. 69-105.

Lipset, Seymour Martin: *Political man. The social basis of politics,* New York 1960.

Lobban, R.: "Eritrean Liberation Front: a close-up view", in: *Munger Africana Library Notes* (Pasadena, USA), No. 13, September 1972.

Longrigg, S.H.: *A Short History of Eritrea*, Oxford 1945.

Löwenthal, Richard: „Staatsfunktion und Staatsform in Entwicklungsländern“, in: ders. (Hrsg.): *Die Demokratie im Wandel der Gesellschaft,* Berlin 1963, S. 164-192.

Lyons, Roy: "The USSR, China and The Horn of Africa", in: *Review of African Political Economy*, No. 12, May-August 1978, S. 5-29.

Makinda, Samuel M. : „Demokratie und Entwicklung in Afrika“, in: *Europa-Archiv,* 47(1993)20, S. 567-576.

Mansilla, Hogo F.C.: *Die Trugbilder der Entwicklung in der Dritten Welt,* Paderborn 1986.

Markakis, J. / Ayele, N.: *Class and Revolution in Ethiopia*, Nottingham 1978.

Markakis, John: "The Nationalist Revolution in Eritrea", in: *The Journal of Modern African Studies,* Vol. 26, No. 1, March 1988.

Markakis, John: *Ethiopia – Anatomy of a Traditional Policy*, Oxford 1974.

Markakis, John: *National and Class Conflict in the Horn of Africa*, Cambridge 1987.

Matthies, Volker: *Äthiopien, Eritrea, Somalia, Djibouti*, 2. Auflage, München 1994.

Matthies, Volker: *Der Eritrea-Konflikt. Ein "vergessener Krieg am Horn von Afrika",* Hamburg 1981.

McCarthy, Steven: *Africa. The Challenge of Transformation,* London 1994.

Medhanie, Tesfatsion: *Eritrea and Neighbours in the "New World Order": Geopolitics, Democracy and "Islamic Fundamentalism",* Münster/ Hamburg 1994.

Medhanie, Tesfatsion: *Eritrea: Dynamics of a National Question,* Amsterdam 1986.

Melchers, Konrad: Eritrea – engagierter Wiederaufbau und zögerliche Demokratisierung, in: Betz, Joachim / Brüne, Stefan (Hrsg.): *Jahrbuch Dritte Welt 1997. Daten, Übersichten, Analysen,* München 1996, S. 125-136.

Menzel, Ulrich: *Das Ende der Dritten Welt und das Scheitern der großen Theorie,* Frankfurt am Main 1992.

Merkel, Wolfgang (Hrsg.): *Systemwechsel 1. Theorien, Ansätze und Konzepte der Transitionsforschung*, 2. Auflage, Opladen 1996.

Merkel, Wolfgang/Puhle, Hans-Jürgen: *Von der Diktatur zur Demokratie,* Opladen 1999.

Merkel, Wolfgang/Sandschneider, Eberhard/Segert, Dieter: Einleitung: Die Institutionalisierung der Demokratie, in: Merkel, Wofgang et al. (Hrsg..): *Systemwechsel 2. Die Institutionalisierung der Demokratie*, Opladen 1996, S. 9-37.

Merkel, Wolfgang: Defekte Demokratien, in: Merkel, Wolfgang/Busch, Andreas (Hrsg.): *Demokratie in Ost und West,* Frankfurt am Main 1999, S. 361-381.

Merkel, Wolfgang: Einleitung, in: Merkel, Wolfgang (Hrsg.): *Systemwechsel 1. Theorien, Ansätze und Konzepte der Transitionsforschung*, 2. Auflage, Opladen 1996, S. 9-23.

Merkel, Wolfgang: *Systemtransformation: Theorien und Analysen*, Opladen 1999.

Michler, Walter: "Äthiopien 1991: politische Neugeburt und friedliche Lösung des Eritrea-Konfliktes", in: *Vierteljahresberichte / Foschungsinstitut der Friedrich-Ebert-Stiftung*, Nr. 127, 1992, S. 71-83.

Michler, Walter: *Afrika – Wege in die Zukunft; ein Kontinent zwischen Bürgerkriegen und Demokratisierung*, Unkel/Rhein 1995.

Michler, Walter: *Weißbuch Afrika*, 2. Aufl., Bonn 1991.

Milkias, Paulos: "Scenarios for Post Independence Eritrea and Ethiopia", in: *Ethiopian Review*, July 1993, S. 30-37.

Molt, Peter: „Chancen und Voraussetzungen der Demokratisierung Afrikas“, in: *Aus Politik und Zeitgeschichte,* B 12-13(1993), S. 12-21.

Morgan, Edward: "The Ethiopia-Eritrea Conflict", in: *The Journal of Modern African Studies,* Vol. 15, No. 4, 1977, S. 667-674.

Morlino, Leonardo: *Democracy Between Consolidation and Crisis. Parties, Groups, and Citizens in Southern Europe,* New York 1998.

Muno, Wolfgang: *Demokratie und Entwicklung,* (Politikwissenschaft, Dokumente und Materialien Nr. 29), Universität Mainz 2001.

Nabudere, Dani Wadada: "The One-Party State in Africa and its Assumed Philosophical Roots", in: ders./Meyns, Peter: *Democracy and the One-Party State in Africa,* Hamburg 1989, S. 1-42.

Negash, Tekeste: *Italian Colonialism in Eritrea, 1882-1941. Policies, Praxis and Impact*, Uppsala 1987.

Negash, Tekeste: *No Medicine for the Bite of a White Snake: Notes on Nationalism and Resistance in Eritrea, 1890-1940*, Uppsala 1986.

Nielinger, Olaf: *Demokratie und Good Governance in Afrika: Internationale Demokratisierungshilfe als neues entwicklungspolitisches Paradigma?,* Hamburg 1998.

Nohlen, Dieter/Franz Nuschler: „Was heißt Entwicklung?", in: Dies. (Hrsg.): *Handbuch der Dritten Welt, Bd. 1. Grundprobleme, Theorien, Strategien,* Bonn 1993, S. 55-75.

Nohlen, Dieter: „Mehr Demokratie in der Dritten Welt? Über Demokratisierung und Konsolidierung der Demokratie in vergleichender Perspektive", in: *Aus Politik und Zeitgeschichte,* B 25-26(1988), S. 3-18.

O'Donnel, Guillermo/Schmitter, Philippe C. (Hrsg.): *Transitions from Authoritarian Rule. Tentative Conclusions about uncertain Democracies,* 2. Auflg. Baltimore 1989.

O'Donnel, Guillermo: "Illusions about Democracy", in: *Journal of Democracy*, 7, 1996, S. 34-51.

O'Donnell, Guillermo/Schmitter, Philippe C. (Hrsg.) 1991: *Tentative Conclusions about Uncertain Democracies,* 3. Auflg. Baltimore/London, 1991.

Onimode, Bade: *A Future for Africa. Beyond the Politics of adjustment,* London 1992.

Osaghae, Eghosa E: The Study of Political Transitions in Africa, in: *Review of Political Economy,* 64(1995), S.183-197.

Ottaway, M. u. D.: *Ethiopia: Empire in Revolution*, New York/London 1978.

Ottaway, Marina: The American University, *Ethiopia and Eritrea; An Update on the Democratization Process: Testimony prepared for presentation to the House Foreign Relations Subcommittee on African Affairs hearing "U.S. Foreign Assistance and Policy Issues Towards Central and Eastern Africa",* May 5, 1993.

Pankhurst, P.: *Economic History of Ethiopia 1890-1935*, Addis Abeba 1968.

Pankhurst, R.: *State and Land in Ethiopian History*, Addis Abeba 1966.

Pankhurst, Richard: "Fascist Racial Policies in Ethiopia, 1922-1941", in: *Ethiopia Observer* 12, (4) 1969, S. 270-286.

Pankhurst, Richard: "Italian Settlement Policy in Eritrea and its Repercussions 1889-1896, in: *African History*, Vol. 1, No. 6, 1964, S. 119-156.

Pankhurst, Richard: "The Great Ethiopian Famine of 1888-1892: A New Assessment", in: *Journal of the History of Medicine and Applied Science*, 1966, 21, S. 95-124 und S. 271-294.

Pankhurst, S./Pankhurst, Richard: *Ethiopia and Eritrea. The Last Phase of the Reunion Struggle*, Woodford Green 1953.

Pateman, Roy: "Eritrea takes the world stage", in: *Current History* (Philadelphia/Pa), May 1994, S. 228-231.

Pateman, Roy: *Eritrea: Even the Stones are Burning*, Trenton/N.J. 1990.

Pauli, Elisabeth, unter Leitung von Adolf E. Jensen: "Koloniale Belange. 1. Abessinien, Eritrea und Somaliland (Italienisch-Ostafrika"), in: H.A. Bernatzik (Hrsg.): *Afrika. Handbuch der angewandten Völkerkunde*, Nr. 2, Innsbruck 1947, S. 855-882.

PolitInfo United States: *Eritrea: Country Reports on Human Rights Practices 2002*, March 31, 2003.

Pollack, Christian/Riedel, Jürgen (Hrsg.): *Wirtschaftsrecht im Entwicklungsprozess der Dritten Welt,* München/Köln/London 1986.

Pool, David: "Eritrean Independence: The Legacy of the Derg and the politics of Reconstruction", in: *African Afairs: The Journal of the Royal African Society*, Vol. 92, No. 368, July 1993, S. 389-402.

Pool, David: "Eritrean Nationalism", in: Lewis, I.M. (Hrsg.), *Nationalism & Self Determination in the Horn of Africa,* London 1983.

Pool, David: "Revolutionary Crisis and Revolutionary Vanguard: The Emergence of the Eritrean People's Liberation Front", in: *Review of African Political Economy*, No. 19, Sept.-Dec. 1980, S. 33-47.

Pool, David: *Eritrea. Africa's Longest War*, London 1982.

Przeworski, Adam 1992: The Games of Transition, in: Mainwaring, Scott/O'Donnell, Guillermo/ Valenzuela, J. Samuel (Hrsg.): *Issues in Democratic Consolidation: The New South American Democracies in Comparative Perspective,* Notre Dame/Indiana 1992, S. 105-152.

Przeworski, Adam: *Democracy and the Market. Political and Economic Reforms in Eastern Europe and Latin America,* Cambridge 1991.

Riley, Stephan: „Afrika im Wandel“, in: *Europa-Archiv,* 47(1992)14, S. 413-420.

Rostow, Walt W.: *Stadien des wirtschaftlichen Wachstums,* Göttingen 1960.

Rüland, Jürgen: „Wirtschaftswachstum und Demokratisierung in Asien: Haben die Modernisierungstheorien doch recht?“, in: Manfred Schulz (Hrsg.): *Entwicklung: Die Perspektive der Entwicklungssoziologie,* Opladen 1997, S. 83-110.

Rueschemeyer, Dietrich/Huber, Evelyne/Stephens, John D.: The Paradoxes of Contemporary Democracy, in: *Comparative Politics,* Bd.29, Nr. 3(1997), S. 323-342.

Sandschneider, Eberhard: Systemtheoretische Perspektiven politikwissenschaftlicher Transformationsforschung, in: Merkel, Wolfgang (Hrsg.): *Systemwechsel 1. Theorien, Ansätze und Konzepte der Transitionsforschung*, 2. Auflage, Opladen 1996, S. 23-47.

Sartori, Giovanni: *Demokratietheorie, überarbeitete und erweiterte Ausgabe,* Darmstadt 1997.

Schedler, Andreas/Diamond, Larry/Plattner, Marc (Hrsg.): *The Self-Restraining State: Power and Accountability in New Democracies*, Boulder 1999.

Schedler, Andreas: „What is Democratic Consolidation?“, in: *Journal of Democracy,* 9, 1998, S. 91-107.

Schlichte, Klaus/Wilke, Boris: Der Staat und einige seiner Zeitgenossen. Zur Zukunft des Regierens in der „Dritten Welt“, in: *Zeitschrift für Internationale Beziehungen,* (2000)2, S. 359-384.

Schlichte, Klaus: La Francafrique – Postkolonialer Habitus und Klientelismus in der französischen Afrikapolitik, in: *Zeitschrift für Internationale Beziehungen,* (1998)2, S. 309-345.

Schlichte, Klaus: *Krieg und Vergesellschaftung in Afrika: Ein Beitrag zur Theorie des Krieges*, Münster 1996.

Schmalz-Bruns, Rainer: Zivile Gesellschaft und reflexive Demokratie, in: *Neue Soziale Bewegungen. Zivilgesellschaft und Demokratie*, Heft 1, März 1994, S. 18-34.

Schmidt, Manfred G.: *Demokratietheorien,* Opladen 1995.

Schmidt, Siegmar: „Demokratisierung in Afrika: Fragestellungen, Ansätze und Analysen“, in: Merkel, Wolfgang (Hrsg.): *Systemwechsel 1. Theorie, Ansätze und Konzeptionen,* Opladen 1994, S. 229-270.

Schmidt, Siegmar: Die Rolle der schwarzen Gewerkschaften im Demokratisierungsprozeß in Südafrika, Hamburg 1992.

Schmitter, Philippe C.: „Von der Autokratie zur Demokratie. Zwölf Überlegungen zur politischen Transformation“, in: *Internationale Politik, Europa-Archiv,* 49(1995)6, S. 47-52.

Schmitter, Philippe C.: More Liberal, Preliberal, or Postliberal? In: Journal of Democracy, Vol. 6, No. 1, January 1995, S. 15-22.

Schmitter, Philippe C.: Some Propositions about Civil Society and the Consolidation of Democracy, *Institut für Höhere Studien, Reihe Politikwissenschaft 10*, September 1993.

Schmitter, Philippe C.: Transitology: The Science or the Art of Democratization?, in: Tulchin, Joseph S./Romero, Bernice (Hrsg.):

*The Consolidation of Democracy in Latin America,* Boulder/London 1995, S. 11-45.

Schröder, Günter (Hrsg.): *Brennpunkt Nordostafrika II. Soziale Revolution und Nationale Frage. Politische Programme. 1974-1978*, Gießen 1979.

Schröder, Günter (Hrsg.): *Brennpunkt Nordostafrika. Revolutionäre Klassenkämpfe und Nationale Befreiungskriege. Analysen, Berichte, Reportagen*, Gießen 1978.

Schröder, Günter (Hrsg.): *Eritrea. Die hartnäckige Revolution. Berichte und Reportagen 1975-1980*, Gießen 1980.

Schröder, Günter: Abriß der Geschichte Nordostafrikas, in: Brüne, Stefan/Matthies, Volker (Hrsg.): *Krisenregion Horn von Afrika,* Institut für Afrika-Kunde, Hamburg 1990, S. 7-44.

Schubert, Gunter/Tetzlaff, Rainer (Hrsg.): *Blockierte Demokratien in der Dritten Welt,* Opladen 1998.

Schubert, Gunter/Tetzlaff, Rainer/Vennewald, Werner (Hrsg.): *Demokratisierung und politischer Wandel. Theorie und Anwendung des Konzepts der strategischen und konfliktfähigen Gruppen (SKOG)*, Hamburg und Münster 1994.

Schubert, Gunter/Tetzlaff, Rainer: Blockierte Demokratien im Vergleich – Zusammenfassung der Ergebnisse und theoretische Schlussfolgerungen, in: Schubert, Gunter/Tetzlaff, Rainer (Hrsg.):

*Blockierte Demokratien in der Dritten Welt,* Opladen 1998, S.423-435.

Schubert, Gunter/Tetzlaff, Rainer: Erfolgreiche und blockierte Demokratisierung in der postkolonialen und postsozialistischen Weltgesellschaft. Eine Einführung, in: Schubert, Gunter / Tetzlaff, Rainer (Hrsg.): *Blockierte Demokratien in der Dritten Welt,* Opladen 1998, S.9-14.

Schubert, Gunter/Tetzlaff, Rainer/Vennewald, Werner: *Das Konzept der strategischen und konfliktfähigen Gruppen (SKOG) - eine Methode zur Analyse des gesellschaftlichen Wandels und der politischen Demokratisierung in Entwicklungs- und Schwellenländern,* Hamburg und Münster 1994, S. 57-116.

Schubert, Gunter/Vennewald, Werner: Zum Stand der politikwissenschaftlichen Demokratisierungsforschung, in: Tetzlaff, Rainer (Hrsg.): *Perspektiven der Demokratisierung in Entwicklungsländern,* Hamburg 1993, S. 271-287.

Schumpeter, Joseph: *Capitalism, Socialism and Democracy,* London 1943.

Shepherd, George W.: "Free Eritrea: Linchpin for Stability and Peace on the Horn", in: *Africa Today,* Vol. 40, No. 2, 1993, S. 82-96.

Sherman, Richard: *Eritrea – The Unfinished Revolution*, New York 1980.

Shivij, Issa G.: “Contradictory Class Perspectives in the Debate on Democray”, in: ders. (Hrsg.): *State and Constitutionalism. An African Debate on Democracy,* Harare 1991, S. 251-260.

Sklar, Richard: Democray in Africa, in: Chabal, Patrick (Hrsg.): *Political Domination. Reflections on the Limits of Power,* Cambridge 1986, S. 17-29.

Smith, A.D. (Hrsg.): *Nationalist Movements*, London 1976.

Smith, A.D. (Hrsg.): *Theories of Nationalism*, New York 1983.

Smith, A.D.: *State and Nation in the Third World*, Brighton/Sussex 1983.

Smith, Brian C.: *Understanding Third World Politics,* Basingstoke 1996, S. 322-353.

Sorenson, John: "Discourses on Eritrean Nationalism and Identity", in: *The Journal of Modern African Studies*, Vol. 29, No. 2, 1991, S. 301-317.

Stiftung Entwicklung und Frieden (Hrsg.): Der Bericht der Südkommission (Nyerere-Bericht): Die Herausforderung des Südens, Bonn 1991.

Strayer, Joseph R.: “The Historical Experience of Nation-Building in Europe”, in: Karl W. Deutsch and William J. Foltz (Hrsg.), *Nation-Building*, New York 1966.

Street, Jennie: "Eritrea: Africa's newest nation sets priorities", in: *African Business*, No. 178, June 1993.

Strick, Albert: Eritrea: "Provinz Athiopiens oder unabhängiger Staat?", in: *Internationales Afrikaforum,* 13. Jg., Nr. 4, 1977, S. 360-373.

Sutton, Jacky: "Eritrea: The city that refused to die", in: *African Business*, No. 178, April 1995.

Taye, Adane: *A historical survey of state education in Eritrea*, Asmara 1992.

Tekle, Amare (Hrsg.): *Eritrea and Ethiopia. From Conflict to Cooperation*, Lawrenceville/N.J. 1994.

Tesfagiorgis, Gebre Hiwet (Hrsg.*): Emergent Eritrea: Challenges of Economic Development. "Papers presented at a conference on economic options for Eritrea held on July 22-24, 1991 at the University of Asmara*, Trenton/N.J. 1993.

Tesfai, Alemseged: *Aynefelale – Ertra: 1941-1950* (Für die Einheit – Eritrea: 1941-1950 – Übersetzung vom Autor, Original in Tigrinya), Asmara 2002.

Tetzlaff , Rainer: Die Staaten Afrikas zwischen demokratischer Konsolidierung und Staatszerfall, in: *Aus Politik und Zeitgeschichte,* Nr. 13-14(2002) 2./5. April 2002.

Tetzlaff, Rainer (Hrsg.): *Perspektiven der Demokratisierung in Entwicklungsländern*, Hamburg 1993.

Tetzlaff, Rainer: "Afrika zwischen Demokratisierung und Staatszerfall. Eine Bilanz nach zehn Jahren politischer Veränderungen seit dem Ende des Kalten Krieges", in: *Aus Politik und Zeitgeschichte,* B21(1998), S. 3-15.

Tetzlaff, Rainer: „Afrika zwischen Staatsversagen und Demokratiehoffnung", in: *Aus Politik und Zeitgeschichte*, B 44-45(1995), S. 3-13.

Tetzlaff, Rainer: „Demokratie und Entwicklung als universell gültige Normen? Chancen und Risiken der Demokratisierung in der außeneuropäischen Welt nach dem Ende des Ost-West-Konfliktes", in: Böhret, Carl/Wewer Göttrik (Hrsg.): *Regieren im 21. Jahrhundert – zwischen Globalisierung und Regionalisierung,* Festgabe für Hans-Hermann zum 65. Geburtstag, Opladen 1993, S. 79-108.

Tetzlaff, Rainer: „Demokratische Transition und Marktorientierung. Elemente einer universellen Theorie der ‚Entwicklung'", in: *E+Z,* 37(1996)2, S. 36-39.

Tetzlaff, Rainer: „Der Trend zur pluralistischen Demokratie – eine Perspektive für dauerhafte Herrschaft in Entwicklungsländern?", in: ders. (Hrsg.): *Perspektiven der Demokratisierung in Entwicklungsländern*, Hamburg 1993, S. 1-31.

Tetzlaff, Rainer: „Die blaue Blume der Demokratie. Thesen zur Übertragbarkeit eines westlichen Modells", in: *Der Überblick*, 3(1992), S. 11-14.

Tetzlaff, Rainer: Demokratisierung unter Bedingungen von Armut und Unterentwicklung: Probleme und Perspektiven der demokratischen Transition in Afrika. Das Beispiel Äthiopien – das erzwungene Experiment einer verfrühten Demokratie, in: Schubert, Gunter/Tetzlaff, Rainer/Vennewald, Werner (Hrsg.): *Demokratisierung und politischer Wandel. Theorie und Anwendung des Konzepts der strategischen und konfliktfähigen Gruppen (SKOG)*, Hamburg und Münster 1994, S. 351-408.

Tetzlaff, Rainer: „Einführung : Demokratisierung als realer weltweiter Prozess des sozialen Wandels und als Herausforderung für die Sozialwissenschaften in Bezug auf ein theoriegeleitetes Verständnis ihrer Ursachen, Verlaufsformen und politischen Akteure (Begriffe, Prämissen und Instrumente eines Analysekonzepts für Demokratisierungsprozesse in Entwicklungs- und Schwellenländer", in: Schubert, Gunter/Tetzlaff, Rainer/Vennewald, Werner (Hrsg.): *Demokratisierung und politischer Wandel. Theorie und Anwendung des Konzepts der strategischen und konfliktfähigen Gruppen (SKOG)*, Hamburg und Münster 1994, S. 1-56.

Tetzlaff, Rainer: Demokratisierung – eine Universalie von Entwicklung, in: Peter J. Opitz (Hrsg.): Grundprobleme der Entwicklungsregionen. Der Süden an der Schwelle zum 21. Jahrhundert, München 1997, S. 30-54.

Tetzlaff, Rainer: Demokratisierungshilfe statt Wahlinszenierung! Gesellschaftliche und institutionelle Voraussetzungen für Demokratisierung in den Ländern des Südens, in Betz, Joachim/Brüne, Stefan: *Jahrbuch Dritte Welt 1998,* München, S. 24-46.

Thiery, Peter: „Demokratie und defekte Demokratien. Zur Präzisierung des Demokratiekonzepts in der Transformationsforschung“, in: Bendel, Petra/Croissant, Aurel/Rüb, Friedbert W. (Hrsg.): *Zwischen Demokratie und Diktatur: Zur Konzeption Empirie demokratischer Grauzonen,* Opladen 2002, S. 71-91.

Trevaskis, G.K.N.: *Eritrea – A Colony in Transition: 1941-1952*, London/New York 1960.

Tseggai, Araia: "Eritrea: The Socio-Economic Challenges of Independence", in: *Africa Today*, Eritrea: An Emerging New Nation in Africa's troubled Horn?, Vol. 38, No. 2, 1991.

Tseggai, Araia: "New Perspective of Ethio-Eritrean Partnership", in: Amare Tekle (Hrsg.), *Eritrea and Ethiopia. From conflict to cooperation*, Lawrenceville/N.J. 1994, S. 55-84.

Tseggai, Araya: "The History of the Eritrean Struggle", in: Cliffe / Davidson (Hrsg.)., *The Long Struggle of Eritrea*, Nottingham 1988.

Valenzuela, Samuel J.: “Labor Movements in Transitions to Demokracy. A Framework for Analysis”, in: *Coparative Politics,* Juli 1989, Vol. 21, S. 445-472.

Villalón, Leonardo A.: “The African State at the End of the Twentieth Century: Parameters of the Critical Juncture”, in: Villalón, Leonardo A/Huxtable, Philip A. (Hrsg.): *The African State at Critical Juncture. Between Disintegration and Reconfiguration*, Boulder 1998, S. 3-25.

Vilmar, Fritz: „Demokratisierung“, in: Nohlen, Dieter/Reinhard Schulze (Hrsg.): *Pipers Wörterbuch zur Politikwissenschaft,* 2 Bde, 3. Aufl. München 1989, S. 144-145.

Warren, Herrick/Warren, Anita: "The U.S. role in the Eritrean conflict", in: *Africa Today*, Vol. 23, No. 2, April 1976, S. 39-53.

Weiland, Heribert: „Der schwierige Weg zur Demokratie in Afrika: Voraussetzungen, Chancen und Rückschläge“, in: Koch, Walter A.S. (Hrsg.): *Ökonomische Aspekte der Demokratisierung in Afrika,* München 1994, S. 15-40.

Wolde Giorgis, Dawit: *Red Tears: War, Famine and Revolution in Ethiopia*, Trenton/N.J. 1989.

Yohannes, Okbazghi: "Eritrea: A Country in Transition", in: *Review of African Political Economy*, No. 57, 1993, S. 7-28.

Yohannes, Okbazghi: "The Eritrean Question: a Colonial Case?", in: *The Journal of Modern African Studies*, Vol. 25, No. 4, 1987, S. 643-668.

Yohannes, Zemhret: *"HATETA" FOR CRITICAL DISCUSSION*: A paper presented at the First International Conference of Eritrean Studies, Asmara, 22-26 July, 2001.

Young, Crawford 1994: Democratization in Africa: The Contradictions of a Political Imperative, in: Widner, Jennifer A. (Hrsg.): *Economic Change and Political Liberalization in Sub-Saharan Africa*, Baltimore 1994, S. 230-250.

Young, Crawford: The Third Wave of Democratization in Africa: Ambiguities and Contradictions, in: Joseph, Richard (Hrsg.): *State, Conflict, and Democracy in Africa,* Boulder 1999, S. 15-38.

Zemhret Yohannes: *Homecoming: a return to our Languages,* paper presented at the International Conference, Against all Odds, African Languages and Literatures into the 21st century. 11-17 January 2000.

Zemihret, Yohannes: *„Mechete Ansar Italiawi Megzaeti ab Eritra"* [„Widerstand gegen die italienische Kolonialherrschaft in Eritrea", d. Verf.], Asmara, Dezember 1991.

Zimmermann, Martin/Smidt, Wolbert: *Dokumentation des Grenzkonfliktes zwischen Äthiopien und Eritrea*, Köln 1998.

Zimmermann, Martin: "Wird der Phönix fliegen? Eritreas politische und wirtschaftliche Chancen am Vorabend der Unabhängigkeit", in: *Blätter des Informationszentrum Dritte Welt*, Nr. 186, Dez. 1992 / Jan. 1993, S. 7-10.

Zimmermann, Martin: *Eritrea – ein Jahr nach der Befreiung*, in: Evangelischer Pressedienst (epd), 32(1992), Frankfurt am Main, 20. Juli 1992.

**Zeitungsartikel und elektronische Medien:**

Abhanom Gebremariam: *The Warsai-Yikaalo Campaign – a Campaign of Slaversy,* Part I bis Part VII, in: http://www.eritrea1.org/home/Jun-July02.htm.

“Benefits of National Service Stressed”, in: *Eritrea Profile,* 21 May 1994, Vol.1, No. 10.

“ELF-RC Chairman Seyum Ogbamichael Addresses 18th Festival, 02.08.2003”, in: *nharnet.com,* http://www.nharnet.com/18festival/nesfrankfurt_3.htm, 04.08.2003.

EPLF-DP: *“ጻውዒት ንምፍጣር መድረኽ ሓባራዊ ስራሕ፡ Tz'awit n'mftar medreh habarawi s'rah”*, („Aufruf zu einer gemeinsamen Plattform“ – Übersetzung vom Autor, Original in Tigrinya), in: www.eritrea1.org/home/news/082203eplfdp.htm, 28.08.2003.

“Eritrea to have 6 administrative regions“, in: *Eritrea Profile,* 20 May 1995, S.1.

Eritrean National Alliance, Public Information Division: *Interview with Herui Tedla Bairu,* 01.03.2003, www.meskerem.net

Freedom House: *Freedom in the World 2003: The Annual Survey of Political Rights and Civil Liberties*, Juli 2003. http://www.freedomhouse.org/research/freeworld/2003/tables.htm.

Gedab Investigative Report: *How PFDJ's Obsession With Control Is Destroying A Nation: Part 1: The Economy,* 5 November 2003, http://www.awate.com/artman/publish/article_1844.shtml

Hadas Eritra, Jg. 13 (2004), Nr. 207, 13. Juni 2004 (in Tigrinya).

"Im Griff des Hungers: Eritrea beklagt fehlende Hilfe", in: *Frankfurter Rundschau Online*, www.fr-aktuell.de/ressorts/nachrichten, 29.04.2003.

Interview von Präsident Issayas Afeworki mit dem libanesischen Sender *New-Sat TV* vom 31.08.2003, abgedrückt in: *shaebia.org* (in Tigrinya), www.shaebia.org, 02.09.2003.

"Interview with Bereket Habte-Selassie", in: *Awate Foundation,* http://www.awate.com/artman/publish/article_81.shtml, 17.05.2001.

"Interview with Dr. Woldai Futur, Minister of National Development", in: *Shaebia.org,* 21.08.2003, www.shaebia.org, 22.08.2003.

Issayas Afeworki: *„Kale meteik mis president Issayas Afeworki"* (Interview mit Präsident Issayas Afeworki in der monatlichen Zeitschrift der PFDJ *Hidri* – Übersetzung vom Autor, Original in Tigrinya), in: *Hidri*, Dezember 2003.

Issayas Afewerki: "Willkommen, wenn wir über die Programme verfügen", in: *epd-Entwicklungspoltik* 9(1998), http://www.epd.de/entwicklungspolitik/1998/9afeworki.html.

Issayas Afewerki: Interview zum Thema „Warsai-Yikaalo Development Campaign“ (in Tigrinya), in: *Shaebia.org*, www.shaebia.org am 11.05.2002.

Issayas Afewerki: *“Public Adress on the 12th Anniversary of Eritrean Independence, 24.05.2003”,* abgedrückt in: http://www.shaebia.org/artman/publish/printer_1228.html, 26.05.2003.

Interview with the Deputy Amir of the Eritrean Islamic Jihad Movement – Abul Bara’ Hassan Salman, in: *Nida’ul Islam magazine*, February-March 1998, http://www.islam.org.au

Melchers, Konrad: *Eritrea am Scheidepunkt: Wissenschaftlerkonferenz zu zehn Jahren Unabhängigkeit; Opposition regt sich; die Verantwortung im Krieg mit Äthiopien,* 2002, http://www.geocities.com/neweritrea2002/konrad_melchers_sch-html, 25.07.2002.

Melchers, Konrad: Keine Provokation. Eritrea will keine Entwicklungshilfe mehr, in: *epd-Entwicklungspolitik* 9(1998), www.epd.de/entwicklungspolitik/1998/9melchers.html

Mesfin Hagos: Interview in der Zeitschrift *„Netzebrak“ (መጽሔት ነጸብራቕ*), April-Juni 2003, Nr. 36 (in Tigrinya).

Ministry of Information, Eritrea: *President calls the newly elected regional assembly to carry their task*, 13 June 2004, http://www.shabait.com/articles/publish/printer_2151.html.

Ministry of Interior, "Statement on Jehovah's witnesses", 1 March 1995, abgedrückt in: *Eritrea Profile*, 4 March 1995.

Mohammed Said Naud: *Hareket Tahreer Eritrea: Alhaqiqa Wel-tar'ikh,* in: Awate Research Unit, Part 2, March 26, 2001, http//www.awate.com/HEROES/Naudbook2.htm.

"National Service – the facts", in: *Eritrea Profile,* 4 June 1994, Vol. 1, Nr. 12.

"No room for Arabic in Eritrea?", Gedab investigative report, in: *Awate.com,* 06.03.2002, www.awate.com

Open Letter to all members of the PFDJ, 27. Mai 2001, abgedrückt in: http://news.asmarino.com/PFDJ_Membership/Type_of_Crisis.asp.

"PFDJ and Eritrean economy", an interview with Ato Hagos Gebrehiwot, in: *Eritrea Profile,* 1 July 1995.

"President's reply to questions from the public: part II", *Eritrea Profile,* 7 March 1998, Vol. 4, Nr. 52.

„Self Reliance and Development", in: *Eritrea Profile*, 24. Juni 1995, S. 4.

"Summer Student Program And National Reconstruction", in: *Eritrea Profile,* 28 July 1997, Vol. 4, Nr. 16.

"Unity in linguistic diversity" Interview with Abdella Jaber, in: *Eritrea Profile,* 27 July 1996.

"Why a new administrative structure" interview with Mahmoud Sherifo, in: *Eritrea Profile,* 3 June 1995.

Wingen, Thomas: *Abenteuer Archäologie in Eritrea. Deutsche Mission erforscht Altertümer*, in: http://home.t-online/home/nepe-g/forsche.htm, 17.08.2003;

"Work for Idle Hands", in: *Eritrea Profile,* 25 June 1994, Vol. 1 Nr. 15.

## Tabellenverzeichnis



## Abbildungsverzeichnis

## Abkürzungsverzeichnis

| | |
|---|---|
| AEJA | Association of Eritrean Journalists in Exile |
| ALDME | Afar Liberation Democratic Movement In Eritrea |
| CCE | Constitutional Commission of Eritrea |
| CCED | Coordination Committee for Eritrean Democrats in Italy |
| CEU | Committee for Eritrean Unity |
| CPE | Citizens for Peace in Eritrea |
| DMLEK | Democratic Movement for the Liberation of Eritrean Kunama |
| EAIM | Eritrean Alliance Involvement Movement |
| EAPD | Eritrean Association for Peace and Democracy – Sweden |
| ECP | Eritrean Cooperative Party |
| ECSO | Eritrean Civic Society Organisations in Sweden |
| EDA | Eritrean Democratic Association |
| EDB | Eritrean Democratic Bloc |
| EDP | Eritrean Democratic Party |
| EDA | Eritrean Democratic Alliance |
| EDPO | Eritrean Democratic Opposition Movement |
| EDWPP | Eritrean Democratic Working Peoples Party (Labour Party) |
| EFDM | Eritrean Federal Democratic Movement |
| EFPD-CH | Eritreans for Peace and Democracy – Suisse |

| | |
|---|---|
| EFPD-G | Eritreans for Peace and Democracy – Germany |
| EHRD-UK | Eritreans for Human and Democratic Rights, United Kingdom |
| EIA | Eritrean Initiative Association |
| EIDM | Eritrean Independent Democratic Movement |
| EIJM | Eritrean Islamic Jihad Movement |
| EIM | Eritrean Islamic Movement |
| EIPJD | Eritrean Islamic Party for Justice & Development |
| EISM | Eritrean Islamic Salvation Movement |
| EJDB | Eritreans for Justice and Democracy – Benelux |
| ELF | Eritrean Liberation Front |
| ELF-CL | Eritrean Liberation Front – Central Leadership (Saggim) |
| ELF-NC | Eritrean Liberation Front – National Congress |
| ELF-PLF | Eritrean Liberation Front – Popular Liberation Forces |
| ELF-RC | Eritrean Liberation Front – Revolutionary Council |
| ELM | Eritrean Liberation Movement |
| ELNR | Eritrean League for National Reconciliation – Sweden |
| EMDC | Eritrean Movement for Democratic Change |
| EMDC | Eritrean Movement for Democratic Change |
| EMDHR | Eritrean Movement for Democracy and Human Rights – South Africa |
| ENA | Eritrean National Alliance |

| | |
|---|---|
| ENDF | Eritrean National Democratic Front |
| ENFA | Eritrean National Forces Alliance |
| ENL | Eritrean National League |
| EPC | Eritrean People’s Congress |
| EPF | Eritrean Public Forum |
| EPLF | Eritrean People's Liberation Front |
| EPLF-DP | Eritrean People’s Liberation Front – Democratic Party |
| EPLMHR | Eritrean People’s Liberation Movement For Human Rights |
| EPP | Eritrean People's Party |
| EPM | Eritrean Popular Movement |
| ERDF | Eritrean Revolutionary Democratic Front |
| ESDP | Eritrean Social Democratic Party |
| EUF | Eritrean Unity Forum |
| EUOCA | Eritrean United Opposition Community Activities in Sweden |
| EWDFA | Eritrean War Disabled Fighters Association |
| EPWG | Eritrea's Political Watch Group |
| GTZ | Deutsche Gesellschaft für technische Zusammenarbeit |
| GULS | General Union of Labour Syndicates |
| LEIP | The League of Eritrean Intellectuals and Professionals |
| LPP | Liberal Progressive Party |
| LUP | Liberal Unionist Party |

| | |
|---|---|
| ML | Moslem League |
| MLWP | Moslem League of the Western Province |
| NCEW | National Confederation of Eritrean Workers |
| NGO | Non-Governmental-Organizations |
| NUEW | National Union of Eritrean Women |
| NUEY | National Union of Eritrean Youth and Students |
| OAU | Organisation for African unity |
| PDFLE | People's Democratic Front for the Liberation of Eritrea |
| PFDJ | People's Front for Democracy and Justice |
| PGE | Provisional Government of Eritrea |
| PLC | Party of Love of Country |
| PLF | Popular Liberation Forces |
| PMDE | Popular Movement for Democracy in Eritrea – Sweden |
| PMFD | Popular Movement For Democracy (Action Group) |
| RCE | Referendum Commission of Eritrea |
| RKPHA | Representatives of the Kunama People at Home and Abroad |
| RRPE | Recovery and Rehabilitation Programme |
| RSDAO | Red Sea Afar Democratic Organization |
| SCP | Sudanese Communist Party |
| TPLF | Tigrai Peoples Liberation Front |
| UF | United Front |

UNOVER United Nations Mission to Verify the Referendum in Eritrea

UP Unionist Party

**Karten**

*Karte 1: Provinzen und Städte in Eritrea*

Quelle: Eikenberg 1990.

*Karte 2: Ethnische Gruppen in Eritrea*

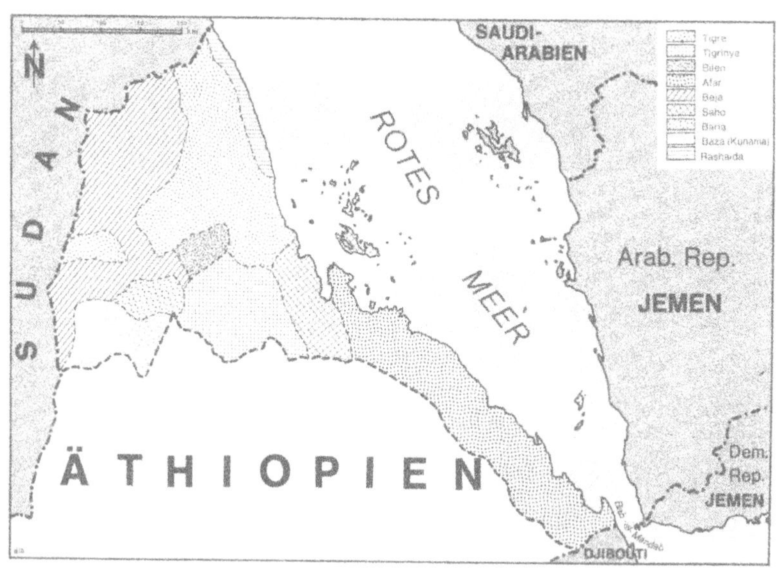


Quelle: Eikenberg 1990.

*Karte 3: Eritrea nach der Verwaltungsreform (Zobas)*

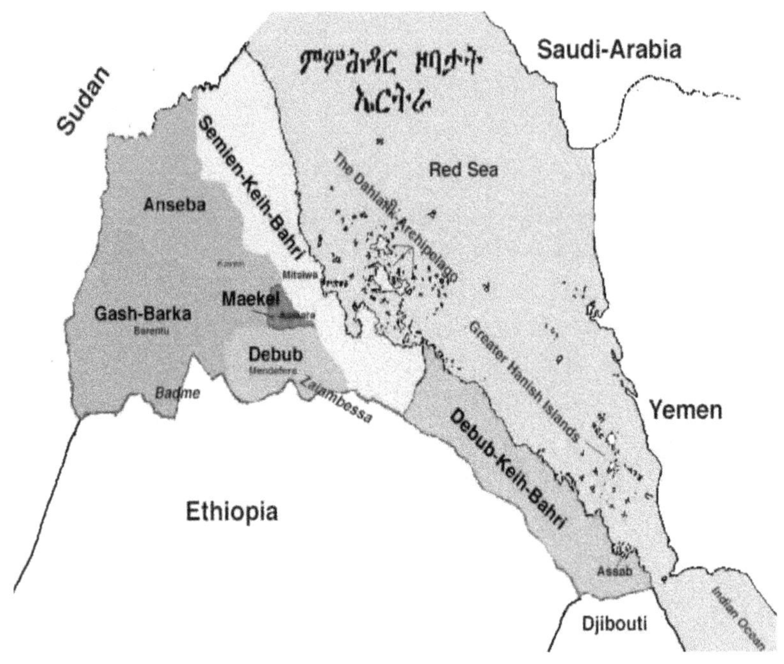


Quelle: Ministry of Education (MOE), Eritrea.

# CURRICULUM VITAE

| | | |
|---|---|---|
| **Persönliche Daten** | Name | Ghirmai |
| | Vorname | Aklilu |
| | Geburtsdatum | 5. November 1966 |
| | Geburtsort | Asmara / Eritrea |
| | Familienstand | verheiratet; drei Kinder |
| | Staatsangehörigkeit | deutsch |
| **Berufstätigkeit** | Seit 04/2002 | Wissenschaftlicher Mitarbeiter am Deutschen Institut für Internationale Pädagogische Forschung (DIPF), Frankfurt am Main. |
| | 06/2001 – 03/2002 | Projektarbeit beim EU-Qualifizierungs- und Informationspunkt (EQUIP) der DAA in Frankfurt am Main. Aufgabenbereiche: Entwicklung und Konzeption von EU-Projekten sowie Projektkoordination. |
| | 09/1996 – 03/2000 | Angestellter als Marketing- und Projektmitarbeiter bei der Firma Gebrüder Heinemann, Frankfurt am Main. |
| **Weiterbildung** | 04/2000 – 09/2001 | Weiterbildung zum „EU-Wirtschaftsförderungsberater“, Deutsche Angestellten Akademie (DAA), Frankfurt am Main. |
| **Studium** | 04/1991 – 12/1995 | Studium der Politikwissenschaften an der Universität Frankfurt am Main. Nebenfächer: Rechtswissenschaft, Soziologie und Sozialpsychologie.<br>Abschluss: Diplom-Politologe |
| | 10/1988 – 03/1991 | Studium der BWL und der Politikwissenschaften an der Universität Bamberg. |
| **Schulbildung** | 1982 – 1988 | Integriert-differenzierte Gesamtschule Mannheim<br>Abschluss: Allgemeine Hochschulreife |
| | 1973 – 1982 | „Elementary, Junior & High School“ in Keren / Eritrea. |

Frankfurt am Main, September 2005